高职交通运输与土建类专业系列教材
高等职业教育新形态一体化教材
省级精品在线开放课程配套教材
省级职业教育专业教学资源库配套教材

隧道工程

Tunnel Engineering

盛海洋　主　编
何以群　副主编
洪　青　主　审

人民交通出版社股份有限公司
北　京

内 容 提 要

本教材主要内容分为 3 篇、11 个项目、35 个任务,包括隧道的常识、隧道结构构造、隧道的勘察、隧道总体设计、隧道围岩分级与围岩压力、支护结构的设计与施工、隧道施工监控量测方法、掘进机与盾构、隧道施工辅助作业、特殊地质地段隧道施工和隧道施工案例,并附课程设计指导书。全书内容丰富、图文并茂、循序渐进、重点突出。为便于学生学习,在基本知识、基本技能点处设置二维码,可以通过手机扫描进入立体化教学资源库。

本书既可作为高等职业院校城市轨道交通工程技术专业教材使用,也可作为交通土建工程大类道路桥梁工程技术、建设工程监理、工程检测、港口与航道工程技术等专业的教材使用,亦可作为相关工程技术人员培训和学习参考用书。

图书在版编目(CIP)数据

隧道工程 / 盛海洋主编. — 北京：人民交通出版社股份有限公司, 2023.1
高职交通运输与土建类专业系列教材
ISBN 978-7-114-18403-1

Ⅰ.①隧… Ⅱ.①盛… Ⅲ.①隧道工程—高等职业教育—教材 Ⅳ.①U45

中国版本图书馆 CIP 数据核字(2022)第 251983 号

Suidao Gongcheng
书　　名：隧道工程
著 作 者：盛海洋
责任编辑：李　娜
责任校对：赵媛媛
责任印制：张　凯
出版发行：人民交通出版社股份有限公司
地　　址：(100011)北京市朝阳区安定门外外馆斜街 3 号
网　　址：http://www.ccpcl.com.cn
销售电话：(010)59757973
总 经 销：人民交通出版社股份有限公司发行部
经　　销：各地新华书店
印　　刷：北京武英文博科技有限公司
开　　本：787×1092　1/16
印　　张：19.75
字　　数：455 千
版　　次：2023 年 1 月　第 1 版
印　　次：2023 年 1 月　第 1 次印刷
书　　号：ISBN 978-7-114-18403-1
定　　价：53.00 元

(有印刷、装订质量问题的图书由本公司负责调换)

前言

本书依据教育部对高等职业院校人才培养目标和培养模式要求进行编写。按照以培养职业能力为核心,以工作实践为主线,以工作过程(项目)为导向,用任务进行驱动,建立以行动(工作)体系为框架的现代课程结构,重新序化课程内容,做到陈述性(显性)知识与程序性(默会)知识并重,将陈述性知识穿插于程序性知识之中,理论与实践一体化的课改思路。本书从培养学生具备行业岗位技能的角度出发,提取与其相适应的知识、技能和素质要求,将最新的高职高专城市轨道交通隧道施工课程教学改革成果和技术规范、标准、试验规程等内容进行组合编排,体现了先进性、实用性和针对性。

本教材内容包括3篇、11个项目、35个任务,涵盖城市轨道交通专业隧道工程专业课程所需内容。第一篇隧道的认知,包括隧道的常识和隧道结构构造两部分内容;第二篇隧道的勘察设计,包括隧道的勘察、隧道总体设计两部分内容;第三篇隧道施工,包括隧道围岩分级与围岩压力、支护结构的设计与施工、隧道施工监控量测方法、掘进机与盾构、隧道施工辅助作业、特殊地质地段隧道施工和隧道施工案例七部分内容;最后附课程设计指导书。

教材编写中,注重带领学生掌握最为必要的隧道施工基本知识和技能。每个项目开头的"学习目标"中明确了知识目标、能力目标、素质目标,并提出"学习重点"和"学习难点",帮助学生提纲挈领掌握要点。每个项目后附有"学习任务单",帮助回顾和复习。对于应用性较强和难以理解的部分,设置了"案例",帮助理解和掌握。为方便更为直观地了解、掌握基本知识点、基本技能点,在相关位置设置了二维码,可以通过手机扫描方式学习相关教学视频、微课、教学课件、相关工程图片及实例。同时,为教师提供课程标准、课程授课计划等。以省级在线精品课程资源为依托,学生、教师均可在"智慧职教"平台通过免费注册了解"城轨交通隧道施工"课程更多内容。网址如下:https://www.icve.com.cn/portal_new/courseinfo/courseinfo.html? courseid=2dihawyrmlbdeybmuxfuiw。

本书由福建船政交通职业学院盛海洋教授、博士主编并统稿,福建船政交通职业学院何以群任副主编,福建路港(集团)有限公司林万福,福建船政交通职业学院黄继辉、李孟遥,陕西交通职业技术学院冯超参编。具体编写分工为:项目三、项目六至项目十一由盛海洋编写;项目一由李孟遥、林万福编写;项目二由冯超编写;项目四、课程设计指导书由何以群编写,项目五由黄继辉编写。

福建省交通建设工程试验检测有限公司洪青高级工程师为本书做了主审工作,提出了有益意见和建议,在此表示感谢。在编写过程中,很多高职院校和勘察设计施工单位同行对编写大纲提出了宝贵意见,相关领导和部门给予了悉心指导和大力支持,列于文末的参考文献中的不少同仁也为本书的完成提供了很多帮助,在此亦一并表示衷心感谢!

由于编写时间和编者水平所限,书中难免疏漏,敬请读者批评指正。

编 者

2022 年 7 月

目 录
Contents

第一篇　隧道的认知

项目一　隧道的常识 ………………………………………………………………… 2
　任务一　隧道工程概念及其发展概况 ………………………………………………… 2
　任务二　认识隧道类型及其作用 ……………………………………………………… 6
　学习任务单 ……………………………………………………………………………… 11
项目二　隧道结构构造 ……………………………………………………………… 12
　任务一　隧道主体建筑物 ……………………………………………………………… 13
　任务二　隧道附属建筑物 ……………………………………………………………… 32
　学习任务单 ……………………………………………………………………………… 49

第二篇　隧道的勘察设计

项目三　隧道的勘察 ………………………………………………………………… 52
　任务一　隧道勘察方法 ………………………………………………………………… 53
　任务二　隧道勘察报告的编制 ………………………………………………………… 60
　学习任务单 ……………………………………………………………………………… 62
项目四　隧道总体设计 ……………………………………………………………… 63
　任务一　隧道的选址 …………………………………………………………………… 64
　任务二　隧道几何设计 ………………………………………………………………… 71
　学习任务单 ……………………………………………………………………………… 83

第三篇　隧道施工

项目五　隧道围岩分级与围岩压力 ………………………………………………… 86
　任务一　围岩分级 ……………………………………………………………………… 86
　任务二　围岩压力 ……………………………………………………………………… 93
　学习任务单 ……………………………………………………………………………… 96
项目六　支护结构的设计与施工 …………………………………………………… 97

  任务一 初期支护 ··· 98
  任务二 二次衬砌混凝土施工 ··· 115
  任务三 预支护施工 ·· 124
  学习任务单 ·· 138

项目七 隧道施工监控量测方法 ·· 139
  任务一 概述 ··· 140
  任务二 洞身、洞口和明洞施工 ··· 143
  任务三 山岭隧道施工 ·· 148
  任务四 浅埋暗挖法 ·· 172
  任务五 沉管施工法 ·· 180
  任务六 隧道施工监控量测 ··· 192
  学习任务单 ·· 208

项目八 掘进机与盾构 ··· 209
  任务一 隧道掘进机 ·· 210
  任务二 盾构机施工 ·· 217
  任务三 地铁车站盾构机掘进技术案例 ··· 239
  学习任务单 ·· 248

项目九 隧道施工辅助作业 ·· 249
  任务一 施工通风 ·· 250
  任务二 隧道照明 ·· 254
  任务三 隧道防排水技术 ··· 258
  任务四 隧道内装结构 ·· 271
  任务五 其他附属构造物 ··· 273
  学习任务单 ·· 278

项目十 特殊地质地段隧道施工 ··· 279
  任务一 膨胀性围岩 ·· 280
  任务二 黄土 ··· 281
  任务三 溶洞 ··· 283
  任务四 风积沙 ··· 286
  任务五 瓦斯 ··· 287
  任务六 岩爆 ··· 288
  任务七 高地温 ··· 289
  任务八 塌方 ··· 290
  学习任务单 ·· 292

项目十一 隧道施工案例 ·· 293
附录 课程设计指导书 ·· 304
参考文献 ·· 308

第一篇
隧道的认知

项目一

隧道的常识

1. 知识目标
(1)掌握隧道的含义。
(2)掌握隧道在交通建设中的地位与作用。
(3)了解我国隧道发展现状、发展趋势。
(4)掌握各类隧道的类型及其作用。
2. 能力目标
(1)对隧道形成基本概述和认识,为学好隧道施工技术打好基础。
(2)通过课程学习培养学生的实际分析和应用能力。
3. 素质目标
(1)培养学生的实际应用能力。
(2)培养学生踏实、细致、认真的工作态度和作风。

隧道的含义;隧道在交通建设中的地位与作用;我国隧道的发展;隧道分类;隧道按照用途分类及其作用。

学习难点

隧道在交通建设中的地位与作用;各类隧道的类型及其作用。

任务一　隧道工程概念及其发展概况

一、隧道的概念

隧道是埋置于地层中的工程建筑物(图1-1),是人类利用地下空间的一种形式。
通常的定义:隧道是指修建在地下或山体内部,两端有出入口,供车辆、行人等通过的工程建筑物。

专业的定义：1970年世界经济合作与发展组织（OECD）隧道会议综合了各种因素，从技术方面给隧道定义，即以某种用途、在地面下用任何方法按规定形状和尺寸修筑，最终使用于地表以下的条形建筑物，其空洞内部净空断面在 $2m^2$ 以上者的洞室均为隧道。

隧道的定义和作用

图1-1　铁路隧道

二、隧道在交通建设中的地位

隧道能使路线平顺、行车安全，提高舒适性。战时能增加隐蔽性和提高防护能力，且不受气候影响。在山岭地区，隧道可用于克服地形或高程障碍，改善线形、缩短里程，减少对植被的破坏、保护生态环境；隧道还可用于克服落石、塌方、雪崩等危害。在城市中，隧道可减少用地、构成立体交叉、解决城市拥堵。在江河、海峡、港湾地区，修建隧道既便利交通运输，又不影响水路通航。

隧道在交通建设中的地位与作用表现在以下方面：

（1）重要性：交通是国家重要的基础设施，隧道是交通线上的重要组成部分。

（2）必要性：我国还有很多低等级的公路，已不适应发展的需要，阻碍了地区经济的发展。隧道的优势成为加快打通交通要道、缩短里程的必要选择。

（3）紧迫性：经济要更快发展，交通要先行。隧道建设的复杂性使其在时间上有紧迫性。

三、隧道工程发展概况

1.隧道工程的历史

我国最早有文字记载的地下人工建筑物，出现在东周初期（约公元前700年）。《左传》中有"若阙地及泉，隧而相见……"的记载。最早用于交通的隧道为"石门"隧道，位于今陕西省汉中市褒谷口内，建于东汉明帝永平九年（公元66年）。安徽亳县城内的古地下道，建于宋末元初（约13世纪），是我国最早的城市地下通道。

在其他古代文明地区有很多著名的古隧道，如公元前2180—2160年，在古巴比伦城幼发拉底河下修筑的人行隧道，是迄今已知的最早用于交通的隧道，为砖砌构造物。古代最大的隧道建筑物可能是那不勒斯与普佐利（今意大利境内）之间的婆西里勃隧道，完成于公元前36

年，至今仍可使用，它是在凝灰岩中凿成的垂直边墙无衬砌隧道。

火药的发明推动了隧道发展。约于公元 7 世纪，我国隋末唐初时的孙思邈在《丹经》一书中记载了黑火药的制法。1225 年以后传入伊斯兰国家，13 世纪后期传到欧洲，17 世纪初（1627 年）奥地利的工业家首先将火药用于开矿。1866 年瑞典人诺贝尔发明黄色炸药达纳马特，为开凿坚硬岩石提供了条件。

近代隧道兴起于运河时代，从 17 世纪起，欧洲陆续修建了许多运河隧道。其中，法国的马尔派司（Malpas）运河隧道，建于 1678—1681 年，长 157m，它可能是最早用火药开凿的航运隧道。1820 年以后，铁路成为新的运输方式，1827 年在英国、1837 年在法国先后开始修建铁路隧道。随着铁路运输事业的发展，隧道也越来越多，先从当时经济比较发达的欧洲各国开始，然后是美国和明治维新后的日本。我国第一条铁路隧道是 1890 年建成的台湾狮球岭隧道（图 1-2），1903 年建成第一座长度超过 3km 的兴安岭隧道。1895—1906 年出现了长 19.73km 穿越阿尔卑斯山的最长铁路隧道。目前最长的铁路隧道已达 53.85km。第一座用于现代交通的水底隧道是 1807 年开工的伦敦泰晤士河下公路隧道，施工过程中该隧道因水患而停工，1823 年由法国工程师勃吕奈尔接手，历时 18 年用盾构完成。我国第一条水底公路隧道是 1971 年建成的上海打浦路隧道，位于黄浦江江底。较为完善的水底道路隧道建成于 1927 年，是位于美国纽约哈德逊河底的荷兰（Holland）隧道。19 世纪初，欧洲的法国、意大利、瑞士等国家已在山区修建公路隧道。2001 年初投入运营的挪威西部的拉达尔隧道长 24.5km，是目前世上最长的公路隧道。

图 1-2　台湾狮球岭隧道

隧道工程的施工条件极其恶劣，体力劳动强度和施工难度都相当大。为减轻劳动强度，人们一直在做不懈的努力。古代一直使用"火焚法"和铁锤、钢钎等原始工具进行开挖，直到 20 世纪才开始采用钻爆作业，至今大约有一百多年的历史。在此期间发明了凿岩机，经过将近一个世纪的努力，发展成为当前使用的高效率大型多头摇臂钻机，将工人们从繁重的体力劳动中解放了出来。爆破技术也在不断发展，从早期的导火索、火雷管引爆，发展到电雷管毫秒引爆和导爆管非电雷管起爆；为减少对围岩的扰动，已实现光面爆破、预裂爆破等。和钻爆开挖法完全不同的还有两种机械开挖法：一种是用于软土地层的盾构机，发明于 1823 年，经过一个多世纪的不断改进，已经从手工开挖式盾构，发展到半机械化乃至全机械化盾构，广泛用于各种复杂的软土地层掘进；另一种是用于中等和坚硬岩石地层的岩石隧道掘进机。1881—1883 年隧道掘进机首次试掘成功，目前已经发展成大断面（直径 10m 以上）的带有激光导向和随机支护装置的先进的掘进机，机械化程度大大提高，加上辅助的通风除尘装置，使工作环境得到很大改善。

2. 我国隧道工程的发展现状

（1）交通隧道

目前我国铁路隧道在数量、总长度上已处于世界领先地位。据统计，截至 2020 年底，中国铁路营业里程达 14.6 万 km，其中，投入运营的铁路隧道共有 16798 座，总长约 19630km。分析历年的统计数据可知，从 1980 年至 2020 年的 40 年间，中国共建成隧道 12412 座，总长约

17621km（占中国铁路隧道总长度的90%），特别是近15年来，中国铁路隧道发展极为迅速，共建成铁路隧道9270座，总长约15321km（占中国铁路隧道总长度的78%）。其中，2020年新增开通运营铁路隧道714座，总长约1589km（其中特长隧道39座，总长约498km）；在建铁路隧道2746座，总长约6083km；规划铁路隧道6395座，总长约16325km。截至2020年底，中国投入运营的特长铁路隧道共209座，总长2811km。其中，长度20km以上的特长铁路隧道11座，总长262km。

我国运营铁路隧道具有标志性的工程主要有狮球岭隧道、大瑶山隧道、秦岭隧道、乌岭隧道、太行山隧道、关角隧道、风火山隧道和昆仑山隧道等。大瑶山隧道位于京广铁路衡（阳）广（州）段，全长14294m。秦岭Ⅰ、Ⅱ线铁路隧道是两座平行的单线隧道，位于西（安）（安）康线上，全长18456m，是20世纪我国最长的铁路隧道。乌削岭隧道位于兰新铁路增建二线上，全长20050m，也是两座单线隧道，该隧道在软岩深埋复杂应力隧道的修建技术上取得突破。石（家庄）太（原）客运专线上的太行山隧道全长2839m，设计行车速度250km/h。2014年贯通的青藏线西宁—格尔木段内的关角隧道全长32km。青藏铁路风火山隧道是目前世界上海拔最高的多年冻土隧道。昆仑山隧道是目前世界上最长的多年冻土隧道，全长1686m。我国高速铁路隧道分布在东北、华北、华东、中南、东南沿海及中西部地区，所通过的地形及地质情况异常复杂。如武广客运专线隧道通过岩溶地区。郑西、石太客运专线部分隧道通过黄土地区。有下穿高速公路和既有建筑物的隧道，有位于自然保护区的隧道，有穿越珠江狮子洋水域的水下隧道，有穿越浏阳河和长沙市区的浏阳河隧道，有下穿天津市的海河隧道，还有通过采空区的山岭隧道等。总之，隧道的建设环境和地质情况复杂。

在20世纪80年代前，因公路等级较低，同时限于设计、施工及短期投资大等多种原因，我国公路隧道很少设计成长大隧道，且总长度也不大。改革开放以后，相继修建了一批长大公路隧道，实现了截弯、降坡、提速、提高运营安全和长期运营收益。近年来，随着我国高速公路建设的大规模开展和设计、施工总体水平的提高，公路隧道工程在总里程、单体长度上有了突飞猛进的发展。截至2021年底，我国公路隧道总数已达23268座，总长度24698.9km。隧道单洞长度也越来越长，如福建美菰岭隧道全长5.3km，湖南雪峰山隧道长度约为7.0km，四川泥巴山隧道全长约8.0km，陕西秦岭终南山隧道全长达18.4km，是目前长度排名世界第二、亚洲第一的公路隧道。

（2）水工隧道

我国自20世纪80年代中期以后，先后建成了一大批著名的水电工程，如二滩、黄河小浪底、葛洲坝等，还有世界最大的水电工程长江三峡工程。在水利水电行业的地下工程和隧道建设中一个明显特点是工程规模不断大型化，具体体现为：引水隧洞埋深增加，导流、泄洪洞断面增大，跨度增大，边墙增高，隧洞承压水头增大。如锦屏二级引水隧洞埋深达2600m（与目前世界上最大埋深的法国谢栏引水隧洞埋深2620m相近），二滩电站导流洞断面达403m^2，已建成的天湖抽水蓄能电站的水头则高达1074m。在长度方面，已建成的太平驿引水隧洞长度达10km，辽宁省大伙房引水隧洞全长85km。

（3）城市地下工程

随着现代化城市的人口集聚化，人们生活水平的提高，各种供给设施（如通信、电气、煤气、上下水等）的需求急剧增加，需要改造和增设的供管线越来越多，解决这一问题的最好办法是修建统一规划与管理的城市地下共同沟(城市地下公用事业综合隧道)。1994年上海浦东建成了我国第一条规模较大的张杨路共同沟。

城市地下空间开发利用,目前应用较广泛的有高层建筑物地下室,平战结合的人防工程,如上海人民广场地下商场,哈尔滨、长春、石家庄等地下商业街。利用地下工程恒温恒湿、受地面干扰小、防灾抗灾能力强等特点,我国修建了许多地下储库,如地下粮库、油库、金库等。随着我国经济发展和科技进步,地下工程的应用领域和应用深度将不断拓展。

3. 我国隧道的发展前景

交通设施、水电供应对一个地区经济发展的重要性之大成为共识。随着我国经济的持续发展,综合国力的不断增强,高新技术的突破和应用,我国隧道发展前景是非常广阔的。

在交通隧道方面,随着我国高速公路干线网的不断完善,特别是向我国西部多山地区的不断延伸,海南岛与陆地的跨海延伸,以及辽东半岛、胶东半岛之间的跨海连接,崇明岛与上海之间等长江沿线的地下连接等都需要大量的隧道工程来支撑。随着西部陆海新通道总体规划的实施,我国铁路隧道、公路隧道的单体长度及总里程记录都将不断被刷新。在跨海、跨江隧道方面,目前青岛与黄岛之间的海底隧道已建成通车;对琼州海峡隧道完成了可行性研究。日本青涵海底隧道(全长53.85km,海底部分长23.3km)、英法海底隧道(全长50km,海底部分长38km)的建成运营以及其他国家正在规划与实施的众多海底隧道,都是隧道建设的成功范例,也将为我国隧道建设提供较好经验。

在水电隧道方面,随着三峡水利水电工程等一批大型、超大型水电工程项目的实施与完成,我国在深埋、长大隧道及大跨度地下厂房的设计与施工能力上,都已经或将要达到世界先进水平。随着推进西部大开发,雅鲁藏布江、金沙江等水力资源丰富的江河上梯级电站的建设,我国水利水电行业的隧道建设也将进入一个全新的发展时期。

各种用途的地下工程的大力发展,能够有效缓解经济发展,特别是城市发展与我国土地资源紧张的矛盾。据气象卫星遥感资料判断和测算,1986—1996年10年间,全国31个特大城市城区实际占地规模扩大50.2%,城市不能无限制地扩张,只能走内涵式集约发展道路。

充分利用城市地下资源,建设各类地下工程是城市经济高速发展的客观需要。另外,设计与施工技术的发展也为其提供了充分的技术保障。目前,我国沿海地区人均国民生产总值已超过1000美元,达到发达国家地下空间开发、地下工程建设高潮期的水准。所以,我国地下工程的建设,特别是东部经济发达地区和大中城市,将迎来建设高潮,同时也为土木工程施工企业带来了较大机会。

任务二 认识隧道类型及其作用

一、隧道分类概述

隧道的种类繁多,从不同的角度来区分,就有不同的分类方法。从隧道所处的地质条件来分类,可以分为土质隧道和石质隧道;从埋置的深度来分类,可以分为浅埋隧道和深埋隧道;从隧道所在的位置来分类,可以分为山岭隧道、水底隧道和城市隧道。但分类比较明确的还是按照隧道的用途来划分,可以分为交通隧道、水工隧道、市政隧道以及矿山隧道等。

二、隧道用途类型及其作用

隧道分类
(按用途)

1. 交通隧道

交通隧道是最常见的一种隧道类型。它的作用是提供交通运输和人行的通道,主要有铁路隧道、公路隧道、水底隧道、地下铁道、航运隧道、人行隧道等。

(1)铁路隧道

铁路隧道就是火车运输行驶的通道。我国是一个多山国家,山地、丘陵、高原等山区面积约占全国面积的2/3。铁路穿越这些地区时,往往会遇到山岭障碍。而铁路限坡平缓,常难上升到越岭所需要的高度。同时,铁路还有最小曲线半径限制,常限于山岳地形无法绕过,需要修建隧道以克服高程或平面障碍。在沿着河谷修建铁路时,遇到河道弯曲、两岸横坡陡峻、地质不良等现象,常修建隧道,使线路从山里通过。隧道既可使线路顺直、线路缩短,又可以减小坡度,还可躲开各种不良地质条件,从而提高牵引定数,多拉快跑,使运营条件得以改善。在山区铁路线上修建隧道的范例是很多的:川黔线凉风垭隧道、成昆线沙木拉达隧道、大秦线军都山隧道、西康线秦岭隧道、朔黄线长梁山道以及兰新复线乌岭隧道等都是著名的越岭隧道,而成昆线关村坝隧道、衡广复线大瑶山隧道等都是河谷地段截弯取直的良好范例。宝成线宝鸡至秦岭一段45km线路上就设有48座隧道,蜿蜒盘旋于秦岭之中。

高速铁路是铁路现代化的重要标志。目前,国际上将列车最高运行速度不小于200km/h的铁路称为高速铁路;我国把新建最高运行速度不小于250km/h和改建既有线最高运行速度不小于200km/h的铁路称为高速铁路。高速铁路行车速度快,对基础设施要求高,线路最小曲线半径较大,基于线形和速度要求,高速铁路上必然会出现大量的隧道工程。高速铁路隧道与一般铁路隧道相比有较多的不同,主要与列车空气动力学相关。高速行驶的列车前方的空气受到压缩,而列车后方的空气则形成一定负压,产生一系列复杂的空气动力学效应。高速铁路隧道设计涉及洞口形式、隧道及列车断面、隧道结构耐久性、洞内设施及轨道类型等一系列问题。

(2)公路隧道

公路隧道就是汽车运输行驶的通道。公路的限制坡度和限制最小曲线半径都没有铁路那样严格,过去在山区修建公路时为节省工程造价,常常是宁愿绕行,也不愿修建费用昂贵的隧道,因此,过去公路隧道为数不多。随着社会生产的发展,高速公路出现,它要求线路顺直、平缓、路面宽敞,于是在穿越山区时,也常采用隧道方案。此外,在城市附近,为避免平面交叉,利于高速行车,也常采用隧道方式通过。因此,公路隧道逐渐多了起来。

(3)水底隧道

水底隧道是修建于江、河、湖、海底下的隧道,是供汽车或者火车运输行驶的通道。当交通线需要横跨河道时,一般可以架桥或轮渡通过。但是,如果在城市区域以内,河道通航需要较高的净空,则桥梁两端的引道需占用宝贵的城市用地或修建结构复杂的长引桥,此时采用水底隧道，既不影响河道通航，也避免了风暴天气中断轮渡的情况，而且在战时不致暴露交通设施的目标，防护层厚，是较为安全的选择。为横跨黄浦江，上海修建了多座水底隧道，广州地铁、武汉地铁都修建了越江水底隧道。

(4) 地下铁道

地下铁道，简称地铁，是修建于城市地层中的运输通道，是解决大城市交通拥挤、车辆堵塞等问题，并能大量快速运送乘客的一种城市交通设施。它可以使大量地面客流转入地下，可以实现高速行车，且可缩短车次间隔时间，节省了乘车时间，便利了乘客的活动。在战时，还可以起到人防的功能。

(5) 航运隧道

当运河需要越过分水岭时，克服高程障碍成为十分困难的问题，一般需要绕行很长的距离。如果层层设立船闸则建设投资很大，运转和维修的费用也很高，而且过往船只延误时间很多。如果修建航运隧道，把分水岭两边的河道沟通起来，则既可以缩短航程，又可以省掉船闸的费用，船只可迅速而顺直地驶过，航运条件大为改善。

(6) 人行隧道

人行隧道是专供行人通过的通道。城市闹市区行人众多，而且与车辆混行，偶有不慎便会发生交通事故；在横跨十字路口处，即使有指示灯和人行横道线，复杂的路况也会使快速行驶的机动车频频减速，甚至要停车避让。为了提高交通运送能力及减少交通事故，除架设过街高架桥以外，也可以修建人行地道和地下立交车道。

2. 水工隧道

水工隧道（也称为隧洞）是水利工程和水力发电枢纽的一个重要组成部分，主要有引水隧道、尾水隧道、导流隧道、排沙隧道。

(1) 引水隧洞。它把水引入水电站的发电机组，产生动力资源。引水隧洞有的全部充水因而内壁承压，有的只是部分过水因而内部承受大气压力和部分水压，分别称之为有压隧洞和无压隧洞。

(2) 尾水隧洞。它是把发电机组排出的废水送出去的隧道。

(3) 导流隧洞（泄洪隧道）。它是水利工程中的一个重要组成部分，为水利工程中疏导水流而修建的隧道，主要作用是泄洪。

(4) 排沙隧洞。它可用来冲刷水库中淤积的泥沙，把泥沙裹带送出水库。有时也用来放空水库里的水，以便进行库身检查或修理建筑物。

3. 市政隧道

市政隧道是城市中为规划安置各种不同市政设施、战时庇护人员等而修建的地下孔道。由于城市的不断发展，人民生活水平逐步提高，对公用事业的要求也越来越高。许多城市开始利用地下空间，把市政设施安置在地下，既不占用地面面积，又不致高空架设而影响市容。市政隧道主要有给水隧道、污水隧道、管路隧道、线路隧道、人防隧道、共同沟。

(1) 给水隧道

给水隧道是为城市自来水管网铺设系统修建的隧道。城市自来水管网遍布市区，必须有地下孔道来容纳安置这些管道，它既不占用地面，也可避免遭受人为损坏。

(2)污水隧道

污水隧道是为城市污水排送系统修建的隧道。城市污水需要引入污水处理厂以净化返用,条件不充分时仍有部分污水还要排放到城市以外。这都需要有地下排污隧道。这种隧道可能是本身导流排送,此时隧道的形状多采用圆形;也可能是在孔道中安放排污管,由管道排污。一般排污道的进口处,多设有拦渣隔栅,把漂浮的杂物拦在隧道之外,避免涌入造成堵塞。

(3)管路隧道

管路隧道是为城市能源供给(天然气、供暖、热水等)系统修建的隧道。城市所供煤气、暖气、热水等,管路一般放置在地下的孔道中,经过防漏及保温措施,把能源送到居民家中。

(4)线路隧道

线路隧道是为电力通信系统修建的隧道。城市中,输送电力的电缆以及通信电缆多安置在地下孔道中,既可以保证不为人们的活动所损伤或破坏,又避免悬挂在高空,影响市容。这些地下孔道多半是沿着街道两侧敷设的。

(5)人防隧道

人防隧道是为战时的防空目的而修建的防空避难隧道。为了战时的防空目的,城市中需要建造人防工程,在受到空袭威胁时,市民可以进入庇护。人防工程除应设有排水、通风、照明和通信设备外,在洞口处还需设置各种防爆装置,以阻止冲击波的侵入。同时,要做到修口连通、互相贯穿,在紧急时刻,可以随时到出口。

(6)共同沟

共同沟是指将各类公用类管线(自来水、通信、煤气、光纤等管线)集中容纳于一体的隧道结构。它是城市市政隧道规划与发展的方向。在发达国家,共同沟存在了一个多世纪。这几年,我国共同沟发展也比较快。

4.矿山隧道

矿山隧道又称为矿山坑道或巷道,其作用主要是为采矿服务的。主要有运输巷道、给水隧道、通风隧道。

(1)运输巷道

向山体开凿隧道通到矿床,并逐步开辟巷道,通往各个开采工作面。前者称为主巷道,是地下矿区的主要出入口和主要的运输干道。后者分布如树枝状,分向各个采掘工作面。这种巷道多用临时支撑,仅满足作业人员进行开采工作的需要。

(2)给水巷道

为采掘机械提供清洁水,并将废水与积水通过水泵抽出,排出洞外。

(3)通风巷道

矿山地下巷道穿过许多地层,将会有多种地下气体涌入巷道中,再加上采掘机械不断排出废气,还有工作人员呼出气体,会使巷道内空气污浊。如果地下气体中含有瓦斯,当其含量达到一定浓度后,将会发生危险,轻则致人窒息,重则引起爆炸。因此需要设置通风巷道,用通风机及时把污浊空气抽出去,并把新鲜空气补进来。

三、隧道施工类型及其作用

根据隧道穿越地层的不同,隧道分为山岭隧道、浅埋隧道以及水底隧道。

山岭隧道就是穿越山岭的隧道。浅埋隧道就是埋深特别浅的隧道,也就是隧道顶上的覆盖层特别薄的隧道,像地铁之类。水底隧道就是穿越江河湖海的隧道。

山岭隧道的施工方法有钻爆法、TBM 掘进机法。浅埋隧道的施工方法有明挖法、浅埋暗挖法、盾构法。水底隧道的施工方法有钻爆法、盾构法、沉管法。

按隧道的施工方法,可以分为钻爆法隧道、掘进机法隧道、明挖法隧道、浅埋暗挖法隧道、盾构法隧道、沉管法隧道。

隧道分类
(按施工方法)

1. 钻爆法

山岭隧道的常规施工方法为矿山法(因最早应用于采矿坑道而得名)。矿山法施工中,绝大多数情况下要采用钻眼爆破进行开挖,故又称为钻爆法。钻爆法,也就是矿山法,又分为传统矿山法和新奥法(全称为新奥地利隧道施工方法)。

2. 明挖法

明挖法是从地表面向下开挖,形成露天的基坑,然后在基坑中修筑衬砌,敷设外贴式防水层,最后用土回填。

3. 沉管法

全名叫作预制管段沉埋法,有时也叫作沉管法。它是用来修筑穿越江河、港湾、海峡的水底隧道的主要方法之一。先在船坞中预制隧道管段,管段的长度一般为 60~100m;然后两端用临时封墙密闭,往船坞中放水,这些预制好的隧道管段就会浮在水中,用拖轮拖运到设计的位置上(已经在预定的隧址处用水下施工挖好沟槽,整好地基);接着往管段里灌水,使之下沉至预定的高程,并将沉放就位的各节管段在水下连接起来,再在隧道上覆土回填;最后抽出隧道内的水,拆除管段的密封墙,完成内部装修。

4. 掘进机与盾构法

隧道掘进机(TBM)是一种机械化的隧道掘进设备,利用掘进机切削破岩,开凿隧道。优点:一次成洞,洞壁光滑;劳动条件好,几乎不产生崩塌;振动、噪声小,对周围的居民和结构物的影响小等。缺点:机械的购置费和运输、组装解体等费用高,初期投资高;施工中不能改变开挖直径,难以适应复杂的地质情况。

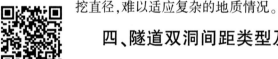

隧道分类
(按双洞间距分)

四、隧道双洞间距类型及其作用

对于高速公路、一级公路的隧道应设计为上、下行分离的独立双洞;根据双洞间距的大小,分为分离式隧道、小净距隧道、连拱隧道。

1. 分离式隧道

分离式隧道与小净距隧道按两洞室净距离是否大于最小净距来分辨(表1-1)。最小净距按对两洞结构彼此不产生有害影响的原则,结合围岩地质条件、断面形状和尺寸等因素确定。

分离式独立双洞隧道间的最小净距　　　　表1-1

围岩级别	Ⅰ	Ⅱ	Ⅲ	Ⅳ	Ⅴ	Ⅵ
最小净距(m)	1.0×B	1.5×B	2.0×B	2.5×B	3.5×B	4.0×B

注:表中 B 为隧道开挖断面的宽度。

2.小净距隧道

两洞室净距离小于表1-1中建议值,在设计和施工过程中需采取特殊措施的一种隧道布置方式。小净距隧道一般用于洞口地形狭窄的中、短隧道,也可用于长或特长隧道洞口局部地段。

3.连拱隧道

连拱隧道左右洞之间不是围岩,而是中墙结构。连拱隧道主要适用于洞口地形狭窄,或对两洞间距有特殊要求的中、短隧道。连拱隧道施工复杂、造价较高。

五、按隧道长度分类

按隧道长度分为:特长隧道,$L>3000m$;长隧道,$3000m \geq L>1000m$;中隧道,$1000m \geq L>500m$;短隧道,$L \leq 500m$。

六、按断面面积分类

按隧道断面面积分为:特大断面隧道,断面面积在$100m^2$以上;大断面隧道,断面面积在$50\sim100m^2$;中等断面隧道,断面面积在$10\sim50m^2$;小断面隧道,断面面积在$3\sim10m^2$;极小断面隧道,断面面积在$3m^2$以下。

学习任务单

项目一 隧道的常识	姓名:	
	班级:	
	自评	师评
思考与练习	掌握: 未掌握:	合格: 不合格:
1.隧道定义是什么?		
2.简述隧道在交通建设中的地位。		
3.简述隧道工程发展概况。		
4.简述隧道分类。		
5.简述隧道用途类型及其作用。		
6.简述隧道施工类型及其作用。		
7.简述隧道双洞间距类型及其作用。		
8.按隧道长度和断面面积进行隧道分类。		

项目二
隧道结构构造

学习目标

1. 知识目标
(1) 掌握隧道衬砌结构类型。
(2) 掌握不同衬砌的适用条件。
(3) 掌握洞门、明洞的构造。
(4) 掌握隧道附属建筑物类型。
(5) 掌握隧道防排水构造。
(6) 了解隧道其他附属构造物。

2. 能力目标
(1) 能识读隧道结构构造图纸。
(2) 会分析隧道主体建筑物适用环境。
(3) 会根据工程条件选择合理的隧道主体结构。
(4) 能识读隧道附属结构构造图纸。
(5) 会分析隧道附属建筑物适用环境。
(6) 会根据工程条件选择合理的隧道附属结构。

3. 素质目标
(1) 培养学生的实际应用能力。
(2) 培养学生踏实、细致、认真的工作态度和作风。

学习重点

识读隧道主体结构图纸;隧道主体结构适用条件;识读隧道附属结构图纸;隧道附属结构适用条件。

学习难点

隧道主体结构的形式;隧道主体结构的适用条件;隧道附属结构的形式;隧道附属结构的适用条件。

隧道结构构造由主体构造物和附属构造物两大类组成。主体构造物是为了保持岩体的稳定和行车安全而修建的人工永久建筑物,通常指洞身衬砌和洞门构造物。在山体坡面有发生崩塌和落石可能时,往往需要接长洞身或修筑明洞。附属构造物是主体构造物以外的其他建筑物,是为了运营管理、维修养护、给水排水、供蓄发电、通风、照明、通信、安全等而修建的构造物。

任务一　隧道主体建筑物

一、洞身衬砌

(一)衬砌结构的形式

隧道的衬砌结构形式,主要是根据隧道所处的地质地形条件,考虑其结构受力的合理性、施工方法和施工技术水平等因素来确定的。随着隧道工程实践经验的积累和对围岩压力、衬砌结构所起作用的认识变化,结构形式也发生了很大变化,出现各种适应不同的地质条件的结构,大致有以下几类。

1. 直墙式衬砌

直墙式衬砌形式通常用于岩石地层垂直围岩压力为主要计算荷载、水平围岩压力很小的情况。一般适用于Ⅰ、Ⅱ级围岩,有时也可用于Ⅳ级围岩。直墙式衬砌结构的拱部,可以采用割圆拱、坦三心圆拱或尖三心圆拱。三心圆拱指拱轴线由三段圆弧组成,其轴线形状比较平坦($r_1 > r_2$)时称为坦三心圆拱,形状较尖($r_2 > r_1$)时称为尖三心圆拱,若 $r_1 = r_2 = r$ 时即为割圆拱,如图2-1所示。

围岩完整性比较好的Ⅰ~Ⅱ级围岩中,边墙可以采用连拱或柱,称为连拱边墙或柱式边墙,如图2-2所示。

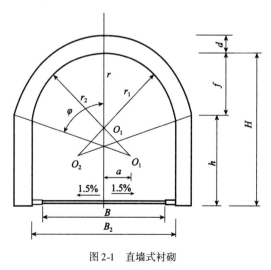

图 2-1　直墙式衬砌

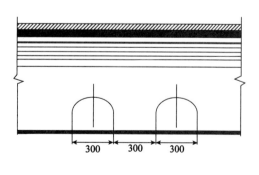

图 2-2　连拱边墙(尺寸单位:cm)

为了节省圬工,也可以采用大拱脚薄边墙衬砌,见图2-3。具备喷射混凝土条件时,边墙可以用喷射混凝土代替。该方法是一个有局限性的方法,最大的问题是大拱脚支座施工困难,在非均质岩层中很难用钻爆法做出整齐稳定的支座。因此,在这种条件较好围岩中,应优先考虑喷锚支护。

2. 曲墙式衬砌

曲墙式衬砌适用于地质较差,有较大水平围岩压力的情况,为了抵抗较大的水平压力把边墙也做成曲线形状。主要适用于Ⅳ级及以下的围岩,或Ⅲ级围岩双线。多线隧道也采用曲墙有仰拱的衬砌。曲墙式衬砌由顶部拱圈、侧面曲边墙和底板(或铺底)组成。除在Ⅳ级围岩无地下水,且基础不产生沉降的情况下可不设仰拱只做平铺底外,一般均设仰拱,以抵御底部的围岩压力和防止衬砌沉降,并使衬砌形成一个环状的封闭整体结构,从而提高衬砌的承载能力,如图2-4所示。目前在公路、铁路隧道中,一般采用曲墙式衬砌。

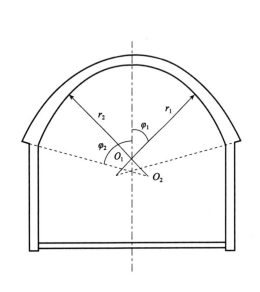

图2-3 大拱脚薄边墙衬砌

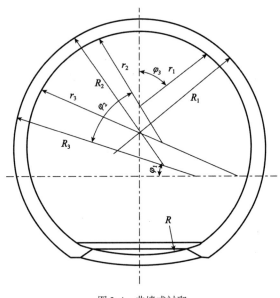

图2-4 曲墙式衬砌

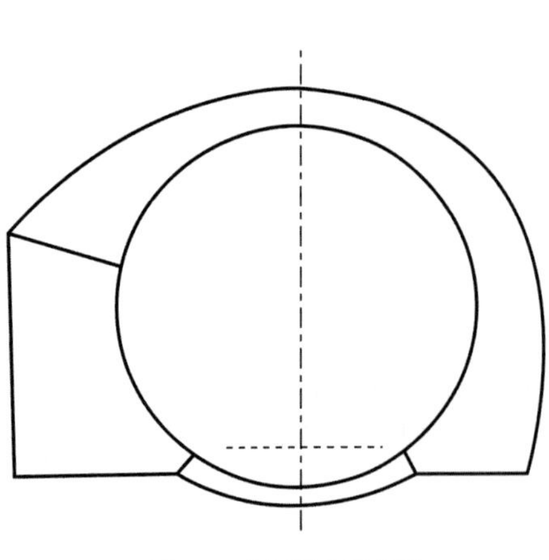

3. 偏压衬砌

当山体地面坡陡于1:2.5,线路外侧山体覆盖较薄,或由于地质构造造成的偏压,为承受这种不对称围岩压力而采用偏压衬砌,如图2-5所示。隧道洞口一般较洞身围岩条件差,节理裂隙发育,风化较重,再加隧道埋置浅薄,受地形、地表水、地下水、风化冻裂影响明显,容易形成偏压,甚至受仰坡后围岩纵向推力的影响,围岩容易失去稳定,使衬砌产生病害。故洞口一般采用加强的衬砌形式,如偏压衬砌。

图2-5 偏压衬砌示意图

4. 喇叭口隧道衬砌

在山区双线隧道,有时为绕过困难地形或避开复杂地质地段,减少工程量,有将一条双幅公路隧道分建为两个单线隧道或两条单线并建为一条双幅的情况(或车站隧道中的过渡线部分),衬砌产生了一个过渡区段,这部分隧道衬砌的断面及线间距均有变化,相应成一个喇叭形,称为喇叭口隧道衬砌,如图2-6所示。

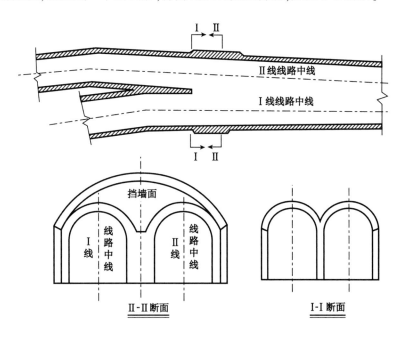

图2-6　喇叭口衬砌示意图

5. 圆形断面隧道衬砌

为了抵御膨胀性围岩压力,山岭隧道也可以采用圆形或近似圆形断面,因为需要较大的衬砌厚度,所以多半在施工时进行二次衬砌。对于水底隧道,由于水压力较大,采用矿山法施工时,也多采用二次衬砌,或者采用铸铁制的方形节段。水底隧道广泛使用盾构法施工,其断面为全圆形。通常用预制的方形节段在现场拼装。此时,在顶棚以上的空间和路面板以下的空间可以用作通风管道,车行道两侧的空间可以设置人行道或自行车道,有剩余空间时还可以设置电缆管道等。水底隧道的另一种施工方法是沉管法,有单管和双管之分,其断面可以是圆形,也可以是矩形。

岩石隧道掘进机是开挖岩石隧道的一种机械化切削机械,其开挖断面通常为圆形,开挖后可以用喷射混凝土衬砌、喷锚衬砌或拼装预制构件衬砌等多种形式,如图2-7所示。

6. 矩形断面隧道衬砌

用沉管法施工时,其断面可以用矩形形式。用明挖法施工时,尤其在修筑多车道隧道时,其断面广泛采用矩形。这种情况,回填土厚度一般较小,加之在软土中修筑隧道时,软土不能抵御较大的水平推力,因而不应修筑拱形隧道。另一方面,矩形断面的利用率也较高,如图2-8所示。城市中的过街人行地道,通常都从软土中通过,其断面也是以矩形为基础组成的。

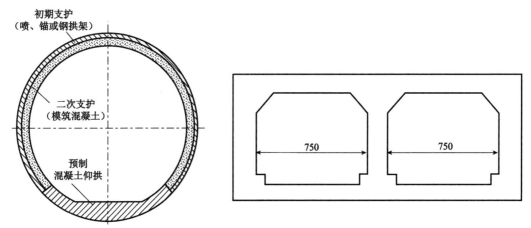

图 2-7　圆形隧道断面衬砌　　　　　图 2-8　矩形隧道断面衬砌(尺寸单位:cm)

(二)衬砌结构类型

在隧道及地下工程中,支护结构通常分为初期支护(一次支护)和永久支护(二次支护、二次衬砌)。一次支护是为了保证施工的安全、加固岩体和阻止围岩的变形、坍塌而设置的临时支护措施,常用支护形式有型钢支撑、格栅支撑、锚喷支护等,型钢支撑、格栅支撑、锚喷支护可以作为永久支护的一部分,与永久支护共同工作。二次支护是为了保证隧道使用的净空和结构的安全而设置的永久性衬砌结构。常用的永久衬砌类型有喷锚衬砌、整体式衬砌、复合式衬砌及装配式衬砌等。

1. 喷锚衬砌

喷锚衬砌主要是指喷射混凝土与锚杆支护结合的衬砌结构。喷射混凝土是利用空压机的高压空气作动力,把混凝土混合料直接喷射到隧道围岩表面上的支护方法。锚杆支护是喷锚支护的主要组成部分。锚杆是一种锚固在岩体内部的杆状体钢筋,与岩体融为一体,以实现加固围岩、维护围岩稳定的目的。

锚喷式衬砌

喷锚衬砌是指喷锚结构既作为隧道临时支护,又作为隧道永久结构的形式。它具有隧道开挖后衬砌及时、施工方便和经济的显著特点,特别是纤维喷射混凝土技术显著改善了喷射混凝土的性能,在围岩整体性较好的军事工程、各类用途的使用期较短及重要性较低的隧道中使用广泛。在公路、铁路隧道设计规范中,都有根据隧道围岩地质条件、施工条件和使用要求可采用喷锚衬砌的规定。

喷锚支护作为隧道的永久衬砌,一般考虑是在Ⅲ级及以上围岩中采用。以目前的施工水平,一般将喷锚支护作为初期支护配合第二次模注混凝土衬砌,形成复合衬砌。在围岩良好、完整稳定的地段,如Ⅱ级及以上,只需采用喷射混凝土衬砌即可。此时喷射混凝土的作用为:局部稳定围岩表层少数已松动的岩块;保护和加固围岩表面,防止风化;与围岩形成表面较平整的整体支承结构,确保营运安全。某国外地铁车站喷锚衬砌如图 2-9 所示。

2. 整体式衬砌

整体式衬砌

整体式衬砌是传统衬砌结构形式,在新奥法问世前,广泛应用于隧道工程中。

该方法不考虑围岩的承载作用,主要通过衬砌的结构刚度抵御地层的变形,承受围岩的压力。

整体式衬砌采用就地整体模筑混凝土衬砌,可设计为等截面或变截面,对设仰拱的地段,仰拱与边墙宜采用小半径曲线连接,仰拱厚度宜与边墙厚度相同。其方法是在隧道内搭建模板、拱架,然后浇灌混凝土而成。它作为一种支护结构,从外部支撑隧道围岩,适用于不同的地质条件,易于按需成形,且适用于多种施工方法。

整体式衬砌按照工程类比、不同的围岩等级采用不同的衬砌厚度,其形式有直墙式和曲墙式两种,而曲墙式又分为有仰拱和无仰拱两种。当

图 2-9　某国外地铁车站喷锚衬砌

有较大的偏压、冻胀力、倾斜的滑动推力或施工中出现大量塌方以及处于 7 度以上地震区等情况时,则应根据荷载条件进行个别设计。图 2-10 所示为原铁道部推出的铁路隧道 Ⅴ 级围岩整体曲墙式衬砌标准图,目前已不再使用。

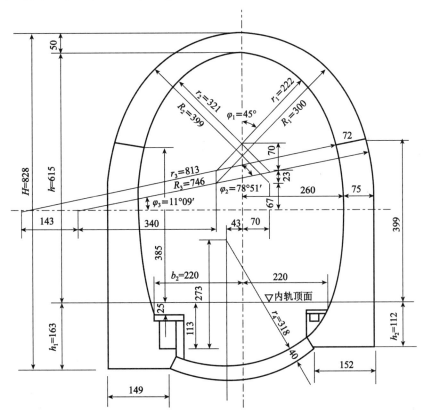

图 2-10　Ⅴ级围岩整体曲墙式衬砌标准图(尺寸单位:cm)

3. 复合式衬砌

复合式衬砌是目前隧道工程常采用的衬砌形式。其设计、施工工艺过程与其相应的衬砌

及围岩受力状态均较合理;其质量可靠,能够达到较高的防水要求;也便于采用锚喷、钢支撑等工艺。它既能够充分发挥锚喷支护的优点,又能发挥二次衬砌永久支护的可靠作用。

复合式衬砌

复合式衬砌是指把衬砌分成两层或两层以上,可以是同一种形式、方法和材料施作的,也可以是不同形式、方法、时间和材料施作的。目前大都采用内外两层衬砌,可分为锚喷支护与混凝土衬砌,分别称为初期支护和二次支护。初期支护是限制围岩在施工期间的变形,达到围岩的暂时稳定;二次支护则是提供结构的安全储备或承受后期围岩压力。因此,初期支护应按主要承载结构设计;二次支护在Ⅲ级及以上围岩时按安全储备设计;在Ⅳ级及以下围岩时按承载(后期围压)结构设计,并均应满足构造要求。

两层衬砌之间宜采用缓冲、隔离的防水夹层,其目的是,当第一层产生形变及形变压力较大时,仍给予极少量形变的可能,可降低形变压力。而当一次衬砌支护力不够时,可将少量形变压力均匀地传布到二次衬砌上,并依靠二次衬砌进一步制止继续变形,且防止一次衬砌出现裂缝时,二次衬砌也出现裂缝。由于两层衬砌之间有了隔离层(即防水夹层),防水效果良好,且可减少二次衬砌混凝土的收缩裂缝。复合式衬砌在我国铁路、公路隧道中广泛应用,如图2-11及图2-12所示。

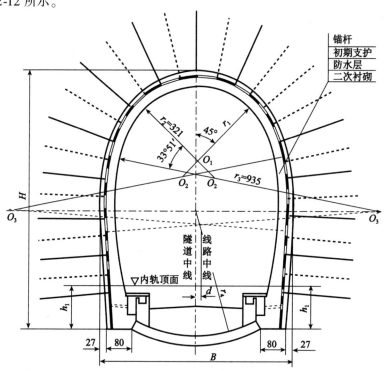

图2-11 铁路隧道复合式衬砌断面(尺寸单位:cm)

复合衬砌的设计,目前以工程类比为主,理论验算为辅。结合施工,通过测量、监控取得数据,不断修改和完善设计。复合衬砌设计和施工密切相关,应通过量测及时支护,并掌握好围岩和支护的形变和应力状态,以便最大限度发挥由围岩和支护组成的承载结构的自承能力。通过量测,掌握好断面的闭合时间,保证施工期安全;确定恰当的支护标准和合适的二次衬砌时间,达到作用在承载结构上的形变压力最小,且又十分安全和稳定。

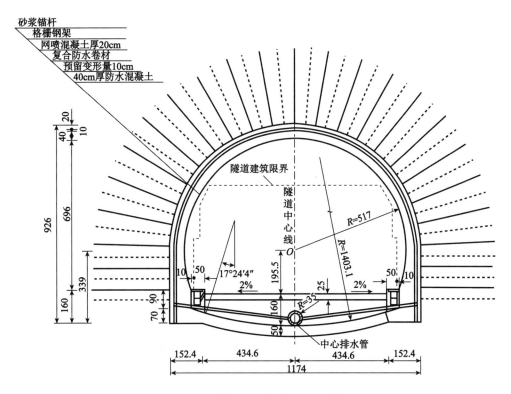

图 2-12　公路隧道复合式衬砌断面(尺寸单位:cm)

在确定隧道开挖尺寸时,应预留必要的初期支护变形量,以保证初期支护稳定后,二次衬砌的必要厚度。当围岩呈"塑性"时,变形量是比较大的。由于预先设定的变形量与初期支护稳定后的实际变形量往往有差距,故应经常量测校正,使延续各衬砌段预留变形量更符合围岩及支护变形实际。

目前,复合式衬砌已成为世界各国及地区高速铁路山岭隧道衬砌结构的主流。复合式衬砌可以满足初期支护施作时、刚度小、易变形的要求,且与围岩密切贴合,从而能保护和加固围岩,充分发挥围岩的自承作用。二次衬砌后,衬砌内表面光滑平整,可以防止外层风化,装饰内壁,增强安全感,是一种合理的结构形式。图 2-13、图 2-14 分别为公路隧道及高速铁路隧道采用复合式衬砌的形式。

4. 装配式衬砌

拼装式衬砌

装配式衬砌是将衬砌分成若干块构件,这些构件在现场或工厂预制,然后运到隧道内用机械将它们拼装成一环接着一环的衬砌。这种预制衬砌不需养护时间,一经装配即可承受围岩压力,缩短工期,还有可能降低造价。因此,这种衬砌的优点是拼装成环后立即受力,便于机械化施工,改善劳动条件,节省劳动力。

装配式衬砌应满足足够强度和耐久性,能立即承受荷载和有防水设施等条件。但装配式衬砌需要坑道内有足够的拼装空间,制备构件尺寸上要求一定的精度,它的接缝多,防水较困难。在铁路、公路隧道中,由于装配式衬砌要求有一定的机械化设备,且施工工艺复杂,衬砌的整体性及抗渗性差而未能推广使用。

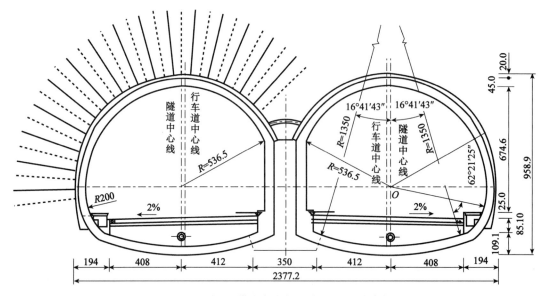

图 2-13　Ⅳ级围岩双连拱公路隧道衬砌断面图(尺寸单位:cm)

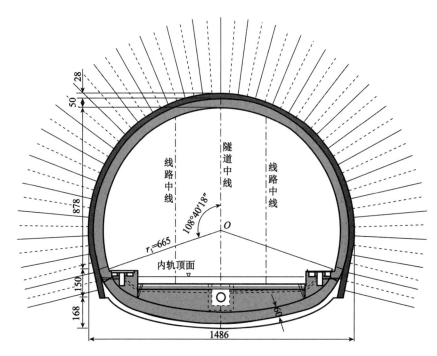

图 2-14　时速 350km 双线铁路隧道代表性衬砌结构断面图(尺寸单位:cm)

但装配式衬砌是地下工程的发展方向之一,目前多在 TBM 掘进机法施工的山岭隧道、盾构法施工的城市地下铁道和水底隧道中采用。

在盾构法施工的圆形隧道中,广泛应用装配式管片衬砌。装配式管片衬砌,在施工阶段作为临时支承使用,并承受盾构千斤顶顶力和其他荷载;竣工后则作为永久性承重结构,并防止泥水渗入,如图 2-15 所示。在矿山法施工的隧道中,当地质条件允许并有施工场地和相应的机械设备时,也可采用装配式衬砌。马蹄形装配式衬砌可由数块管片或砌块拼装而成。

此外,沉管法的预制管段沉放法也属于装配式衬砌范围,是在水底建筑隧道的一种施工方法,即将若干个预制段分别浮运到海面(河面)现场,并一个接一个地沉放安装在已疏浚好的基槽内,以此方法修建的水下隧道,如图2-16所示。

图2-15 装配式衬砌盾构隧道

图2-16 沉管法隧道示意图

隧道所处的工程地质条件是多种多样的,围岩情况十分复杂,既有良好的,也有很差的。隧道在岩土中埋置位置不同,其结构受力和围岩的稳定性也不同。有些隧道初期围岩较稳定,但随着时间的推移,风化剥落、掉块,随着水文状况的改变,围岩松弛,出现小坍塌,以至失去稳定。这时,要补做衬砌就很困难,技术层面、经济方面更不合理。因此,不提倡完全不做衬砌的隧道,而提出隧道应做衬砌的要求。即便是很好的围岩,如Ⅰ级围岩,也应清除松动岩块后喷射薄层细粒混凝土支护或水泥砂浆防护,以防止岩体风化,保证隧道的安全可靠。

衬砌的应用

隧道衬砌是永久性的重要结构物,应有相当的可靠性和保证率,一旦受到破坏,运营中很难恢复。因此,要求衬砌密实、抗渗、抗侵蚀、不产生病害,衬砌能够长期、安全使用。

二、洞门

(一)隧道洞口段

对于隧道洞口设计和施工,必须掌握隧道洞口附近的地形、地下水、气象等自然条件以及房屋、结构物等现实条件,分析其对坡面稳定、气象灾害、景观调和、车辆运行的影响,从而得到经济、安全、合理的隧道洞门结构、施工方法和洞口养护管理措施等。

隧道洞口,包括隧道的洞口段,洞门及其前后一部分线路区间的总体设计。对于每一个隧道,由于所处的地质及线路位置等设计条件不同,所以很难明确表示隧道洞口的范围。但为了设计和研究隧道洞口问题的需要,借鉴已有的工程经验,可以将隧道洞口的范围大致定义为如图2-17所示,而将隧道施工可能影响的坡面和地表的范围称为洞口段。一般将隧道洞口段定义为洞门向洞内延伸到可能形成承载拱的$(1\sim2)D$(D为隧道开挖宽度)埋深的范围,而且洞口处至少应保证$2\sim3m$的覆盖土。

隧道洞口段不仅受围岩内部条件支配,而且受地形、地质、周边环境及气象等外部条件支配,因此,它是隧道洞门设计和施工的难点。

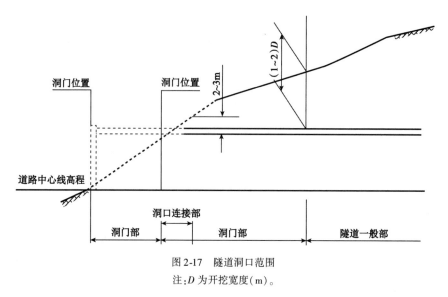

图 2-17　隧道洞口范围

注：D 为开挖宽度(m)。

(二)洞门概述

洞门概述

洞门(隧道门的简称,通常也泛指隧道门及明洞门)是隧道洞口用圬工砌筑并加以建筑装饰的支挡结构物。它是联系洞内衬砌与洞口外路堑的支护结构,是整个隧道结构的主要组成部分,也是隧道进出口的标志。

洞门附近的岩(土)体通常都比较破碎松软,易失稳,形成崩塌。为了保护岩(土)体的稳定和使车辆不受崩塌、落石等威胁,确保行车安全,应该根据实际情况,建设合适的洞门。洞门是隧道两端的外露部分,应与隧道规模、使用特性以及周围建筑物、地形条件等要相协调。在保障安全的同时,还应适当进行洞门的美化,并注意环保要求。

因此,洞门的作用有以下几个方面：

(1)减少洞口土石方开挖量。洞口段范围内的路堑是根据地质条件以一定坡率开挖的,当隧道埋置较深时,开挖量较大,设置隧道洞门可以起到挡土墙的作用,减少土石方开挖量。

(2)稳定边、仰坡。修建洞门可减小引线路堑的边坡高度,缩小正面仰坡的坡面长度,使边坡及仰坡得以稳定。

(3)引离地表水。地表水流往往易汇集在洞口,如不排除,将会浸害线路,妨碍行车安全。修建洞门可以把水流引入侧沟排走,确保运营安全。

(4)装饰洞口。洞口是隧道唯一外露部分,是隧道的正面外观。修建洞门可起装饰作用,特别在城市附近、风景区及旅游区内的隧道更应配合当地的环境,进行艺术处理、美化。

(三)洞门的形式

由于隧道洞口所处的地形地质条件、自然环境和人文环境不同,洞门形式也有所不同,主要有墙式洞门和明洞式洞门。墙式洞门有端墙式、翼墙式和柱式三种基本形式,或由其变化的台阶式等形式;明洞式洞门有削竹式、遮光棚式两种基本形式,或由其变化的环框式及帽檐斜切式等形式。

1. 端墙式洞门

端墙式(一字式)洞门是最常见的洞门,它适用于地形开阔、石质较稳定(Ⅱ~Ⅲ级围岩)的地区,由端墙和洞门顶排水沟组成。端墙的作用是抵抗山体纵向推力及支持洞口正面上的仰坡,保持其稳定。洞门顶排水沟用来将仰坡流下来的地表水汇集后排走。端墙的构造一般是采用等厚的直墙,直墙圬工体积比其他形式都小,而且施工方便。墙身微向后倾斜,斜度约为1:0.1,如图2-18所示。

墙式洞门

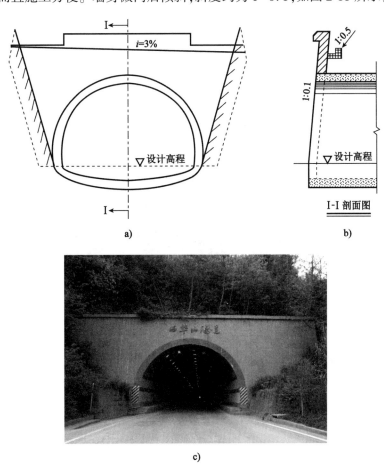

图2-18 端墙式洞门

2. 翼墙式洞门

翼墙式(八字式)洞门是较常见的洞门,当洞口地质较差(Ⅳ级及以下围岩),山体纵向推力较大,或者需要在洞口开挖路堑时,可以在端墙式洞门的单侧或双侧设置翼墙,如图2-19所示。翼墙在正面起到抵抗山体纵向推力,增加洞门的抗滑及抗倾覆能力的作用。两侧面保护路堑边坡,起挡土墙作用。翼墙顶面与仰坡的延长面相一致,其上设置水沟,将洞门顶水沟汇集的地表水引至路堑侧沟内排走。翼墙的正面端墙一般采用等厚的直墙,微向后方倾斜,斜度为1:0.1。翼墙前面与端墙垂直,顶面斜度与仰坡坡度一致。

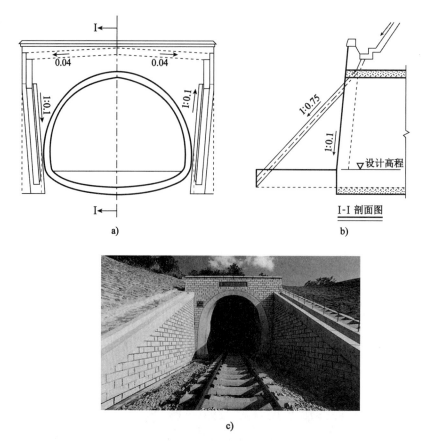

图 2-19 翼墙式洞门

3. 柱式洞门

当地形较陡,洞口地质较差(Ⅳ级围岩),仰坡有下滑的可能性,又受地形或地质条件限制,不能设置翼墙时,可在端墙中部设置 2 个(或 4 个)断面较大的柱墩,以增加端墙的稳定性,如图 2-20 所示。柱式洞门比较美观,适用于城市附近、风景区或长大隧道的洞口。

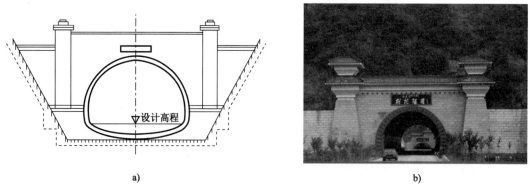

图 2-20 柱式洞门

4. 台阶式洞门

当洞门位于傍山侧坡地区,洞门一侧边仰坡较高时,为了提高靠山侧仰坡起坡点,减少仰坡高度,将端墙顶部改为逐级升高的台阶形式,以适应地形的特点,减少洞门圬工及仰坡开挖数量,也能起到一定的美化作用,如图 2-21 所示。

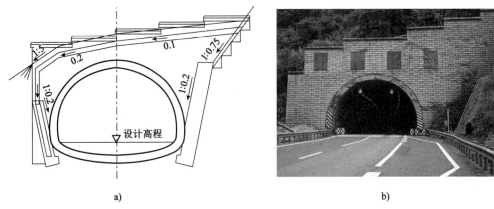

图 2-21 台阶式洞门

5. 削竹式洞门

当隧道洞口段有一节较长的明洞衬砌时,由于洞门背后一定范围内是以回填土为主,山体的推滑力不大时,可采用削竹式洞门,这是公路隧道中的叫法,其名称是由于结构形式类似竹筒被斜向削砍断的样子,故得其名。在铁路隧道中称为斜切式洞门。这种洞门结构近年来在公路、铁路隧道的建造中被普遍使用,如图 2-22 所示。

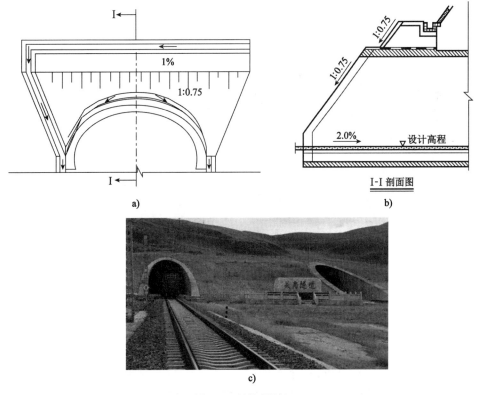

图 2-22 削竹式洞门

该洞门特点是,洞口边仰坡开挖量少,有利于山体的稳定,减少对植被的破坏,有利于保护环境,各种围岩类别均能适用。其使用条件是相对比较对称和不太陡峻的地形地段。

另外,由于高速列车通过隧道时会在隧道内引起瞬变压力、在隧道出口形成微气压波,微气压波会对隧道出口的周边环境和周围建筑物造成危害,因此高速铁路隧道洞门通常采用帽檐斜切式,可大大消减微气压波对周围结构的影响,如图 2-23 所示。

明洞式洞门　　　　　　　　　　图 2-23　帽檐斜切式洞门

6. 遮光棚式洞门

当洞外需要设置遮光棚时,其入口通常外伸很远,适用于无落石危险地段,宜采用与棚洞连为一体的现浇钢筋混凝土结构。遮光构造物有开放式和封闭式之分,前者遮光板之间是透空的,后者则用透光材料将前者透空部分封闭。但由于透光材料上面容易沾染尘垢油污,养护困难,因此很少使用后者。形状上又有喇叭口式(图 2-24)与棚洞式(图 2-25)之分。

图 2-24　喇叭口式洞门　　　　　　　　图 2-25　棚洞式洞门

7. 环框式洞门

当洞口石质坚硬稳定(Ⅰ~Ⅱ级围岩),且地形陡峻无排水要求时,可仅修建不承载的简单洞口环框,如图 2-26 所示,它能起到加固洞口和减少雨后洞口滴水的作用。环框微向后倾,其倾斜度与顶上的仰坡一致。环框的宽度与洞口外观相匹配,一般不小于 70cm,突出仰坡坡面不少于 30cm,使仰坡上流下的水从洞口正面淌下。环框与洞口衬砌用混凝土整体浇筑。

需要说明的是,当洞口为松软的堆积层时,通常应避免大刷仰、边坡,一般宜采用接长明洞,恢复原地形地貌的方法。此时,仍可采用洞口环框,但环框坡面较平缓,一般与自然地形坡度相一致。环框两翼与翼墙一样能起到保护路堑边坡的作用。环框四周恢复自然植被原状，或重新栽植根系发达的树木等，以使仰、边坡稳定。倾斜的环框还有利于向洞内散射自然光，增加入口段的亮度。

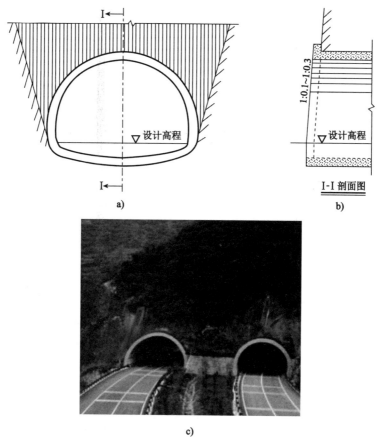

图 2-26　环框式洞门

综上所述，洞门的形式较多，除上述基本形式外，还会有其他变化形式。选择洞门形式应根据洞口的地形、地质条件、隧道长度和所处的位置等确定，特别要注意洞口施工后地形改变的情况。

三、明洞

（一）明洞概述

明洞一般修筑在隧道的进出口处，当遇到地质差且洞顶覆盖层较薄，用暗挖法难以进洞时，或洞口路堑边坡上有落石而危及行车安全时，或铁路、公路、河渠必须在铁路上方通过，且不宜做立交桥或涵渠时，则应采用明挖法来开挖隧道。所谓明挖是指把岩体挖开，在露天修筑衬砌，然后回填土石。用这种明挖法修筑的隧道结构，通常称明洞。因此明洞是隧道的一种变化形式，外形几乎与隧道无异，净空与隧道相同，和地表相连处，也设有洞门、排水设施等。

明洞是隧道洞口或线路上起防护作用的重要建筑物，具有地面、地下建筑物的双重特点，既作为地面建筑物用以抵御边坡、仰坡的塌方、落石、滑坡、泥石流等病害,又作为地下建筑物用于在深路堑、浅埋地段不适宜暗挖隧道时,取代隧道的作用。

明洞的结构形式应根据地形、地质、经济、运营安全及施工难易等条件进行选择,采用最多的是拱形明洞、棚式明洞和箱形明洞。

(二)拱形明洞

隧道进出口两端的接长明洞或在路堑边坡不稳定地段修建的独立明洞,多采用拱形明洞的形式。拱形明洞由拱圈、边墙和仰拱(或铺底)组成,它的内轮廓与隧道相一致,但结构截面的厚度要比隧道大一些,结构整体性好,能承受较大的垂直压力和侧压力,其适用范围较广。拱式明洞可分为如下几种。

拱式明洞

1. 路堑对称式明洞

它适用于洞顶地面平缓,路堑边坡处于对称或接近对称,边坡岩层基本稳定,仅防止边坡有少量坍塌、落石,或用于隧道洞口岩层破碎,覆盖层较薄而难以用暗挖法修建隧道时,如图 2-27 所示。

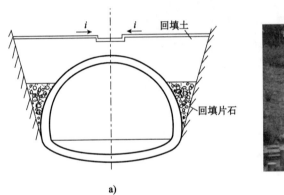

图 2-27 路堑对称式明洞

此种明洞承受对称荷载,拱、墙均为等截面,边墙为直墙式。洞顶作防水层,上面夯填土石后,覆盖防水黏土层,并在其上做纵向水沟,以排除地表流水。

2. 路堑偏压式明洞

这种明洞适用于两侧边坡高差较大的不对称路堑,高侧边坡有坍塌、落石,低侧边坡明洞墙顶以下部分为挖方,且能满足外侧边墙嵌入基岩要求的地段。此时明洞结构承受不对称荷载,需考虑支挡结构抵抗偏压,如图 2-28 所示。

3. 半路堑偏压式明洞

它适用于地形倾斜,低侧处路堑外侧有较宽敞的地面供回填土石,以增加明洞抵抗侧向压力的能力。此种明洞承受偏压荷载,拱圈等厚,内侧边墙等厚度,外侧边墙可为不等厚斜墙式,如图 2-29 所示。

4. 半路堑单压式明洞

它适用于傍山隧道洞口或傍山线路上的半路堑地段。因外侧地形狭小,地面陡峻,无法回填土石以平衡内侧压力。此种明洞荷载不对称,承受偏侧压力,拱圈等截面(有时也可能采用变截面),内侧边墙等厚,外侧边墙为设有耳墙的不等厚斜墙,如图 2-30 所示。另外,要注意处理好外墙基础,以防因外墙下沉而使结构开裂。

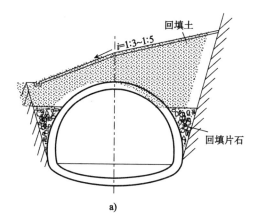

图 2-28　路堑偏压式明洞

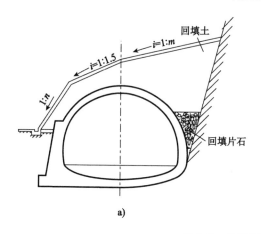

图 2-29　半路堑偏压式明洞

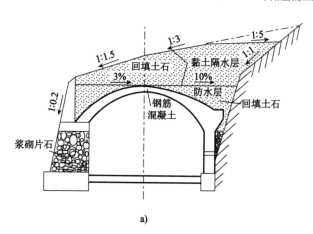

图 2-30　半路堑单压式明洞

(三)棚式明洞(简称棚洞)

有些傍山隧道,地形的自然横坡比较陡,外侧没有足够的场地设置外墙及基础或确保其稳定,难以修建拱形明洞时,可采用棚式明洞。

棚式明洞常见的结构形式有盖板式、刚架式和悬臂式三种。

1. 盖板式明洞

盖板式明洞由内墙、外墙及钢筋混凝土盖板组成简支结构。其上回填土石,以保护盖板不受山体落石的冲击。这种明洞的内侧应置于基岩或稳定的地基上,一般为重力式墩台结构,厚度较大,以抵抗山体的侧向压力,如图 2-31 所示。当基岩层完整,坡面较陡,地面水不大,采用重力式内墙开挖量较大时,可采用钢筋混凝土锚杆式内墙。外墙只承受由盖板传来的垂直压力,厚度较薄,要求的地基承载力较小。外墙也可做成梁式(即中间留有侧洞),以适应地形和节省圬工。

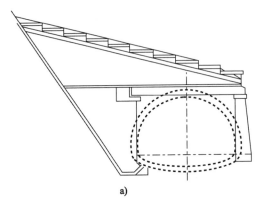

图 2-31 盖板式明洞

2. 刚架式明洞

当地形狭窄、山坡陡峻、基岩埋置较深而上部地基稳定性差时,为了使基础置于基岩上且减小基础工程,可采用刚架式外墙,此时称明洞为刚架式明洞。该明洞主要由外侧刚架、内侧重力式墩台结构及钢筋混凝土盖板组成,如图 2-32 所示,并做防水层及回填土石处理。

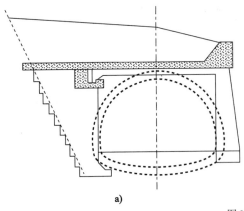

图 2-32 钢架式明洞

3. 悬臂式明洞

对稳定而陡峻的山坡,外侧地形难以满足一般棚洞的地基要求,且落石不太严重时,可修建悬臂式明洞。它的内墙为重力式,上端接筑悬臂式横梁,其上铺以盖板,在盖板的内端设平衡重来维持结构受外荷载作用下的稳定性,如图 2-33 所示。同时为了保证明洞的稳定性,要求悬臂必须伸入稳定的基岩内。

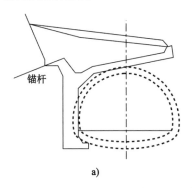 

图 2-33 悬臂式明洞

(四)箱形明洞

箱形结构建筑高度较小,对地基要求亦较小。所以在明洞净高、建筑高度受到限制、地基软弱的地方,可采用箱形明洞。如图 2-34 所示为一方形刚构明洞,全部用钢筋混凝土制成。若右侧岩层顺层滑动,可利用上部回填土石的压力及底层的弹性抗力,平衡侧向岩层滑动的推力,并传至左侧岩层。

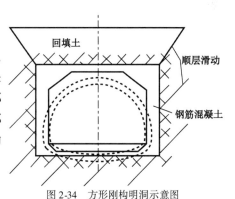

图 2-34 方形刚构明洞示意图

(五)明洞基础

明洞衬砌基础和隧道衬砌基础一样,应置于稳固的地基上。为防止侧沟及铺底施工开挖时影响边墙地基稳定,明洞基础底高程不宜高于隧道侧沟沟底高程或路面基层高程。当基岩埋深较浅时,基础可设置于基岩上;当基础位于软弱地基上时,可采用仰拱、整体式钢筋混凝土底板,也可采用桩基、扩大基础、基础加深和地基加固处理等措施。

明洞外边墙、棚洞立柱基础埋置深度超过隧道底板面以下 3m 时,宜在底板面以下设置钢筋混凝土横向水平拉杆,并锚固于内边墙基础或岩体中,或用锚杆锚固于稳定的岩体中;立柱可在路基平面处加设纵撑,应与相邻立柱及内边墙连接。

当地基外侧受水流冲刷影响时,为了使基础外侧护基部分岩土稳定,或为防止河岸冲刷的影响,应另采取挡墙、护岸、边坡加固等防护、防冲刷措施。

(六)明洞回填

根据明洞设置的目的、作用,以及地形条件、山坡病害,明洞洞顶要进行回填,回填前应进行防水处理,如图 2-35 所示。明洞应重视拱背和墙背的回填。其中,

明洞的基础和填土

重视拱背的回填是为了保护拱背及拱脚,增强拱脚的固结,增加其稳定性,起加强的作用。墙背回填质量的好坏,直接影响到墙背岩土的稳定、侧压力的大小,也影响到墙背抗力的大小。实际采用回填措施时,应根据明洞类型、山坡岩土类别、设计要求、施工方法确定。明洞顶填土横坡以能顺畅排除坡面水为原则。

图 2-35　拱形明洞回填

任务二　隧道附属建筑物

一、通风

　　隧道一般只有进出口与大气相通,隧道内污染物不能很快扩散,空气中污染物的含量会逐渐积累。对于铁路隧道,隧道内空气污染主要由列车携带尘土和线路维护作业车辆排放的废气引起。对于公路隧道,隧道内空气的污染是由汽车排出的废气和汽车携带的尘土、卷起的尘埃造成。其中,排放的废气含有多种有害成分,如一氧化碳、氮氧化物、煤烟、铝、磷化物、硫等,是气态和浮游固态微粒的混合物。

　　隧道内的空气污染,既会对人体造成危害,又会影响行车安全。空气中污染物的含量很小时,通常影响不大。但是一氧化碳等含量增加时,会使人体产生不同程度的中毒症状,甚至危及生命。特别是公路隧道,污染空气中的烟雾会影响能见度,烟(尘)含量达到一定程度后,可能会造成能见度下降,甚至妨碍行车安全。因此,公路隧道通风主要对一氧化碳、烟雾和异味等进行稀释。

　　铁路隧道运营通风,同样应使隧道内达到符合卫生标准的空气环境,保证隧道中旅客、乘务人员、维护人员免受有害气体的危害,减少有害气体、湿气、高温等对隧道衬砌及有关设备的腐蚀和影响。铁路隧道防灾通风,应在火灾情况下能控制烟雾扩散方向,保障疏散救援安全。运营通风应与防灾通风统筹考虑。

　　隧道的通风方式分为自然通风和机械通风两种。

(一)自然通风

　　自然通风就是不设置专门的通风设备,是利用存在于洞口间的天然风流或汽车行驶时活塞作用产生的交通风力,达到通风的目的。但在双向交通的隧道中,交通风力有相互抵消的情形,适用的隧道长度受到限制。由于交通风的作用较自然风大,因此,对于单向交通隧道,即使隧道相当长,也有足够的通风能力。

(二)机械通风

机械通风则是在自然通风不能满足要求时,设置一系列通风机械,送入或吸出空气来达到通风目的。机械通风的形式有纵向式通风、全横向式通风、半横向式通风和混合式通风。

1. 纵向式通风

纵向通风时,可以认为隧道内沿纵向流动的气流从入口至出口都是匀速的。这种通风方式使得空气的污染物含量由入口向出口方向成直线增加。如果自然风从出口吹入隧道(单向交通)时,洞内污染物含量会增大。当洞内为双向交通时,交通风自然抵消,此时如有自然风吹入隧道,在下风方向的空气污染物含量也会增加。

纵向式通风的类型有射流式通风、风道式通风和集中排气式通风等,根据交通方式不同又可以有不同的具体设计。

(1)射流式通风。射流式通风是在车道空间上方直接吊设射流式通风机,用以升压,从而通风的方式。通常根据需要沿隧道纵向以适当的间隔吊设数组,每组为一个至数个射流式通风机,如图 2-36 所示。射流式通风机是一种新型通风机,具有体积小、风量大的特点。

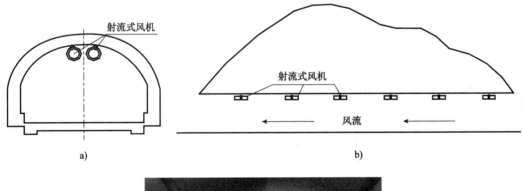

图 2-36 射流式纵向通风

(2)竖井、斜井式通风。长隧道纵剖面为人字坡时,污浊空气常积聚在坡顶,通风效果不好。若设置竖井或斜井作为辅助坑道时,把通风机置于竖井或斜井处,借助通风机和竖井的换气作用,可以把污浊空气吸出,或把新鲜空气引入,如图2-37所示。竖井、斜井用于排气时,能收到很好的效果,但为了能达到稳定的通风效果,仍需安装风机。

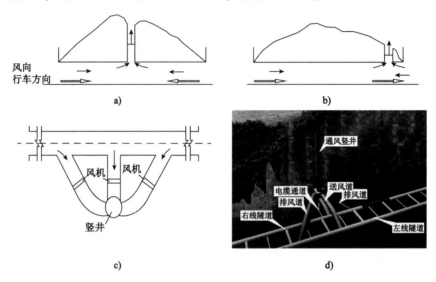

图 2-37 竖井式纵向通风

对于双向交通隧道,因新风是从两侧洞口进入的,竖井宜设置在中间。对于单向交通隧道,由于新风主要由入口一侧进入,竖井应靠近出口侧设置。竖井的位置也要结合施工需要综合考虑。

2. 全横向式通风

在通风机的作用下,风流的方向与隧道轴线方向成正交的称为横向式通风。如图2-38所示为全横向式通风工作原理,隔出隧道部分面积作为沿洞身轴线的通风渠(包括压入风渠和吸出风渠)。

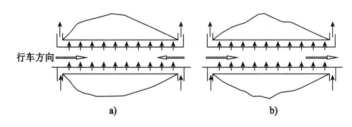

图 2-38 全横向式通风(双、单向交通)

新鲜空气首先送入压入通风渠,并沿着通风渠流到隧道全长范围内。压入通风渠设有系列的出风口,把新鲜空气在均匀的间隔上吹到隧道中,隧道内的污浊空气则从吸出风渠的进风口吸出洞外,隧道内基本上不产生沿纵向流动的风,只有横方向的风流动。

全横向式通风系统能将新鲜空气沿隧道全长范围内均匀吹入,污浊气体无须沿隧道全长范围流过,就地直接被进风口吸出,通风效果较好。在双向交通时,车道纵向风速大致为零,污染浓度沿全隧道大体均匀。单向交通时,有交通风的影响,污染浓度由入口至出口逐渐增加,一部分污染空气会直接由出口排向洞外。

3. 半横向式通风

半横向式通风工作原理如图 2-39 所示,这种通风系统是在隧道的顶部设置进风管,并在进风管的下部,沿隧道的长度方向每隔一定距离开一通风口,气流则沿通风口流向隧道内;然后隧道内的空气在新鲜气流的推动下,沿隧道纵向排出洞外。半横向式通风效果比纵向好,但没有全横向式通风能力强。

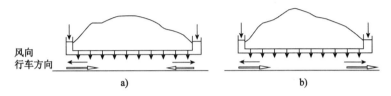

图 2-39 半横向式通风(双、单向交通)

纵向式通风的污染浓度不均匀,进风口最低,出风口最高。半横向式通风,可使污染浓度大体上接近一致。送风式半横向通风是半横向通风的标准形式,新鲜空气经送风管吹向汽车的排气孔高度附近,直接稀释汽车排放的废气。污染空气在隧道上部扩散,经过两端洞口排出洞外。

4. 混合式通风

混合式通风没有固定的格局,可以由上述几种基本通风形式组合而成,一般用于公路隧道。国外采用混合式通风的隧道不乏先例,其组合方式有多种,也需符合一般性的设计原则,力求既经济,又实用。

选择通风方式时,应该综合考虑诸多因素,如隧道长度、交通条件、地质条件、气象条件、风速要求、隧道类型等。合理的通风方式是安全可靠性高,具有安装方便、投资小、隧道内环境好、对灾害的适应能力强、运营管理方便、运营费用低的特点。

二、照明

为保障隧道运营安全,隧道内需布置照明设备。由于运输方式的不同,铁路隧道与公路隧道的照明要求略有不同。

(一)铁路隧道照明

铁路隧道照明出于运营线隧道内设备的检查及养护维修作业的不同需要,在隧道内采取相应的照明措施。隧道照明是保证设备维修质量,保证运输安全的重要设施。

《铁路隧道设计规范》(TB 10003—2016)规定,全长 1000m 及以上的直线隧道和全长 500m 及以上的曲线隧道应设置照明设备,作为固定指示、作业、检查的照明用途,其安装位置、照度应满足相关要求,除了为铁路隧道内作业人员提供工作、作业照明外,也为隧道内疏散、救援提供照明。

对于高速铁路隧道,隧道内照明设备除了需满足上述普铁隧道照明用途外,还应能够保障

隧道内的通行能力、行车安全,能够有效减轻驾驶员的疲劳,降低眩光影响。同时,由于高铁隧道维修工作的特殊要求,照明也应根据需要设置。总的设计要求是,重点实现基本功能性要求外,考虑使用者、作业者需求。如图2-40所示。

(二)公路隧道照明

公路隧道的照明,是为了把必要的视觉信息传递给驾驶员,防止因视觉信息不足而出现交通事故,提高驾驶安全性和增加舒适感。隧道照明与道路照明的显著不同是白天也需要照明,而且白天照明问题比夜间更加复杂。

图 2-40　高铁隧道内照明

汽车驾驶员在白天从明亮的环境接近、进入和通过隧道过程中,将产生很多视觉问题,主要有:

(1)进入隧道前的视觉问题。由于隧道内外的亮度差别极大,所以,从隧道外部去看照明很不充分的隧道入口,会看到黑洞(长隧道),即"黑洞效应",如图 2-41 所示,以及黑框(短隧道)现象。

(2)进入隧道立即出现的视觉问题。汽车由明亮的外部进入即使是不太暗的隧道以后,要经过一定时间才能看清楚隧道内部的情况,这称为"适应的滞后现象"。这是因为急剧的亮度变化,使人的视觉不能迅速适应所致。

(3)隧道内部的视觉问题。隧道内部与一般道路不同,主要在于隧道内部汽车排出的废气无法迅速消散,形成烟雾,它可以将汽车头灯和道路照明器发出的光吸收和散射,降低能见度。这类视觉问题在白天、夜间都存在。

(4)隧道出口处的视觉问题。白天汽车穿过较长的隧道接近出口时,由于通过出口看到的外部亮度极高,出口看上去是个亮洞,会出现极强的眩光,驾驶员在这种极强的眩光效应下会感到十分不舒服,这就是所谓"白洞效应",如图 2-42 所示。夜间与白天正好相反,隧道出口看到的不是亮洞而是黑洞,会看不出外部道路的线形及路上的障碍物。

图 2-41　黑洞效应

图 2-42　白洞效应

解决上述视觉问题的方法是设置合理的灯光照明,以利行车安全。《公路隧道设计规范 第一册 土建工程》(JTG 3370.1—2018)规定:长度大于100m的隧道应设置照明。对于长隧道的照明可以分为洞口接近段、入口段、过渡段、中间段、出口段五个区段。各区段设置不同的灯光照明设施,使其满足该区段照明间隔、位置、照度的要求。照明灯在公路隧道横断面设置位置如图2-43所示。

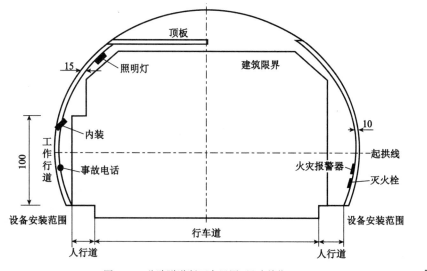

图 2-43　公路隧道断面布置图(尺寸单位:cm)

隧道防排水的概述、
要求及原则

三、防排水系统

无论是铁路隧道还是公路隧道,保持隧道干燥是使隧道能够正常运营的重要条件之一。但隧道内经常有一些地下水渗漏进来,且维修工作也会带来一些废水。隧道漏水易引起漏电事故和造成金属的电蚀现象,使隧道内的各种附属设施霉烂、锈蚀、变质、失效。公路隧道内路面积水会改变路面反光条件,引起眩光,使车辆打滑,影响正常行驶。在严寒地区,冬季渗入洞内的水会结成冰凌,倒挂在衬砌拱顶上,侵入净空限界,危及行车安全。因此,隧道的防排水是隧道设计、施工和运营中的一个重要问题。

隧道的永久性防排水,是通过防排水工程措施实现的。经过理论和实践经验,总结出"防、排、截、堵,因地制宜,综合治理"的原则。此原则是指,在隧道防排水工作中,应结合水文地质条件、施工技术水平、材料来源和成本等,因地制宜,在防水、排水、截水、堵水四种方法中选择适宜的方法,并进行综合应用,实现有组织排水,以满足使用期内隧道结构和设备的"正常使用和行车安全"。

(一)防水

防,是指衬砌防水,即防止地下水从衬砌背后渗入隧道内。其办法是充分利用混凝土结构的自防水能力,并在衬砌与支护之间设置防水层。要求隧道衬砌、防水层具有防水能力,防止地下水透过防水层、衬砌结构渗入洞内。

常用的防水措施有喷射混凝土防水、塑料防水板防水、模筑混凝土衬砌防水、防水涂料防水等。应当注意的是,在防止地下水进入隧道的同时,要在设计与施作防水设施时充分考虑到排水的组织,做到边排边防。

(1)喷射混凝土防水。当围岩有大面积裂隙渗水,且水量、压力较小时,可结合初期支护采用喷射混凝土防水。在主裂隙处不喷射混凝土,使水流能集中于主裂隙流入盲沟,通过盲沟排出。

(2)塑料防水板(防水层)防水。当围岩有大面积裂隙滴水、流水,且水量压力不太大时,可于喷射混凝土等初期支护施作完毕后,二次衬砌施作前,在岩壁全断面铺设塑料防水板防水。塑料板防水层具有优良的防水、耐腐蚀性能,目前在隧道及地下工程中得到了广泛的应用,如图2-44所示。

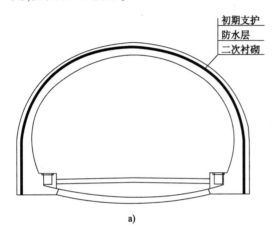 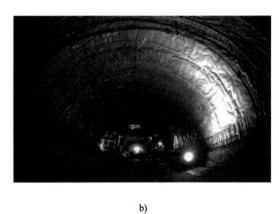

图2-44 防水层布置图

(3)模筑混凝土衬砌防水。模筑混凝土本身就具有一定的抗渗阻水性能,如果能保证混凝土衬砌的抗渗防水性能,则不需要另外增加其他防水、堵水措施。因此,充分利用混凝土衬砌的防水性能,是经济和最基本的防水措施。

(4)防水涂料防水。是在隧道内表面喷涂或涂刷防水涂料,在隧道内表面形成不透水的薄膜。

(二)排水

排,是将地下水排入隧道内,再经由洞内排水沟排走。隧道应有畅通的排水设施,将衬砌背后、底板结构层下的积水排入洞内中心水沟或路侧边沟。排出衬砌背后的积水,能减少或消除衬砌背后的水压力;排出底板结构层下的积水,能防止底部冒水、翻浆、结构破坏。

排水与防水是紧密结合的,只防不排很难达到治水的效果。因此,给水一个通道或出路是必要的,当然这种通道和出路应当是有组织的。隧道内设置的排水建筑物有排水沟和盲沟。

1. 排水沟

除了长度在100m以下,且常年干燥无水的隧道以外,一般的隧道都应设置排水沟,使渗漏到洞内的水和从道床涌出的地下水,能够沿着带有流水坡的排水沟,顺着线路方向引出洞外。排水沟的断面按排水量计算确定,但一般沟底宽不应小于40cm,沟深不应小于35cm。沟底纵坡宜与线路纵坡一致。水沟上面应设有预制的钢筋混凝土盖板,其顶面应与避车洞底面齐平。排水沟在一定长度上应设检查井,以便随时清理残渣。

排水沟有两种形式。一种是侧式水沟,这种形式的水沟设在线路的两侧或一侧,视水流量大小而定。当为一侧时,应设在来水的一侧;如为曲线隧道,则应设在曲线内侧。双侧水沟间隔一定距离应设一横向联络沟,以平衡不均匀的水流量。另一种是中心式水沟,隧道采用整体式道床时,水沟设在线路中线的下方,或设在双线隧道两线路之间,如图2-45所示。

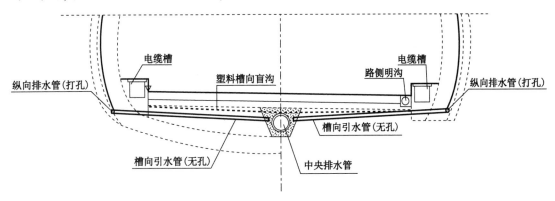

图2-45　高速公路隧道排水沟布置形式

2. 盲沟

在衬砌与围岩之间,通常用埋管设置环向或竖向盲沟,以汇集衬砌周围的地下水,并通过盲沟底部泄水孔(或预埋管)引入隧道侧沟或中心水沟排出。目前常用的盲沟为柔性盲沟。

柔性盲沟通常由工厂加工制造。它具有现场安装方便、布置灵活、连接容易、接头不易被混凝土阻塞、过水效果良好、成本低等优点。其构造形式有弹簧软管盲沟(图2-46)、化学纤维渗滤布盲沟(图2-47)等。

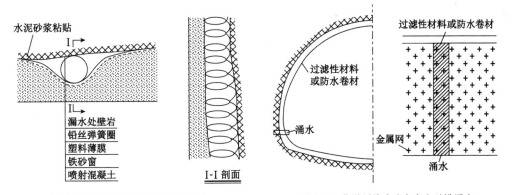

图2-46　弹簧软管盲沟引排局部水　　　　图2-47　化学纤维渗滤布盲沟引排涌水

(1)弹簧软管盲沟。这种盲沟一般是采用10号铁丝缠成直径5~8 cm的圆柱形弹簧或采用硬质又具有弹性的塑料丝缠成半圆形弹簧,或带孔塑料管,以此作为过水通道的骨架,安装时外覆塑料薄膜和铁窗纱,从渗流水处开始沿环向铺设并接入泄水孔。

(2)化学纤维渗滤布盲沟。这种盲沟是以结构疏松的化学纤维布作为水的渗流通道,其单面有塑料敷膜,安装时使敷膜朝向混凝土一面,可以阻止水泥浆渗入滤布。这种渗滤布式盲沟质量轻,便于安装和连续加垫焊接,宽度和厚度也可以根据渗排水量的大小进行调整,是一种较理想的渗水盲沟。

隧道内排水应综合利用排水沟与盲沟,其各自布置位置可参考图2-48。

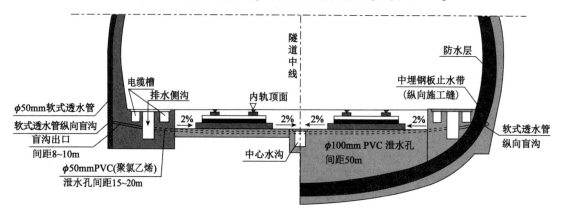

图2-48 高速铁路隧道排水设施布置形式

(三)截水

截,对易于渗漏进隧道的地表水,应在地表采用设置截(排)水沟、清除积水、填筑积水坑洼地、封闭渗漏点等措施。对于地下水,应采取导坑、泄水洞、井点降水等措施,如图2-49所示。

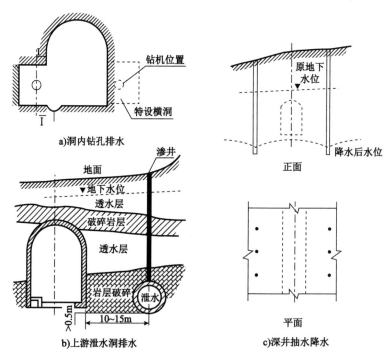

图2-49 地下水截水措施

(四)堵水

堵,针对隧道围岩有渗漏水地段,采用注浆、喷涂、堵水墙等方法,将地下水堵在围岩体内。

围岩破碎、含水、易坍塌地段,经常采用注浆加固围岩和防水措施。注浆堵水有化学注浆和压注水泥砂浆两类。压注水泥砂浆防水会消耗水泥过多,而防水效果不佳。向围岩进行化学压浆,是一种有效的堵水措施。化学压浆材料种类也颇多,比较有效的材料为丙凝浆液、聚氨酯浆液、水泥-水玻璃浆液等。

四、避车洞

对于铁路隧道,当列车通过隧道时,为了保证洞内行人、维修人员及维修设备(小车、料具)的安全,在隧道两侧边墙上交错均匀修建的,可供人员躲避及放置车辆、料具的洞室叫作避车洞。时速200km以上的高速铁路隧道,从空气力学上,避车洞的设置将影响高速运行的列车,而高速运行的列车将产生强烈的列车风。采用较大的隧道内净空面积后,在隧道内净空轮廓范围内设置宽1.2m的人员待避区时,不再设置避车洞;或从维修管理模式上改变,行车及行车间隔时间内不进洞维修。每天集中在"天窗"(停止行车,进行线路、电网、信号等设备检查与维修)时段进行综合检查与维修时,可不设人员待避区或避车洞。

(一)避车洞的布置

避车洞根据其断面尺寸的大小分为小避车洞及大避车洞两种。

1. 小避车洞

在碎石道床或整体道床的隧道内,每侧边墙上,应在大避车洞之间每间隔60m(双线隧道按30m)布置一个小避车洞。如隧道邻近有乡村市镇或曲线半径小、视距较短时,小避车洞可适当加密。

2. 大避车洞

在碎石道床的隧道内,每侧相隔300m布置一个避车洞。在整体道床的隧道内,因人员行车待避较方便,且线路维修工作量较小,因此,可在每侧相隔420m时布置一个大避车洞。

当隧道长度在300~400m时,可在隧道中间布置一个大避车洞;隧道长度在300m以下时,可不必布置大避车洞;如果两端洞口接桥或路堑,当桥上无避车台或路堑两边侧沟外无平台时,应与隧道情况一并考虑布置大避车洞。

大、小避车洞平面布置如图2-50所示,图2-50a)适用于碎石道床隧道,图2-50b)适用于整体道床隧道。图2-51为小避车洞实物图。

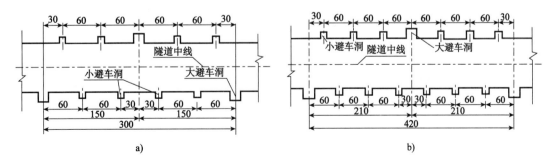

图2-50 避车洞平面布置图(尺寸单位:m)

图 2-51 小避车洞

不同衬砌类型或不同加宽断面衔接处,或沉降缝、工作缝、伸缩缝处,应避免设置避车洞。

为了使避车洞的位置明显,应将洞内及洞周边 30cm 均刷成白色。在洞的两侧各 10m 处的边墙上标一白色箭头指向避车洞,如图 2-52 所示。

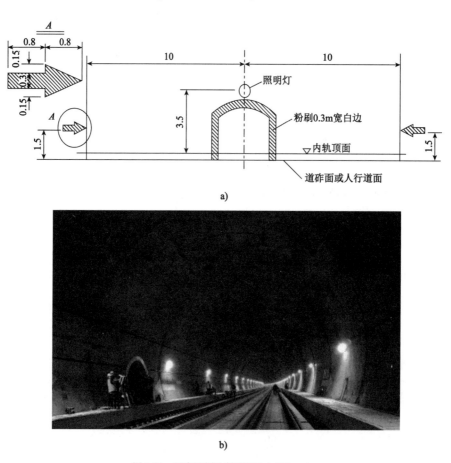

图 2-52 避车洞周边粉刷(尺寸单位:m)

(二)避车洞的净空尺寸及衬砌类型

大避车洞的净空尺寸为 4.0m(宽)×2.5m(深)×2.8m(中心高),如图 2-53 所示。小避车洞的净空尺寸为 2.0m(宽)×1.0m(深)×2.2m(中心高),如图 2-54 所示。

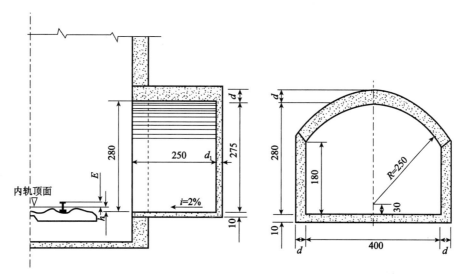

图 2-53 大避车洞尺寸(尺寸单位:cm)

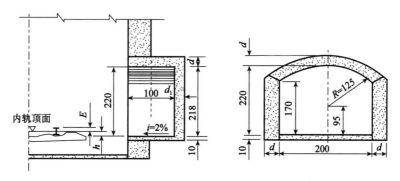

图 2-54 小避车洞尺寸(尺寸单位:cm)

避车洞的衬砌类型应和隧道衬砌类型相适应。

五、紧急停车带

对于公路长、特长隧道,应在行车方向的右侧设置紧急停车带。双向行车的隧道,其紧急停车带应双侧交错设置。紧急停车带的作用是为故障车辆离开干道,进行避让,以免发生交通事故,引起混乱,影响通行能力而专供紧急停车使用的停车位置。尤其在长大隧道中,故障车必须尽快离开干道,否则会引起阻塞,甚至导致发生交通事故。为使车辆能在发生火灾时避难和退避,还应设置方向转换场。

紧急停车带的间隔,主要根据故障车的可能滑行距离和人力可能推动距离确定。如小车较卡车滑行距离长,人力推动也较省力;下坡较上坡滑行距离长,推动也省力。紧急停车带间隔一般取 500～800m；汽车专用隧道取 500m，隧道长度大于 600m 时即应在中间设置一处；混合交通隧道取 800m，隧道长度大于 900m 时即应在中间设置一处。

紧急停车带的有效长度，应满足停放车辆进入所需的长度，一般全挂车可以进入需 20m，最小值为 15m，宽度一般为 3.0m。隧道内的缓和路段施工复杂，所以通常是将停车带两端各延长 5m 左右。参见图 2-55、图 2-56。

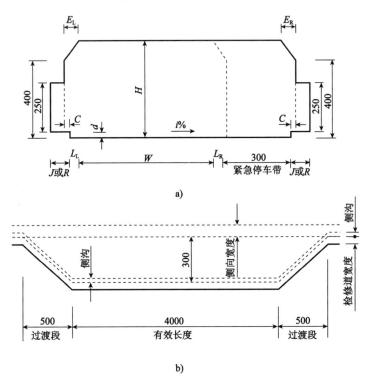

图 2-55 紧急停车带建筑限界、宽度和长度（尺寸单位：cm）

六、内装

图 2-56 隧道紧急停车带

隧道内装是指隧道内部壁面的铺装。为了确保行车安全，在公路隧道中必须采取措施，使墙面亮度在长期运营中保持较好状态，墙面须用适当的材料加以内装处理。内装可以改善隧道内的环境，主要是提高能见度，其次是吸收噪声。

为提高墙面的反射率，改善照明效果，内装材料表面应当是光洁的，颜色应当是明亮的。人眼对波长 555nm 的黄绿光最为敏感，所以内装材料应当选用淡黄和浅绿色。作为背景的墙面，应能衬托出障碍物的轮廓，这就需要墙面具有良好的反射率，如图 2-57 所示。为了减少眩光，这种反射应是漫反射。

图 2-57　隧道墙面贴瓷砖

未经内装的混凝土衬砌表面,容易吸附发动机排出的废气中的黏稠油分,可与烟雾、尘埃一起沾于表面上。在隧道内潮湿、漏水的情况下,污染过程很快,会使墙面的反光率降低。

经过内装的墙面,污染也是不可避免的,但要求墙面具有不易污染、容易清洗、耐冲刷、耐酸碱、耐腐蚀、耐高温等特点,表面应该光滑、平整、明亮。内装可以起到美观作用,使隧道漏水不露出墙面;各种管线都能隐藏在内装材料的后面,同时管线的维修应该方便。内装材料应该具有吸收噪声的作用。消除隧道内的噪声是极其困难的课题之一。隧道内噪声源主要来自两方面,即通风机产生的噪声和汽车行驶时发动机发出的噪声。

声波在三维空间传播时,与光波一样可以屏蔽、聚焦和定向。在均匀截面的管道中行进的波,常常是平面波,这种波从波源出发,在无阻碍地传播很长一段距离后,仍近似为平面波,平面波的衰减很慢。由于管径与铺贴吸声材料的吸声效果呈倒数关系,在大管道中铺贴吸声材料几乎无效,所以内装材料的消声效果不理想。

通常用于隧道的粘贴内装材料有:

(1)块状混凝土材料:表面粗糙,容易污染且不好清洗,但衬砌表面无须特殊处理。

(2)饰面板、镶板等质地致密材料:不容易污染,清洗效果好,洗净率高,板背后的渗漏水隐蔽,各种管线容易在板背后隐蔽设置,板背后的空间有利于吸收噪声。

(3)瓷砖镶面材料:表面光滑,最容易洗净,且效果良好;要求衬砌平整,以便镶砌整齐;隧道漏水部位可用排水管道疏导;镶面后可埋设小管线。但这种材料没有任何吸声作用。

(4)油漆材料:比块状混凝土材料容易清洗,但不及其他两种材料,对衬砌表面要求很高,需要压光、平整;隧道不能有漏水现象,否则浸湿的油漆损坏很快。这种材料也没有吸声作用。

随着建筑材料工业技术的发展,新材料相继出现,许多新型材料都可以使用于隧道内装。用于内装的新材料应该具有以下特点:耐火性,在高温条件下仍能维持原状,不燃烧、不分解有害成分等;耐腐蚀性,长期在油垢及有害气体作用下不变质,在洗涤剂等化学物质作用下不被侵蚀;不怕水,大多数隧道都存在漏水问题,在水的浸泡下,在潮湿环境中不变质、不霉烂;材料来源广泛,价格相对便宜,隧道是大型构造物,用材量很大,价格高昂的材料不适于用作隧道内装。

七、其他

(一)电缆槽

铁路与公路隧道内有穿越隧道的各种电缆,如照明、通信、信号以及电力等电缆,必须有一定的保护措施,即设置电缆槽来防止潮湿、腐烂以及人为的破坏。

电缆槽用混凝土浇筑,可与水沟同侧并与水沟并行,或设置在水沟的异侧,如图2-45与图2-48。槽内铺以细砂作垫层,低压电缆可直接放在垫层面上,高压电缆则吊在槽边预埋的托架上。槽顶设有盖板防护。盖板顶面应与避车洞底面或道床顶面齐平。当电缆槽与水沟同侧并行时,应与水沟盖板齐平。通信、信号电缆可设在一个电缆槽内,也可以分设。但通信、信号电缆必须和电力电缆分槽设置。

电缆槽在转折处,应以不小于1.2m的半径曲线连接,以免电缆弯曲而折断。

对于铁路隧道,长度大于500m时,需在设有电缆槽的同侧大避车洞内设置余长电缆槽(腔);隧道长度在500~1000m时,需在隧道中间设置一处;1000m以上的隧道则每隔500m增设一处。

对于公路隧道,隧道内若未预埋电缆管沟,可在隧道衬砌墙壁上架设电缆桥架,用以布设隧道电缆。

(二)横通道

横通道,为建在两条平行隧道之间的横向联络通道,需要满足巡查、维修、疏散救援等要求,作用是确保两条平行隧道内的行车安全和联络,统一管理。一旦某个隧道内发生车祸、火灾等事故,隧道内人员可从人行联络通道安全转移到另一条隧道内逃生、报警。其构造形式如图2-58所示。

图2-58 隧道横通道布置

对于公路隧道,横通道分为车行横通道与人行横通道。对于铁路隧道,则为人行横通道。

1. 车行横通道

车行横通道的设置间距宜采用750m,不应大于1000m。长度1000~1500m的隧道宜设一处车行横通道,中、短隧道可不设。车行横通道应与紧急停车带紧邻布置,即车行横通道两端与主洞连接处设置紧急停车带,以利于紧急情况下的交通疏散,如图2-59所示。

车行横通道宜设置于地质条件极好的地段,并设置一定的纵坡以利于排水,但纵坡不宜大于8%。衬砌应具有完善的排水措施。两端洞口应设置防火防护门,且便于开启和关闭。车行横通道与主洞宜采用垂直连接,以利于救援车辆的双向出入。车行横通道与主洞连接处的结构应进行加强设计。

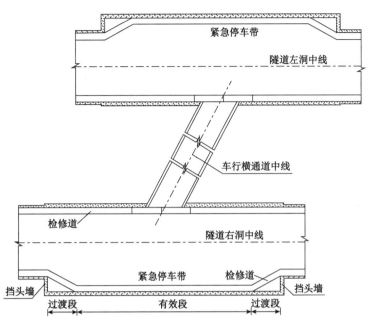

图 2-59 隧道车行横通道平面布置

2.人行横通道

人行横通道的设置间距宜采用250m,不应大于350m。短隧道可不设,长度500～750m的隧道宜设置一处,长度750～1000m的隧道宜设置两处。人行横通道设置时可考虑所设车行横通道的人行功能,如图2-60所示。高速铁路隧道联络横通道间距应不大于500m。

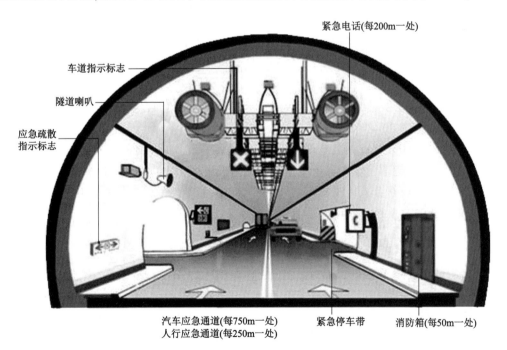

图 2-60 隧道横通道安全设施布置

人行横通道应具有完善的防水、排水措施,路面应干燥并具有较好的防滑性能;应设置一定的纵坡,以利于排水,但纵坡不宜过大。当纵坡大于15%时,宜设置踏步台阶、边墙两侧宜设置扶手。设置扶手后人行横通道净宽应符合相关规范的规定。

人行横通道两侧应设置甲级防火门,防火门具有双向推开和自动关闭功能;横通道内设置疏散指示标志,间距不大于20m。人行横通道与主洞的连接宜采用垂直连接,连接处的结构进行加强设计。

(三)设备洞室

铁路隧道设备洞室有绝缘梯车洞、余长电缆槽(腔)、信号继电器箱洞、无人增音站洞、变压器洞室、综合洞室等类型。公路隧道设备洞室主要有配电洞室、变压器洞室、灭火器洞室、紧急电话洞室等。洞室设置位置、尺寸应根据隧道运营管理设备的需要确定。

绝缘梯车洞:在电力牵引铁路长隧道内一侧预留停放绝缘梯车的旁洞,以保证维修人员和行车安全。通常每隔500m左右设在线路无水沟的一侧,可与大避车洞一并考虑。其轴线与正洞轴线以45°左右斜交为宜,以利于绝缘梯车快速推进。车洞尺寸可根据所使用的绝缘梯车尺寸而定。当使用折叠式梯车时,可不设这种车洞。

信号继电器箱洞:隧道内如需设置信号继电器箱时,在电缆槽同侧设置信号继电器箱洞,其宽度为2m,深度为2m,中心宽度为2.2m。

无人增音站洞:根据电信传输衰耗和通信设计要求,在隧道内设置无人增音站时,其位置可根据通信要求确定,亦可与大避车洞结合使用,如不能结合时,则另行修建,其尺寸同大避车洞。

配电洞室:要求预留足够的放置空间和维护操作空间,底面高于检修道100~120cm,以方便检修。其尺寸还应根据配电柜的尺寸以及防护要求来调整。

变压器洞室:要求结合变压器的实际需要确定洞室尺寸,并预留足够的放置空间和维护操作空间。底面宜与检修道齐平,应考虑防护要求,并做相应尺寸调整。

灭火器洞室:可根据所放置消防设备的类型采用不同尺寸。常见的消防设备有洞内消火栓、水成膜泡沫装置、灭火器等。灭火器洞室设计时,应考虑预留足够的放置空间和维护操作空间,底面高于检修道80~100cm。

紧急电话洞室:用以放置紧急电话设施,以便紧急情况下(如交通事故或火灾等)当事者或发现者能及时联系隧道管理人员。紧急电话洞室设置间距不宜大于200m,宜设置在紧急停车带或人行横洞处,应符合人体工程学尺寸,并配隔音门。

案例

中国乌鞘岭特长隧道全长20.05km,于2006年8月23日实现双线开通,标志着兰新铁路兰武段(兰州西至武威南)新增二线铁路全面建成,欧亚大陆桥通道上的"瓶颈"制约消除,见图2-61。乌鞘岭特长隧道位于兰新线兰武段打柴沟车站和龙沟车站之间,为两座单线隧道,隧道出口段线路位于半径为1200m的曲线上。右、左缓和曲线伸入隧道分别为68.84m及127.29m,隧道其余地段均位于直线上。两隧道线路纵坡相同,主要为1.1%的单面下坡,右线隧道较左线隧道高 0.56~0.73m,洞身最大埋深 1100m 左右。隧道左、右线均采用钻爆法施工,右线隧道先期开通。隧道洞门形式为柱式洞门。隧道辅助坑道共计 15 座,其中斜井 13 座,竖井 1 座,横洞 1 座。

图 2-61 乌鞘岭特长隧道

乌鞘岭隧道工程地质条件极为复杂,建设过程中遇到的最大难题是乌鞘岭位于山脉断裂带之上,洞身穿越 4 条断裂带组成的挤压构造带,处于地震基本烈度为 8 度的高地震烈度区。建设者们开展科研攻关,提出不同区段围岩物理力学参数的建议采用值,用于设计和施工,提高施工质量。乌鞘岭特长隧道的顺利完工,改变了铁路选线中不宜采用特长隧道的观念,可以说,没有乌鞘岭特长隧道的施工经验,就没有 27km 长的太行山隧道和 32km 长的新关角隧道。同时,乌鞘岭特长隧道工程中积累的施工经验,对今后线路的走向和隧道的快速施工具有重要参考意义。

学习任务单

项目二 隧道结构构造	姓名:	
	班级:	
	自评	师评
思考与练习	掌握: 未掌握:	合格: 不合格:
1.隧道衬砌形式有哪些?各自的适用环境分别是什么?		
2.洞门的类型有哪些?各自的特点是什么?		
3.什么是明洞?明洞一般用于什么情况?		
4.简述明洞的类型及特点。		
5.简述隧道附属建筑的种类及其适用环境。		
6.隧道防排水原则是什么?		

第二篇
隧道的勘察设计

项目三 隧道的勘察

学习目标

1. 知识目标
（1）了解隧道勘察各个勘察阶段的任务和要求。
（2）掌握隧道勘察的基本方法。
（3）学会阅读隧道勘察成果"隧道勘察报告内容"。
（4）了解隧道勘察报告附件图表。
2. 能力目标
（1）能进行隧道的初步勘察。
（2）学会阅读隧道勘察报告方法、步骤。
3. 素质目标
（1）培养学生的实际应用能力。
（2）培养学生踏实、细致、认真的工作态度和作风。

学习重点

隧道勘察的基本方法、技术要点；隧道勘察报告阅读方法、步骤；隧道勘察资料的分析。

学习难点

隧道勘察的基本方法；隧道勘察资料的分析。

通过隧道勘察，可以查明建筑物地区工程地质条件和工程地质问题。为此要学习掌握隧道勘察的基本方法、技术要点。

隧道勘察的目的、任务是查明建筑物地区的工程地质条件和工程地质问题，只有通过隧道勘察才能查明拟建隧道建筑物地区的工程地质条件和工程地质问题，为完成隧道勘察报告编写提供技术支持。

任务一　隧道勘察方法

一、隧道勘察的任务与阶段的划分

(一)隧道勘察的目的和任务

隧道勘察的目的,是根据国民经济建设的需要,查明与工程建设有关的地质条件,研究影响建筑物稳定等各种地质现象的性质、分布及其发展规律,预测可能出现的工程地质问题,为工程规划合理、建筑物设计经济、施工及运用安全,提供地质资料。

隧道勘察的主要任务如下:

(1)查明建筑地区的工程地质条件,以便合理选择建筑物,如隧洞的位置,并提出建筑物的布置方案、类型、结构和施工方法的建议。

(2)查明影响建筑物地基岩体稳定等方面的工程地质问题,并为解决这些问题提供所需要的地质资料。

(3)预测建筑物施工与使用过程中,由于工程活动的影响或自然因素的改变而可能产生的新的工程地质问题,并提出改善不良工程地质条件的建议。

(4)查明工程建设所需的各种天然建筑材料的产地、储量、质量和开采运输条件。

上述任务要通过工程地质测绘、工程地质勘探、工程地质试验(室内和野外)和长期观测等勘察方法来完成。

(二)隧道勘察阶段的划分

隧道勘察是为工程建设的优化设计和工程施工服务的,必须与设计、施工紧密配合。隧道勘察按工程开发的工作程序,可划分为可行性研究、初步勘察、详细勘察三个阶段。各阶段工作之间要先后衔接,工作范围由面到点逐步深入,工作内容由一般到具体,精度由粗到细。

根据工程规模的大小和重要性以及建筑物地区地质条件的复杂程度,以上三个勘察阶段可以进行简化。但是先勘察后设计再施工的基本程序不能变。在具体工作中,上述各阶段勘察工作一般分为准备、野外现场勘察和室内资料整理三个阶段。

二、隧道勘察方法

隧道勘察的方法,主要有收集研究既有资料、工程地质测绘、工程地质勘探、试验与长期观测等。随着现代科学技术进步,许多新技术也在隧道勘察工作中得到发展和应用。

(一)收集研究既有资料

收集的资料一般应包括以下几个方面的内容:

(1)地域地质资料,如地层、地质构造、岩性、土质等。

(2)地形、地貌资料,如区域地貌类型及主要特征,不同地貌单元与不同地貌部位的工程地质评价等。

(3) 区域水文地质资料,如地下水的类型、分带及分布、埋藏深度、变化规律等。

(4) 各种特殊地质地段及不良地质现象的分布情况、发育程度与活动特点等。

(5) 地震资料,如沿线及其附近地区的历史地质情况、地震烈度、地震破坏情况及其与地貌、岩性、地质构造的关系等。

(6) 气象资料,如气温、降水、蒸发、温度、积雪、冻积深度及风速、风向等。

(7) 其他有关资料,如气候、水文、植被、土壤、工程经验等资料。

(二) 工程地质调查与测绘

工程地质调查包括现场直接观察、访问群众等工作。

工程地质测绘,就是通过野外路线观察和定点描述,将岩层分界线、断层、滑坡、崩塌、溶洞、地下暗河、井、泉等各种地质条件和现象,按一定比例尺填绘在适当的地形图上,并做出初步评价,为布置勘探、试验和长期观测工作指出方向。

一般测绘开始时,应在踏勘基础上,选做几条有代表性的地层实测剖面,以便了解测区内岩层的岩性、厚度、接触关系及地质时代,建立正常层序,为测绘填图工作提供标准和依据。工程地质测绘一般采用路线测绘法、地质点测绘法、野外实测地质剖面法等。

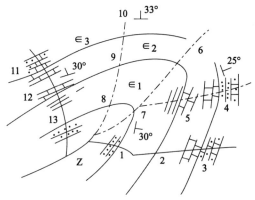

图 3-1 路线穿越法布置示意图
注:图中 1~13 表示不同地层。

1. 路线测绘法

(1) 路线穿越法

即沿着与岩层走向垂直的方向,每隔一定距离布置一条路线,沿路线和地质观察点(简称地质点)进行地质观测和描述,然后把各路线上标测的地质界线相连,即编制出地质平面图(图 3-1)。这种方法适用于地质条件不太复杂或小比例尺测图地区。

(2) 界线追索法

即沿地层界线或断层延伸方向进行追索测绘。界线追索法工作量大,但成果较准确,通常在地层沿走向变化大、断裂构造比较发育的地区采用。

2. 地质点测绘法

地质测绘时的观察点称为地质点。即在测区内按方格网布置地质观察点,依次逐点进行观测描述,然后通过分析实测资料连接各地质界线,构成地质草图。此方法工作量大,但精度高,一般适用于地质界线复杂,或大比例尺地质测绘时采用。

观察点应布置在地质界线或地质现象上,因测绘的目的不同而异,有基岩、构造、第四纪地貌、水文地质点等。在地质观察点上应把所有地质现象认真仔细描述,描述内容包括地层岩性、地质构造、第四纪地貌、物理地质现象、水文地质条件等。另外,对那些与工程建筑有关的地质问题,要突出重点地详细描述。

地质观察点实际位置用罗盘仪或经纬仪测量,并标定在地形图上。

3. 野外实测地质剖面法

在地质测绘工作的初期,为了认识与确定测区内岩层性质、层序、分层标志和界线,以提供测绘填图作为划分岩层的依据和标准,往往在测绘范围内,选择岩层露头良好、层序清晰、构造简单的路线做实测地质剖面(图 3-2)。

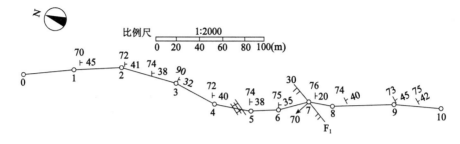

a) 路线平面图

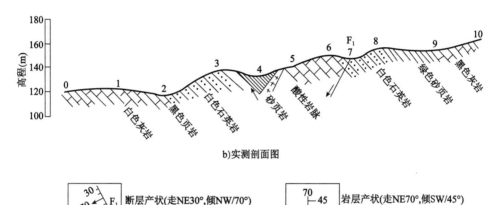

b) 实测剖面图

图 3-2　实测地质剖面图

注:1、2、3、…、10-观测点。

(三)工程地质勘探

为进一步查明、验证地表以下的工程地质问题,并获得有关地质资料,需要在地质测绘的基础上进行必要的勘探工作。勘探工作主要有山地工作、钻探和地球物理勘探等三种类型。

岩土勘察

1. 山地工作

山地工作是指对山地的开挖工作。是常利用坑、槽、竖井、斜井及平硐等工程来查明地下地质条件的一种勘探方法(图 3-3)。为了充分发挥山地工作,必须详细观察记录,并绘制展视图。

2. 钻探

钻探用人力或动力机械带动钻机,以旋转或冲击方式切割或凿碎岩石,形成一个直径较小而深度较大的圆形钻孔(图 3-4)。它是目前应用最广泛的一种勘探手段,它可以揭露地下深处的地质现象,查明建筑物地基的地层岩性、地质构造;采取岩芯、水样(近几年来,采用大口径 1~2m 的钻探设备,其特点是可以取出较大的岩芯,人员可以直接下井观察地质现象);在钻孔内进行工程地质、水文地质、灌浆等试验工作。由于岩性的坚硬完整程度、钻孔深度和钻探的目的不同,需要选用不同类型的钻机。工程地质勘探中常用的钻探方法有冲击钻探、回转钻探、冲击回转钻探和振动钻探四种。

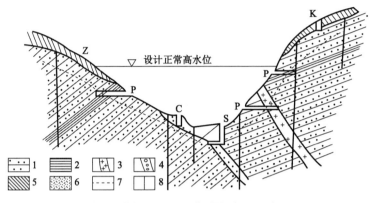

图 3-3 某桥址区山地工作(勘探布置)示意图

1-砂岩;2-页岩;3-花岗岩脉;4-断层带;5-坡积层;6-冲积层;7-风化层界线;8-钻孔;P-平洞;S-竖井;K-探井;Z-探槽;C-浅井

图 3-4 钻探

在钻进过程中,要及时做好观测、取样和编录工作。通过观测地下水的初见水位、稳定水位及钻进中的漏水量等,了解含水层、隔水层的位置和厚度。通过对取出岩芯的观察描述和岩芯采取率的统计,记录井壁掉块、卡钻(说明岩石破碎)和掉钻(说明遇到溶洞或大裂隙)情况,确定岩石风化程度、完整程度。

因此,钻探是靠提取岩芯来了解深部地质条件的,因而要保证有一定的岩芯采取率。

所谓岩芯采取率,是指本回次所取上来的岩芯总长度与进尺的百分比,该值主要反映了钻进技术的水平。为了解孔下岩体的完整情况,有时还要统计岩芯获得率及计算岩石质量指标(Rock Quality Designation,RQD)值。岩芯获得率是指比较完整岩芯的长度与进尺的百分比,那些不能拼成岩芯柱的碎屑物质不计在内。岩石质量指标 RQD 值,最早是由美国的伊利诺伊大学迪尔(Deere,1964)提出来的,目前在世界各国已得到广泛应用。RQD 是根据修正的岩芯采取率确定的,即只计算长度大于 10cm 的岩芯,其表达式为:

$$RQD(\%) = \frac{L_p}{L} \times 100 \tag{3-1}$$

式中：L_p——长度大于10cm 的岩芯总长(m)；

L——钻孔进尺长度(m)。

工程实践证明,RQD 是一种比岩芯采取率更灵敏,更能反映岩体特性的指标,可按 RQD 值的大小判别岩体的质量(图 3-5)。

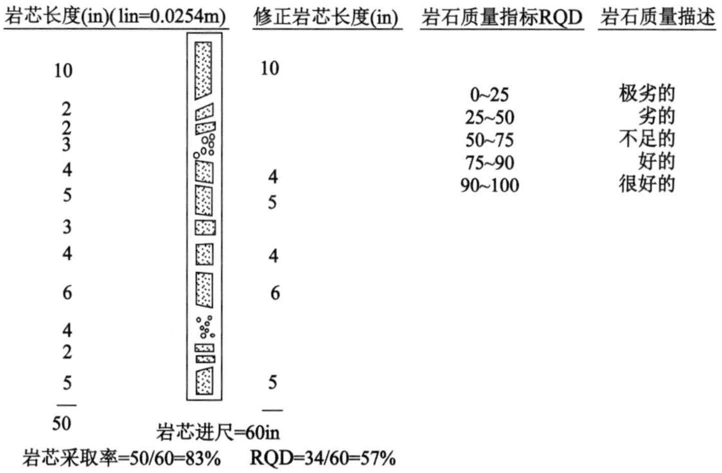

岩芯长度(in)(1in=0.0254m)	修正岩芯长度(in)	岩石质量指标RQD	岩石质量描述
10	10	0~25	极劣的
2		25~50	劣的
2		50~75	不足的
3		75~90	好的
4	4	90~100	很好的
5	5		
3			
4	4		
6	6		
4			
2			
5	5		
—			
50			

岩芯进尺=60in

岩芯采取率=50/60=83%　　RQD=34/60=57%

图 3-5　岩石质量指标(RQD)的计算和分级

最后根据编录资料和试验成果,编制成钻孔柱状图(图 3-6)及工程地质立体投影图(图 3-7)。

钻孔柱状图,图中应标出地质年代、岩土层埋藏深度、岩土层厚度、岩土层底部绝对高程、岩土的描述、柱状图、地下水位、测量日期、岩土取样位置等内容,其比例尺一般为 1∶100 ~ 1∶500。

3. 地球物理勘探

地球物理勘探简称物探,它是通过研究和观测各种地球物理场的变化来探测地层岩性、地质构造等地质条件。各种地球物理场有电场、重力场、磁场、弹性波的应力场、辐射场等。由于组成地壳的不同岩层介质往往在密度、弹性、导电性、磁性、放射性及导热性等方面存在差异,这些差异将引起相应的地球物理场的相应变化。通过量测这些物理场的分布和变化特征,结合已知地质资料进行分析研究,就可以达到推断地质性状的目的。物探方法具有速度快、效率高、成本低、搬运轻便等特点,应用较广泛。

但是物探是一种间接的勘探手段,特别当地质体的物理性质差异不太大时,其成果较粗略,故应与其他勘探手段配合使用,则效果更好。

(1)常用的物探方法有电法勘探、地震勘探、声波探测、磁法勘探、触探、测井等。在工程地质勘察中常用的是电法勘探和弹性勘探。

(2)物探的应用。物探作为钻探的先行手段,了解隐蔽的地质界线、界面或异常点;物探作为钻探的辅助手段,自钻孔之间增加地球物理勘察点,为钻探成果的内插、外推提供依据;物探作为原位测试手段,测定岩土体的波速、动弹性模量、特征周期、土对金属的腐蚀等参数。

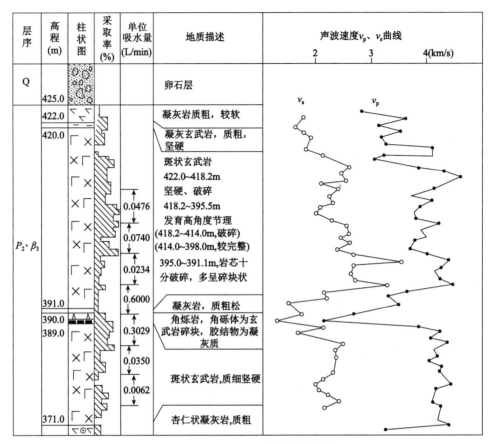

图 3-6 ××工程 48 号钻孔综合柱状图

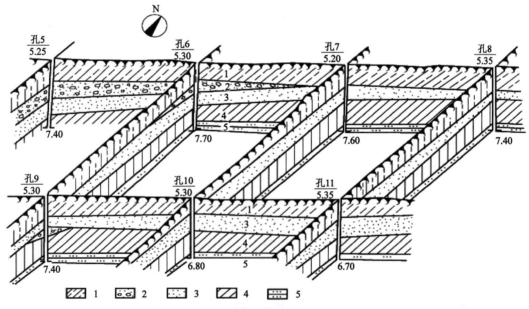

图 3-7 工程地质立体投影图(单位:m)
1-粉土层;2-含砾砂层;3-细砂层;4-黏土层;5-粉砂层

(四)试验及长期观测

1. 试验

在工程地质勘察中,试验工作十分重要,它是取得工程设计所需要的各种计算指标的重要手段。试验工作分为室内试验和野外试验两种。室内试验是用仪器对采取的样品进行试验、分析,取得所需的数据;野外试验是在现场天然条件下进行的(原位试验)。室内试验的试样较小,代表天然条件下的地质情况有一定的限制;野外试验是在勘察现场进行,更符合实际,代表性强、可靠性较大。也有的试验是在室内无法进行的,如静、动力触探,抽水及压水试验,灌浆试验等。这类方法,耗费人力、物力较多,设备和试验技术也较复杂,所以,一般是两种方法配合使用。

工程地质试验工作的种类包括:①岩土物理力学性质试验和地基强度试验——载荷试验、触探试验、钻孔旁压试验、十字板剪力试验、原位剪切试验等;②水文地质试验——钻孔抽水试验、压水试验、渗水试验、岩溶连通试验、地下水实际流速和流向测定试验等;③地基工程地质处理试验——桩基承载力试验、灌浆试验等。

2. 长期观测

由于某些地质条件和现象具有随时间变化的特性,因此需要长期观测。长期观测工作是工程地质勘察的一项重要工作,并从规划阶段就开始,贯穿以后各勘察阶段。有的观测项目在工程完工以后仍需继续进行观测。

观测工作之所以重要,是因为工程地质和水文地质条件的变化及其对公路建筑物的影响不是在短期内就能反映出来的。例如,物理地质现象的发生和发展、地下水位的变化、水质和水量的动态规律,都需要进行多年的季节性观测,才能了解其一般规律,才能利用观测资料,去预测其发展的趋势和危害,以便采取防治措施,保证建筑物的安全和正常使用。地质观测项目主要有以下几个。

(1)与工程有密切关系的物理地质作用或现象的观测。如滑坡、雪崩、泥石流的观测,河流冲刷与堆积、岩石风化速度的观测等。

(2)工程地质现象的观测。如人工边坡、地基沉降变形、地下洞室变形等项目的观测。

(3)地下水动态观测。如地下水水位、化学成分、水量变化及孔隙水压力的观测等。

长期观测点的位置,应能有效地将变化的不均匀性和方向性表示出来,观测线应布置在地质条件变化程度差异最大的方向上。为观测滑坡的发展,主观测线应沿滑动方向布置。在布点时,必须合理选择作为比较用的基准点。观测时间的间隔及整个观测时间的长短,视需要和观测内容及变化的特点来确定,一般应遵照"均布控制、加密重点"的原则。

在观测过程中,应不断积累资料,并及时进行整理,用文字或图表形式表示出来。在有条件的地方,可以设置自动或半自动观测记录装置。

三、隧道的建筑环境评价

1. 对现有生态环境保护的项目

包括水资源的保护、植被的保护、特殊保护区的保护、特殊地质段的保护、环境污染的防治

(污水防治、烟气污染防治、粉尘污染防治、噪声污染防治、振动防治、有害物质的防护)、弃渣处理等。

2. 隧道工程周围环境现状的调查

包括地物地貌的调查、地形地质的调查、大气质量的调查、水体质量的调查、噪声振动的调查、生态资源的调查等。

3. 预测环境影响及评价

包括大气、水质、噪声、振动、地表沉陷、地形、地质、植物、动物、自然景观等环境影响及评价。

4. 环境保护措施

包括水资源防治、污水防治、粉尘污染防治、有害气体防治、噪声防治、振动的防治、有害物质防护、自然环境保护等。

任务二　隧道勘察报告的编制

隧道勘察最终成果是以"隧道勘察报告书"(简称"报告书")的形式提交的。隧道勘察报告是隧道勘察的正式成果，它将现场勘察得到的隧道勘察资料进行统计、归纳和分析，编制成图件、表格，并对场地工程地质条件和问题做出系统的分析和评价，以正确、全面地反映场地的工程地质条件和提供地基土物理力学设计指标，供建设单位、设计单位和施工单位使用，并作为存档文件长期保存。

一、隧道勘察报告书

隧道勘察成果报告的内容，包含直接或间接得到的各种工程地质资料，还包含了勘察单位对这些资料的检查校对、分析整理和归纳总结过程、有关场地工程地质条件的评价结论及相关分析评价依据。报告书以简要明确的文字和图表两种形式编写而成，具体内容除应满足《岩土工程勘察规范》(GB 50021—2001)的相关内容外，还和勘察阶段、勘察任务要求和场地及工程的特点等有关。因此，隧道勘察报告书内容应根据任务要求、勘察阶段、地质条件、工程特点等具体情况确定，在内容结构上一般分为绪论、通论、专论和结论四个部分，每个部分的内容虽各有侧重，但各部分是紧密联系的。

(1)绪论。简述勘察区的自然地理概况(工程地理位置、流域水系、水文、气象等)、工程概况、工程建筑物特性(工程规模、结构形式等)、工程主要指标、工程布置方案及在国民经济建设中的重要性，以及设计阶段勘察目的、要求和任务、方法、时间和所应完成的工程项目及工作量等。

(2)通论。通论的内容是阐明工作地区的场地位置、地形地貌、地质构造、不良地质现象及地震设防烈度等，工程地质条件和所处区域的地质地理环境，以明确各种自然因素(如大地构造、地势、气候等)对该区工程地质条件的意义。因此，通论一般可分为区域自然地理概述和区域地质、地貌、水文地质概述以及建筑地区工程地质条件概述等章节。各章节的内容应当既能阐明区域性及地区性工程地质条件的特征及其变化规律，又必须紧密联系工程目的，不要泛泛而谈。

在规划阶段的工程地质勘察中,通论部分占有重要地位,在以后的阶段中其比重越来越小。

(3)专论。一般是隧道勘察报告书的中心内容,因为它既是结论的依据,又是绪论内容选择的标准。专论的内容包括场地的岩土类型、地层分布、岩土结构构造或风化程度、场地土的均匀性、岩土的物理力学性质、地基承载力,以及变形和动力等其他设计计算参数或指标。地下水的埋藏条件、分布变化规律、含水层的性质类型、其他水文地质参数、场地土或地下水的腐蚀性以及地层的冻结深度等。专论是对建设中可能遇到的工程地质问题进行分析论证,并回答设计方面提出的地质问题,对建筑地区做出定性的或定量的工程地质评价,作为选定建筑物位置、结构形式和规模的地质依据,并在明确不利的地质条件的基础上考虑合适的处理措施。专论部分的内容与勘察阶段的关系特别密切,勘察阶段不同,专论涉及的深度和定量评价的精度也有差别。专论还应明确指出遗留的问题和进一步勘察工作的方向。

(4)结论。内容包括建筑场地及地基的综合工程地质评价以及场地的稳定性和适宜性等结论。针对工程建设中可能出现和存在的问题提出措施和施工建议。结论是在专论的基础上对各种具体问题做出的简要明确的回答。结论态度要明朗、措辞要简练、评价要具体,问题解决得不彻底的可以如实说明,但不要含糊其词、模棱两可。

除综合性岩土工程勘察报告外,也可根据任务要求,提交单项报告,主要有岩土工程测试报告,岩土工程检验或监测报告,岩土工程事故调查与分析报告,岩土利用、整治或改造方案报告,专门岩土工程问题的技术咨询报告等。

隧道勘察是分阶段进行的,当每一个阶段的勘察工作结束后,应根据各阶段勘察设计任务书中的要求,结合工程特点和建筑物区的工程地质条件,及时编写出各阶段的隧道勘察报告书。另外,隧道勘察报告书必须与工程地质图一致,互相照应、互为补充,共同达到为工程服务的目的。

二、隧道勘察图表

隧道勘察报告书应附必要的图表,这些图表是根据各勘察设计阶段的测绘、勘探和试验所得资料,进行分析整理编制而成的。几种常用的图表有:

1. 综合工程地质平面图

简称工程地质图,在图中表示与工程有关的各种地质条件,如建筑地区地层岩性、地质构造、地形地貌、水文地质条件、自然地质现象以及勘探和试验成果,它是评价工程建筑地区工程地质条件的主要依据。

2. 勘探点平面布置图

勘探点平面布置图是在地形图上标明工程建筑物、各勘探点(包括探井、探槽、钻孔等)、各现场原位测试点以及勘探剖面线的位置,并注明各勘探点、原位测试点的坐标及高程。

3. 地层综合柱状图

反映场地(或分区)的地层变化情况,在图上标明层厚、地质年代,并对岩土的特征和性质进行概括描绘,有时还附有各岩土层的物理力学性质指标。

4. 工程地质剖面图

工程地质剖面图即根据地质剖面勘探资料和试验成果编制而成的图件,是工程选址等工作中广泛使用的图件。以地质剖面图为基础,反映地层岩性、地质构造、地貌、水文地质条件、自然地质现象、各分层岩土的物理力学性质指标等。可作为选择和论证工程建筑场地、拟定设计方案、进行工程地质问题评价、确定工程建筑地基基础处理措施和施工方案的依据。

由于勘探线的布置常与主要地貌单元或地质构造轴线相垂直或与建筑物轴线相垂直,因此工程地质剖面图能最有效地揭示场地地质条件。

5. 洞、井、坑、槽的展视图

洞、井、坑、槽的展视图是洞、井、坑、槽等山地勘探工作编录的原始图件,是绘制各类图件和评价与工程有关的工程地质问题的基本资料。

6. 工程地质附表

工程地质附表主要是岩土试验成果表、地基土物理力学指标统计表等。在岩土试验成果表中,常列出现场原位测试(包括载荷试验、标准贯入试验、十字板剪切试验、静力触探试验等)和室内岩土试验(全部岩土试样的各种物理力学指标和状态指标、地基土承载力等)的原始数据。地基土物理力学指标统计表根据室内外岩土试验原始数据,按土层进行统计汇总而成。附表的数据是工程设计和施工的重要依据。

7. 其他专门图件

对于特殊地质条件及专门性工程,根据各自的特殊需要,绘制相应的专门图件等。

有关各勘察设计阶段隧道勘察报告书的编写提纲和各种图表的内容要求及具体规定,详见有关隧道勘察资料内业整理规程。

学习任务单

项目三 隧道的勘察	姓名:	
	班级:	
	自评	师评
思考与练习	掌握: 未掌握:	合格: 不合格:
1. 隧道勘察的目的与任务是什么?		
2. 隧道勘察的划分及各勘察阶段的特点如何?		
3. 隧道勘察方法有哪些?它们各解决哪些问题?		
4. 工程地质测绘的主要方法有哪些?		
5. 工程地质钻探可以解决哪些问题?		
6. 岩芯采取率及岩芯获得率如何统计,RQD值如何确定,有何实际意义?		
7. 什么是物探?常用的物探方法有哪些?工程地质勘察工作只进行物探可以吗?为什么?		
8. 现场原位测试方法主要有哪些?		
9. 隧道勘察报告书包括哪些内容?		
10. 怎样利用隧道勘察报告书进行工程设计?		
11. 工程地质图表有哪些?每种图表包括哪些内容?		

项目四

隧道总体设计

学习目标

1. 知识目标
(1) 了解隧道方案与自然条件的关系。
(2) 越岭隧道选址的要点。
(3) 傍山隧道选址的要点。
(4) 不良地质地段隧道选择的要点。
(5) 隧道洞口位置选择的要点。
(6) 了解隧道平面、纵断面、横断面设计时应注意的问题。
(7) 熟悉隧道建筑限界、衬砌内轮廓线、外轮廓线、实际开挖线的定义。
2. 能力目标
(1) 能识读隧道勘测设计文件的内容。
(2) 能计算隧道施工设计图中有关项目的工程量。
3. 素质目标
(1) 培养学生的实际应用能力。
(2) 培养学生踏实、细致、认真的工作态度和作风。

学习重点

隧道方案与自然条件的关系;越岭隧道选址的要点;傍山隧道选址的要点;不良地质地段隧道选择的要点;隧道洞口位置选择的要点;隧道平面、纵断面、横断面设计时应注意的问题;隧道建筑限界、衬砌内轮廓线、外轮廓线、实际开挖线的定义。

学习难点

越岭隧道选址的要点;隧道洞口位置选择的要点;隧道建筑限界;隧道勘测设计文件的内容;隧道施工设计图中有关项目的工程量。

任务一　隧道的选址

确定路线时,通常在多个路线方案中,根据地形图和各种调查资料,进行技术、经济比较之后,最后确定一条路线。可先在较大比例尺(1∶25000～1∶50000)的地形图上进行比选,为了明确路线是否经济,技术上是否可行,可在地形图上徒手描绘大概的平面线形图,判断隧道位置和规模,对可能的路线方案进行比较;然后在1∶5000地形图上研究路线控制点,拟订几条比较路线的平面线形、纵坡,使其与地形地物协调,并确定出线形指标好、工程造价低的线路。一般路线比较要点:线形适当(平面顺适、纵坡均衡、横面合理),顺应地形;施工的难易;与当地环境和景观相协调以及建设投资等。采用隧道方案时,尤其是长大隧道通风、照明及养护管理费用较大,应当综合考虑。

选定路线时,应根据《公路工程技术标准》(JTG B01—2014)的规定,从平面线形和纵坡的关系,考虑是否需要设置隧道。另外,从克服高寒地区的雪害、多雾地区和事故多发地的管理,以及环境保护等方面,也往往需要考虑设置隧道。在确定隧道位置时,要考虑到路线的特性,与前后线形的衔接,地形地质条件对施工难易程度的影响,交通安全及行驶性能等,洞口附近应特别加以注意。为了确保视距,隧道平面线形应采用直线或大的不设超高的平曲线半径。隧道的长度较长时,考虑通风的影响,希望把纵坡控制在2%以下。引线和隧道衔接应当协调,出口引线要避免急弯和纵坡的改变。在高寒地区,雪吹进隧道后,不仅易酿成交通事故,而且为了除雪和防止冻结,不得不投入很多的劳动力,在引线部分也有同样的问题。因而为了避免冻结和积雪给交通造成的危害,在确定隧道高程时应尽可能降低。在村镇附近或在重要的自然环境保护区及其附近设置隧道时,需考虑环境保护,研究噪声和排出的污染空气对环境的影响。隧道位置选择应遵循以下总体原则:

(1)隧道位置的选择应根据路线总体规划、交通运输条件及周边环境和地形变化条件确定。

(2)隧道位置的选择应充分考虑隧道穿越的工程地质和水文地质条件。隧道位置应选择在岩性好、结构稳定的地层中。当条件限制无法绕避不良地质区时,隧道应尽量缩短其通过长度,同时应采取可靠的工程处理措施,以确保隧道施工和运营安全。

(3)隧道位置的选择应严格执行《水法》《土地法》《森林法》《环境保护法》等法律、法规在条款里对公路工程建设的相应规定,应严格保护耕地,特别是基本农田。

(4)隧道位置的选择要结合隧道接线端的构造物布设情况,做好路线各控制点的衔接处理,保证隧道内外线形顺畅、协调一致。

一、隧道方案与自然条件的关系

隧道与自然条件的关系

隧道方案的选择和设计与地形、工程地质、水文地质和洞口地形等自然条件密切相关。一般而言,它们是隧道方案主要考虑的问题,只要充分考虑了沿线地形、工程地质和洞门位置间的内在联系,统筹研究,就可选择出较为理想的隧道线路位置和进出口位置。

隧道洞口位置的选择除了以上因素外,要充分考虑隧道轴线与地形的关系。隧道轴线与地形的关系,大概有如图4-1所示的几种关系。其主要特征如下。

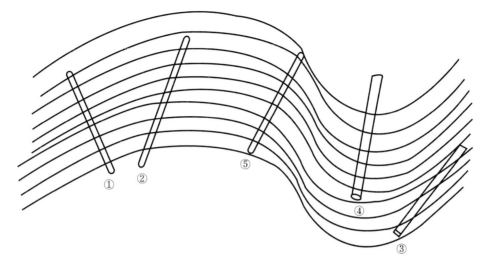

图4-1 隧道轴线与地形的关系
①-坡面正交型;②-坡面斜交型;③-坡面平行型;④-尾部进入型;⑤-深入谷地型

1. 坡面正交型

坡面正交型是当隧道轴线正向(或基本正向)穿进坡面时,形成对称的开挖边坡和洞口,是最理想的隧道轴线和坡面的位置关系,但当隧道洞口位于坡面中部时,施工时要注意便道与线路的关系。

2. 坡面斜交型

坡面斜交型是当隧道轴线斜向穿进坡面时,就形成非对称的开挖边坡和洞口,此时隧道洞口的左右边坡存在高差,设计施工中要考虑偏对隧道的影响。

3. 坡面平行型

对于过大的斜交,若通过较长的山体(如沿河傍山的隧道),此时隧道山坡外侧的覆盖层通常会比较薄,因此偏压就会很大,设计施工中就必须特别考虑大偏压对隧道安全的影响。这种位置关系经常发生问题,应尽量避免。

4. 尾部进入型

与坡面正交类似,隧道轴线在山嘴附近进入山体,一般适用于稳定围岩,但为断层侧丘时,其背后多有断层。

5. 深入谷地型

谷地一般是岩堆等未固结的堆积层,层比较厚,易发生泥石流、雪崩等灾害;而且凹谷处的汇水面积较大,不利隧道的排水。

根据上述分类,隧道洞口的最好选择是坡面正交型、尾部进入型。但是大多数情况下,因为路线总体方向的影响,也可选择坡面斜交型。隧道洞口的选择应尽量避免坡面平行型和深入谷地型。

二、越岭隧道选址

我国幅员辽阔,山川交错,通过山岭、重丘区的长大干线公路往往要翻越分水岭,从一个水系进入另一个水系,线路为穿越分水岭而修建的隧道称为越岭隧道,通俗理解就是翻山越岭。越岭地段通常自然条件、水文地质条件比较复杂,交通运输条件比较困难,而且地形变化较大,如分水岭垭口的高低、垭口两侧沟谷的地势、山体的坡度,以及山前台地分布情况等均会对隧道位置产生较大影响,必须慎重比选。

越岭隧道平面选址

1. 越岭隧道平面位置的选择

越岭隧道平面位置选择,主要是指隧道穿越分水岭的不同高程及不同方向的垭口选择,选择时要着重考虑在路线总方向上的垭口地质条件和隧道长度,另外,还应考虑两侧展线的难易程度、线形和工程量的大小。

垭口位置的选择一般可利用大比例尺地形图、航空照片、卫星照片等。根据线路的总方向和克服越岭高程的不同要求在较大范围内选线,寻求可供越岭的几个垭口位置。垭口的选定是越岭隧道方案的重要控制点。一般以路线顺直、隧道长度最短的垭口作为越岭隧道方案比选的基础,同时应仔细分析垭口的工程地质和水文地质情况,避免隧道在严重不良地质垭口通过。比选时应考虑以下几个方面:

(1) 优先考虑在路线总方向上或其附近的低垭口,因为这种垭口在两侧具备良好展线的纵坡时,一般越岭隧道的长度较短。

(2) 虽然垭口偏离线路总方向,但垭口两侧有良好的展线条件的河谷,又不损失越岭高程的垭口。

(3) 不管选择怎样的垭口,都要考虑工程地质和水文地质条件,尽量选择在条件良好的垭口通过。

选择好垭口后,经隧道长度、线形接线、施工条件、运营条件等综合比选几个可能的平面方案,最后确定最佳方案。

越岭隧道高程选择

2. 越岭隧道高程选择

在越岭垭口选定后,由于越岭高程不同会出现不同长度的展线及越岭隧道方案,即存在隧道高程的选择问题。隧道高程是确定越岭隧道建设规模的主要控制因素。隧道高程主要应考虑以下因素:

(1) 道路等级。道路等级越高,路线平纵面指标越高,隧道高程越低,隧道越长,工程造价也越高,工期也越长。

(2) 地质和水文地质条件。要尽可能把隧道放在较好的地层中。

(3) 冻结深度和积雪深度。隧道高程应设在常年冰冻线和常年积雪线以下,以保证施工和行车安全。

(4) 后期运营费用。长、大隧道通风、照明费用较高,隧道长度要考虑运营阶段管养费用。

(5) 远期规划。低等级公路上的隧道,要适当考虑远景的发展,在不过多增加工程造价的情况下,尽可能把隧道高程降低一些,进出口线形标准适当高一些,为今后道路改扩建留有余地。

因此,在选择越岭隧道高程时,要进行地形、地质、施工、运营、经济技术等多种因素综合比较来确定最优隧道高程。

三、傍山隧道选址

山区道路通常傍山沿河而行,山区水流的特点是河床狭窄、弯曲。经过常年的河水侵蚀和风化作用,地势往往变得陡峻。为改善线形、提高车速、缩短里程,常常修建傍山隧道。傍山隧道一般埋深较浅,地形存在较大的偏压,施工中容易破坏山体平衡;而且隧道围岩的地质条件通常不是很好,常有滑坡、松散堆积、泥石流等不良地质现象,容易产生各种工程病害。另外,线路受河谷地形限制,其位置除两岸进行比选外,线路移动幅度不大。隧道经常是沿河的浅埋隧道和隧道群,洞身覆盖里侧厚外侧薄,易产生不对称的偏压状态,当河流湍急,冲刷严重时,对山坡稳定和隧道安全威胁较大等。因此,傍山隧道位置选择时,应根据地形地质、河流冲刷情况以及洞外的相关工程和运营条件等综合考虑,并注意以下几个方面:

(1)傍山隧道在埋深较浅的地段,一定要注意洞身覆盖厚度问题。为保持山体稳定和避免偏压过大,隧道位置宜往山体内侧靠。一般地质情况下隧道拱肩最小覆盖厚度(t)不得小于表4-1的数值。

隧道拱肩最小覆盖厚度表 表4-1

围岩分级	t(m)				备注
	1:1	1:1.5	1:2.0	1:2.5	
Ⅲ	5	5	—	—	
Ⅳ(石质)	8	6	6	—	
Ⅳ(土质)	15	12	9	9	
Ⅴ	27	24	21	18	

注:1. t值指隧道外侧拱肩至地面的地层最小厚度。
2. 表列数值应扣除表面腐殖覆盖层厚度。
3. 表列数值适用于双车道隧道。
4. Ⅵ级围岩的t值应通过分析计算后确定。

(2)河岸存在冲刷现象或河道窄、水流急、冲刷力强的地段,要考虑河岸冲刷对山体和洞身稳定的影响,隧道位置宜往山体内侧靠一些,有可能时最好设在稳定的岩层中,如图4-2所示。

(3)傍山隧道位置应考虑施工便道设置和既有公路的位置,应注意既有公路边坡的可能坍塌和施工便道对洞身稳定的影响,如图4-3所示。

(4)沿河、傍山隧道,应综合考虑地形、地质、造价、施工、运营效益及安全等条件,对沿河绕行短隧道群方案、裁弯取直的长隧道方案、分离式路基半路半隧方案进行全面综合比较。在条件相似的情况下,宜优先考虑长隧道方案。

(5)对隧道洞顶覆盖层薄、难以用钻爆法修建隧道的地段,受塌方、落石、泥石流或雪害等威胁的洞口地段,公路、铁路、沟渠等必须通过隧道上方,又不宜做暗洞或立交桥的地段,应考虑设置明洞或棚洞。

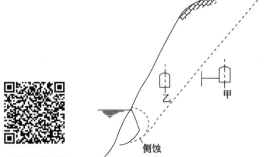

不良地质地段
隧道选址

图 4-2　河岸受冲刷对洞身位置影响示意图

图 4-3　道路对洞身稳定的影响示意图

四、不良地质地段隧道位置的选择

大量工程实践证明,不论是沿河(溪)线还是越岭线,在具体选定隧道位置时都必须详细研究地质条件的影响,地质条件对隧道位置的选择往往起决定性作用。隧道位置应选择在岩性较好和稳定的地层中,对施工和运营均有利,亦可节省投资。对岩性不好的地层、断层破碎带、含水层等不良地段应避免穿越,以免增大投资,造成施工与运营的困难,影响隧道安全,留下后患。若不能绕避而必须通过时,应采取可靠的工程处理措施,以确保隧道施工及运营安全,常见的不良地质条件主要是指滑坡、崩坍、松散堆积、泥石流、岩溶及含盐、含煤、地下水发育等地质条件。

1. 滑坡、错落

由于滑坡、错落对隧道的危害很大,因而在隧道通过滑坡地区时,必须查明滑坡类型、范围、深度、滑动方向及发生发展原因和规律,地下水情况等。一般应避开滑坡体或错动体,或在可能滑动面以下一定深度通过,如图 4-4 所示。

2. 松散堆积层

山体岩石经风化、温度变化、冻融交替等作用逐渐崩解成碎块,在重力作用下,自山坡滚落至坡脚形成一种松散的碎石堆积层。这种堆积层常处在暂时稳定状态,一旦扰动,稳定即会丧失而造成崩坍。在这种地质条件下,隧道应避开不稳定、松散的堆积层,使洞身处于基岩中,并具有足够的安全厚度,如图 4-5 甲的位置上。

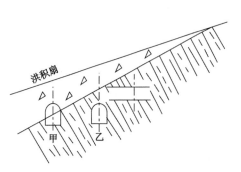

图 4-4　滑坡地区隧道位置选择示意图

图 4-5　松散堆积层中隧道位置选择示意图

如图4-6所示,在堆积体紧密稳定,且不得已时,隧道也可以穿过堆积体,但应避开堆积层中的软弱层面和堆积体与基岩的接触处(乙)通过,而应将隧道置于基岩(甲)或稳定的堆积体中,此时应对堆积体进行工程加固处理(如注浆加固),保证隧道的安全。

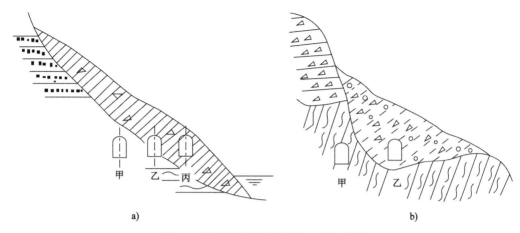

图4-6　隧道通过堆积体时的位置选择示意图

3. 泥石流

隧道通过泥石流地段时,应结合地质情况考虑泥石流沟的改道和最大下切深度,确保洞口和洞身的安全。隧道洞顶距基岩面或最大下切面要有一定的覆盖厚度,如图4-4乙的位置,隧道洞口应避开泥石流沟及泥石流可能扩展的范围。有困难时,可修建一段明洞,使泥石流在明洞顶通过。

五、隧道洞口位置选择

隧道洞口位置的选择是隧道勘测设计的重要环节之一。洞口位置选择好坏,将直接影响隧道施工、造价、工期和运营安全。选择时要结合洞口的地形、地质条件、施工条件、运营条件以及洞口的相关构造物(桥涵、转向车道等)综合考虑。要避免用单纯的经济观点来选定隧道洞口。根据已建隧道施工和运营的实践,由于洞口位置选择不当,而造成洞口塌方影响施工甚至运营的经验教训不少,值得注意吸取。

洞口位置选择的一般原则和要求如下:

(1)洞口部分在地质上通常是不稳定的,应当考虑避开滑坡、崩塌、泥石流等不良地质地段。确定洞门位置时,应着重考虑边、仰坡的稳定,并结合洞外相关工程和施工难易程度,通过技术经济比较确定,以免造成难以整治的病害,危及施工和运营安全。一般应设在山体稳定、地质条件好、排水有利的地方。

(2)隧道应"早进洞,晚出洞",宜长不宜短,必要时设置一段明洞,尽量避免大挖大刷,破坏山体稳定。

(3)洞口不宜设在沟谷低洼处和汇水沟处,如图4-7中的A线。沟谷洼地地势狭窄、施工不便,且防洪困难。另一方面沟谷附近一般地质较差,常会出现断层、冲积层等不良地质,而且地下水丰富。因此,一般宜将洞口移在沟谷地质条件较好的一侧有足够宽度的山嘴处,如图4-7中的B线。

(4)当洞口处为悬崖陡壁时,一般不宜扰动坡面、破坏地表植被及暴露风化破碎岩层。如果岩壁稳定、无崩塌或落石可能时,可以考虑贴壁,如图 4-8 所示。若有塌方可能时,则采用接长明洞的办法,将洞口推到塌方范围以外一定范围,既保证运营安全,也使洞口美观,如图 4-9 所示。

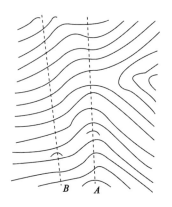 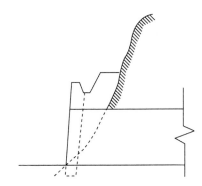

图 4-7 沟谷附近洞口平面位置　　图 4-8 贴缝进洞时洞口纵断面　　图 4-9 陡壁下接长明洞纵断面示意图

(5)考虑洞口边仰坡不致开挖过高和洞口段衬砌的结构受力,洞口位置宜与地形等高线大体上正交,见图 4-1①。对于斜交角度比较大的洞口,可采用斜交进洞方式,见图 4-1②。以降低边仰坡的开挖高度。

(6)长大隧道在洞门附近应规划好施工场地、弃渣场以及便道等,做好施工组织,保证隧道施工进度。

(7)洞口附近有居民点时,考虑提前进洞,尽可能减少附近地上构筑物、地下埋设物与隧道的相互影响,以及减少对环境(农业、交通、居民生活)的影响。

(8)当位于有可能被淹没的河滩、水库回水影响范围以内或山洪地区,洞口的路肩设计高程应位于设计洪水位(包括浪高)以上 0.5m,以免洪水浸入隧道。

(9)预先考虑运营之后通风设备排出的废气和噪声对周围环境的影响程度和解决办法。

总之,隧道洞口和洞身是不可分的整体,在位置选择时不能顾此失彼,应该同等重视。

案例

20 世纪 80 年代修建的衡广复线上大瑶山隧道(全长 14.3km)是河谷地段采用长隧道方案的一个范例。衡广线经过的广东北部,有一条武水河,河谷弯多水急,两岸山峰陡立,全长 30 余公里。当时设计提出三个方案,见表 4-2 及图 4-10。

衡广复线沿武水段线路方案比较　　　　表 4-2

比 较 项 目	长隧道方案	四跨武水方案	两跨武水方案
线路总长(km)	33.908	45.834	45.497
造价估算(万元)	27.284	21.308	22.841

这三种方案的取舍在国家有关部门曾引起激烈争论,争论的焦点是我国是否具备修建这样地质复杂特长隧道的技术水平和经济实力?最后中共中央国务院决定,采用裁弯取直的长隧道(大瑶山)方案,历时数年,建成了我国第一条 10km 以上的双线铁路隧道。修建中,全面

引进了勘察、设计新技术,使我国铁路隧道修建水平历史性地上了一个台阶。

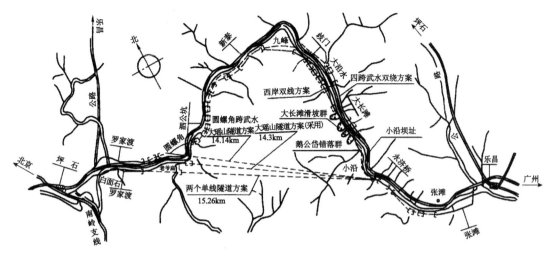

图4-10 设计方案示意图

任务二 隧道几何设计

隧道由主体建筑物和附属建筑物两部分组成。主体建筑物包括洞门、洞身衬砌及明洞。附属建筑物包括通风、照明、防排水、安全设备、电力、通信设备等。

主体建筑物是从几何和结构两方面进行研究的。在结构方面,对洞门和洞身衬砌这些结构物总的要求是:用最小的投资,尽可能少的外来材料以及合理的养护力量,使它们能在围岩压力和汽车行驶所产生的各种力的作用下,在设计年限内保持使用质量。隧道的几何设计研究的范围,主要是汽车行驶与隧道各个几何元素的关系,以保证在设计速度、预计交通量,以及满足通风、照明、安全设施等条件下,行驶安全、经济、旅客舒适以及隧道美观等。因此,隧道几何设计时,把隧道中心线解剖为隧道的平面、纵断面及净空断面来分别研究处理。

一、隧道的平面设计

隧道平面是指隧道中心线在水平面上的投影。隧道是线路的一个组成部分,因此,隧道的平面线形除应满足《公路工程技术标准》(JTG B01—2014)规定外,还应考虑到由于隧道内的运营和养护条件比洞外明线差的特点,应适当提高线形标准。隧道的平面设计有如下的一般原则与要求:

(1)隧道平面线形应综合考虑地形、地质状况、洞口接线、通风、车辆运行安全和施工条件等因素,与隧道自身建设条件及连接区间的公路整体线形协调一致。当隧道采用曲线时,不宜采用设超高的平曲线,并不应采用需加宽断面的平曲线。隧道不设超高的圆曲线最小半径应符合表4-3的规定。受特殊条件限制时,隧道平面线形需采用设超高的平曲线时,其超高值不宜大于4%,并应按表4-4要求进行停车视距与会车视距验算,以保证驾驶员在紧急情况下有充分的时间迅速停车而避免交通事故。

不设超高的圆曲线最小半径　　　　　　　　　　　　　表 4-3

路　　拱	设计速度(km/h)						
	120	100	80	60	40	30	20
	圆曲线最小半径(m)						
≤2.0%	5500	4000	2500	1500	600	350	150
>2.0%	7500	5250	3350	1900	800	450	200

公路停车视距与会车视距　　　　　　　　　　　　　表 4-4

公路等级	高速公路、一级公路				二、三、四级公路				
设计速度(km/h)	120	100	80	60	80	60	40	30	20
停车视距(m)	210	160	110	75	110	75	40	30	20
会车视距(m)	—	—	—	—	220	150	80	60	40

①特长隧道宜采用直线。高速公路、一级公路上的长、中隧道以及各级公路上的短隧道的平面线形应服从路线布设的需要,并且宜采用直线或较大半径的曲线。中短隧道,其平面线形一般同洞外路线线形,并应尽可能不使隧道内出现过大的超高。单向行车的小半径平曲线隧道,应按行车速度进行停车视距验算,双向行车的小半径平曲线隧道,应按行车速度进行会车视距验算,必要时应对隧道进行加宽处理。

②为保证高等级公路隧道内车辆行车安全和行车舒适性,当隧道设计速度大于或等于 80km/h 时,隧道内平曲线最小半径不宜小于 8 倍行车速度;当隧道设计速度小于 80km/h 时,隧道内平曲线最小半径不宜小于 10 倍行车速度。

(2)隧道平曲线宜采用直线或较大半径的曲线,隧道内不宜采用 S 形曲线。

受地形地质条件的限制确需设置 S 形曲线时,S 形曲线两圆曲线半径之比不宜过大,以 $R_1/R_2 \leq 2$ 为宜(R_1 为大圆曲线半径,R_2 为小圆曲线半径)。

(3)隧道洞口内外各 3s 设计速度行程长度范围的平面线形应保持一致。

平面线形一致是指统一采用直线或圆曲线。缓和曲线内曲率不断变化,驾驶员需不断调整方向盘来保持车辆的正常行驶,不宜视为线形一致。

二、隧道纵断面设计

隧道纵断面是隧道中心线展直后在垂直面上的投影。隧道纵断面线形,应以行车安全、排水、通风、防灾为基础,并根据施工期间的排水、出渣、材料运输等要确定。为保证行车安全,隧道内应尽量设置缓坡,但隧道内最小纵坡不应小于 0.3%。超长、特长、长大隧道最大纵坡最好控制 2% 以下,中、短隧道最大纵坡一般应控制在 3% 以下;高速公路、一级公路的中、短隧道在条件受限制时,通过对隧道行车安全性、通风设备投入和运营费用的影响等进行充分的技术经济综合论证后,最大纵坡可适当加大到 4%,在特别困难的条件下还可适当放宽,但不应大于 5%;短于 100m 的隧道,纵坡与隧道外路线的纵坡要求相同。隧道纵断面设计有如下一些原则与要求:

(1)隧道内一般宜采用单向坡,地下水发育的长隧道、特长隧道可采用双向人字坡(图 4-11)。

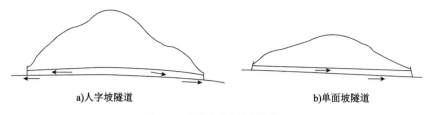

a)人字坡隧道　　　　　　　　　b)单面坡隧道

图 4-11　隧道内线路坡度的设置

单向坡隧道对运行时通风、排水有利,尤其是下行单向隧道通风条件较好,但在上方洞施工困难,特别在有较大地下水时更困难。人字坡有利于从两端施工时的出渣和排水,但对运营通风不利。

隧道内纵坡变化处应设置大半径竖曲线平缓过渡,以保证驾驶员有足够的视线,并应保证变坡点的凸形、凹形竖曲线的最小半径和最小长度符合规范的规定。

竖曲线最小半径和最小长度见表 4-5。

竖曲线最小半径和最小长度　　　　　　　　　　表 4-5

设计速度(km/h)		120	100	80	60	40	30	20
凸形竖曲线半径(m)	一般值	17000	10000	4500	2000	700	400	200
	极限值	11000	6500	3000	1400	450	250	100
凹形竖曲线半径(m)	一般值	6000	4500	3000	1500	700	400	200
	极限值	4000	3000	2000	1000	450	250	100
竖曲线长度(m)		100	85	70	50	35	25	20

(2)控制隧道纵坡主要因素之一是通风问题。

一般把纵坡控制在 2% 以下为好。超过 2% 时,汽车排出的有害物质迅速增加,也就是说,汽车排出的有害物质随着纵坡的增大而急剧增多。所以,从车辆通过公路隧道尽量少排出有害气体观点出发,限制纵坡不得大于 3%。不存在通风问题的短小隧道,可按公路所在等级规定设置纵坡。

(3)隧道洞口内外各 3s 设计速度行程范围的纵面线形应尽量保持一致,有条件时宜取 5s 设计速度行程。

这里的线形一致,原则上是指洞口内外的纵坡一致。在隧道洞口附近设置竖曲线,尽管其纵面线形在曲率上是一致的,但由于隧道是一个较小的封闭洞室,凸形竖曲线上的车辆在接近变坡点时,由于前方的视距较小,通过变坡后迅速进洞,影响行车安全;对于凹形竖曲线,由于洞室内设备的遮挡,驾驶员行驶时距离路面有一定高度,对行车视距影响较大,因而行车速度往往降得很低,也影响洞口安全。因此,隧道洞口的纵坡,宜设置一定长度的直坡段,以使司乘人员有较好的行车视距。当条件困难不能满足上述要求时,应采用较大的竖曲线半径,特别是当隧道设计速度大于或等于 60km/h 时,隧道洞口竖曲线半径应符合表 4-6 的规定。

洞口视觉所需的最小竖曲线半径　　　　　　　表 4-6

设计速度(km/h)		120	100	80	60
竖曲线半径(m)	凸形	20000	16000	12000	9000
	凹形	12000	10000	8000	6000

三、隧道净空断面横断面设计

隧道建筑
限界的确定

隧道净空是指隧道衬砌的内轮廓线所包围的空间,包括隧道建筑限界通风及其他所需的断面面积。断面形状和尺寸应根据围岩压力求得最经济值。

隧道建筑限界是为保证隧道内各种交通的正常运行与安全,而规定在一定宽度和高度范围内不得有任何障碍物的空间限界,如图4-12所示。在设计中,应充分研究各种车道与公路设施之间所处之空间关系,任何部件(包括隧道本身的通风、照明、安全、监控及内装等附属设施)均不得侵入隧道建筑限界之内。

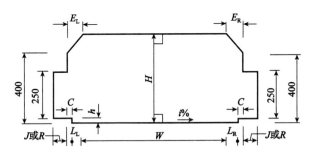

图4-12 公路隧道建筑界限(尺寸单位:cm)

H-建筑限界高度;W-行车道宽度;L_L-左侧向宽度;L_R-右侧向宽度;C-余宽;J-检修道宽度;R-人行道宽度;h-检修道或人行道的高度;E_L-建筑限界左顶角宽度,$E_L = L_L$;E_R-建筑限界右顶角宽度,当 $L_R \leq 1m$ 时,$E_R = L_R$,当 $L_R > 1m$ 时,$E_R = 1m$

隧道建筑限界由行车道宽度 W、侧向宽度 L、人行道宽度 R 或检修道宽度 J 等组成。当设置人行道时,含余宽 C。各级公路隧道建筑限界基本宽度应按表4-7执行。

公路隧道建筑限界横断面组成最小宽度 表4-7

公路等级	设计速度(km/h)	车道宽度 W(m)	侧向宽度 L(m) 左侧 L_L	侧向宽度 L(m) 右侧 L_R	余宽 C(m)	人行道宽度 R(m)	检修道宽度 J(m) 左侧	检修道宽度 J(m) 右侧	隧道建筑限界净宽(m) 设检修道	隧道建筑限界净宽(m) 设人行道	隧道建筑限界净宽(m) 不设检修道、人行道
高速公路 一级公路	120	3.75×2	0.75	1.25	0.50		1.00	1.00	11.50		
	100	3.75×2	**0.75**	1.00	0.25		0.75	1.00	**11.00**		
	80	3.75×2	0.50	0.75	0.25		0.75	0.75	10.25		
	60	3.50×2	0.50	0.75	0.25		0.75	0.75	9.75		
二级公路 三级公路 四级公路	80	3.75×2	0.75	0.75	0.25	1.00				11.00	
	60	3.50×2	0.50	0.50	0.25	1.00				10.00	
	40	3.50×2	0.25	0.25	0.25	0.75				9.00	
	30	3.25×2	0.25	0.25	0.25						7.25
	20	3.00×2	0.50	0.50	0.25						7.00

注:1.三车道和四车道隧道除增加车道数外,其他宽度同表;增加车道的宽度不得小于3.5m。
2.设计速度120km/h时,两侧检修道宽度均不宜小于1.0m;设计速度100km/h时,右侧检修道宽度不宜小于1.0m。

(1)建筑限界高度,高速公路、一级公路、二级公路取5.0m;三、四级公路取4.5m。

(2)当设置检修道或人行道时,不设余宽;当不设置检修道或人行道时,应设不小于25cm的余宽。

(3)当为单向交通时,隧道路面宜采用单面坡,建筑限界底边线与路面重合;当为双向交通时,隧道路面宜采用双面坡,建筑限界底边线应水平置于路面最高处。隧道路面横坡一般可采用1.5%~2.0%,当隧道处于曲线路段时,路面横坡应符合超高设置有关规定。

(4)考虑到单车道隧道的通行能力、交通安全及改扩建等问题,单车道四级公路的隧道宜按双车道四级公路的标准修建。

隧道净空若小了,则不能保证车辆安全通行;净空若大了,则增加隧道开挖和衬砌工程数量,影响造价等,因此,必须从使用、经济和施工等方面综合考虑,并按公路等级确定隧道的建筑限界。

道路隧道的净空除应在符合隧道建筑限界的规定外,还应考虑洞内排水、通风、照明、防火、监控、营运管理等附属设施所需要的空间,并考虑土压影响、施工等必要的富余量,使确定的断面形式及尺寸达到安全、经济、合理。在确定隧道净空断面时,应尽力选择净断面利用率高、结构受力合理的衬砌形式。

有行人通行的隧道,原则上应设置人行道,人行道的宽度一般不宜小于0.75m。在有自行车通行的隧道,人行道宽度不宜小1m,以供自行车下车推行。必要时可设置栏杆,以消除隧道内混合交通的干扰和隐患。城市附近及行人众多的隧道,人行道的宽度应根据需要适当加宽,以保证非机动车及行人不侵占机动车道。当行人和非机动车非常多的情况下,因修很宽的人行道而加大隧道断面,需要的通风设备也相应增大,这时人和非机动车与隧道分开,修建小断面的人行隧道反而有利,专供徒步行人通行。人行隧道与车行隧道分开,对安全也极有利,发生火灾时可以作为避难救护伤员使用,平时亦可兼作管理人员的通道。需通行非机动车时,应另设非机动车道,非机动车不应混杂在行人中穿行。在山岭地区修建长大隧道时,专为行人需要加大通风设施及其功率是不经济的,应另寻其他途径解决行人问题。人行道、非机动车道或非机动车道与机动车道在同一隧道中时,为保证安全,应使其比机动车道高出0.25m。为了彻底解决安全问题,或者对行车速度严加管制,或者把人行道等与机动车道用护栏隔开。

机动车道的净高,通常由汽车载货限制高度和富余量决定。另外,由于隧道内的路面全部更换困难,一般应估计将来可能进行罩面,其厚度通常按20cm预留;还应估计冬季积雪等可能减少净空。对不能满足净高要求的路段,应设标志牌,标明该处净高,并指明迂回道路。人行道、非机动车道的净空高度为2.5m。隧道的内轮廓线在施工中不可避免地要产生凹凸不平,一般还应考虑5cm的误差。

隧道的净空断面受通风方式影响很大。自然通风的隧道,断面适当大些。假如采用射流通风机进行纵向通风时,应考虑射流通风机本身的直径,悬吊架的高度和富余量,总计约为1.5m的高度。长大隧道的通风管断面面积、通风区段的长度、通风竖井或斜井的长度和数量、设备费和长期运营费等应综合考虑。在平顶以上设置通风管道时,应保证顶板的厚度,还应考虑到顶板的挠度及富余量。如果考虑美观而采用内装时,还应另外留出10cm的空间。重要的长大隧道防灾设备(如火灾传感器、监视电视摄像机、通过率计等)也要占有空间,如图4-13所示。往往在不进行交通管制的条件下进行维修工作,还有管理人员的通道,根据实际需要可能设置在隧道的一侧或两侧等,要根据实际隧道具体确定。

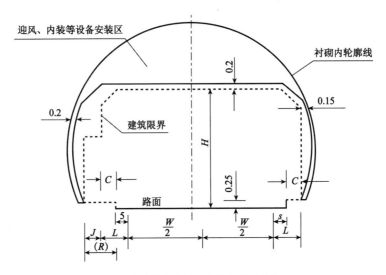

图 4-13 公路隧道横断面示意图(尺寸单位:m)

由于地质条件的关系,隧道宽度过大则不经济,施工上难度增加,因此高速公路、一级公路一般应设计为上下行分离的两座独立隧道。两相邻隧道最小净距视围岩类别、断面尺寸、施工方法、爆破震动影响等因素确定,一般情况可按表4-8的规定选用。从理论上说,两相邻隧道应分别置于围岩压力相互影响及施工影响范围之外,或者说其间岩柱具有足够的强度和稳定性,不致危及相邻隧道的施工及结构的安全,保证车辆安全营运。但由于影响两相邻隧道间距的因素很多,而这些因素的影响也难以定量,因此,还需根据经验通过工程类比分析确定。

分离式独立双洞的最小净距 表 4-8

围岩级别	Ⅰ	Ⅱ	Ⅲ	Ⅳ	Ⅴ	Ⅵ
最小净距(m)	$1.0 \times B$	$1.5 \times B$	$2.0 \times B$	$2.5 \times B$	$3.5 \times B$	$4.0 \times B$

注:B-隧道开挖断面的宽度。

特长和长隧道应在行车方向的右侧设置紧急停车带。设置紧急停车带,是考虑到车辆若在隧道内发生事故时,有一个应急的抢险、疏导车辆的余地,便于较快地消解塞阻,减少损失。双向行车隧道,其紧急停车带应双侧交错设置。紧急停车带的宽度包含右侧向宽度应取3.5m,长度应取40m,其中有效长度不得小于30m。紧急停车带的设置间距不宜大于750m。紧急停车带建筑限界的构成应按《公路隧道设计规范 第二册 交通工程与附属设施》(JTG D70/2—2014)执行。单车道四级公路的隧道,为保证安全运输,应按双车道四级公路标准修建。

四、衬砌内轮廓线及几何尺寸拟定

隧道内轮廓尺寸的拟定

隧道衬砌是一种超静定结构,因此按超静定结构设计。一般根据工程类比和设计者的经验首先假定断面尺寸,然后经分析计算、检算、修正假定尺寸,并反复这个过程,最终确定合理的断面形式和尺寸。

设计初砌断面主要解决内轮廓线、轴线和厚度三个问题。

衬砌的内轮廓线应尽可能接近建筑限界,力求开挖和衬砌的数量最小。衬砌内表面力求平顺(受力条件有利),还应考虑衬砌施工的简便。

衬砌断面的轴线应当尽量与断面压力曲线重合,使各截面主要承受压应力。为此,当衬砌受径向分布的水压时,轴线以圆形最好;当主要承受竖向压力或同时承受不大的水平侧压力时,可采用三心圆拱和直墙式衬砌;当承受竖向压力和较大侧压力时,宜采用五心圆曲墙式衬砌;当有沉陷可能和受底压力时,宜加设仰拱的曲墙式衬砌。

衬砌各截面厚度随所处地质条件和水文地质条件不同而有较大变化,并且与隧道的跨径、荷载大小、衬砌材料及施工条件等有关。根据以往经验,拱圈可以采取等截面,也可采取在拱脚部分加厚的变截面。仰拱厚度一般略小于拱顶厚度,但从施工和衬砌质量要求出发,一般不应小于规范规定的最小厚度。

(一)衬砌断面

1. 衬砌内轮廓线

衬砌内轮廓线是衬砌的完成线,在内轮廓线之内的空间,即为隧道的净空断面(图4-15)。该线应满足所围成的断面积最小,适合围岩压力和水压力的特点,以既经济又适用为目的。

2. 衬砌外轮廓线

为保持净空断面的形状,衬砌必须有足够的厚度(或称为最小补砌厚度)的外缘线(图4-14)。为保证衬砌的厚度,侵犯该线的山体必须全部除掉,临时支撑或模板等也不应侵入,因此,该线又称为最小开挖线,如图4-14断面所示。

3. 实际开挖线

为保证衬砌外轮廓,开挖时往往稍大,尤其用钻爆法开挖时,实际开挖线不可避免地成为不规则形状。因为它比衬砌外轮廓线大,所以又称为超挖线(图4-14)。超挖部分的大小叫作超挖量,一般不应超过10cm。实际上凹凸不平,这样10cm的限制线只能是平均线,它是设计时进行工程量计算的依据。在施工中,尤其是用钻爆法施工时,很难掌握刚好达到平均线,常常比它还要大,这就造成了不必要的工程量,如何控制它,至今仍为一个难题。按设计要求所有超挖部分都要回填密

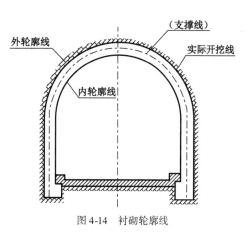

图4-14 衬砌轮廓线

实,由于施工上的困难,不容易做到密实,但回填密实是设计及施工中都应着重强调的问题。

(二)隧道衬砌内轮廓线

隧道常见的内轮廓线有直墙式内轮廓以及曲墙式内轮廓,常见的曲墙式内轮廓有单心圆、三心圆等形式。

1. 直墙式衬砌断面

直墙式衬砌形式通常适用于地质条件较好的地层中,围岩压力以竖向为主,几乎没有或仅有很小的水平侧向围岩压力的情况。直墙式衬砌结构的拱部可以采用割圆拱、坦三心圆拱或尖三心圆拱。三心圆拱指拱轴线由两种不同半径分别做成三段圆弧组成,其轴线形状比较平坦($r_1 > r_2$)时称为坦三心圆拱,形状较尖($r_2 > r_1$)时称为尖三心圆拱,若 $r_1 = r_2$ 时即为割圆拱,如图4-15所示。

直墙式衬砌由于直墙与圆拱存在交角,不利于衬砌的结构受力,现在比较少用。

2. 曲墙式衬砌断面

大量的隧道衬砌都采用曲墙式衬砌,不仅美观,也有利于隧道衬砌的受力,适用于各级围岩。对于隧底地质条件比较差的隧道,通常会设置仰拱,形成环状封闭结构。

公路隧道内轮廓设计宜统一标准,既有利于洞内设施的布置,又有利于施工时衬砌模板的制作。

根据各设计速度相应的建筑限界,高速公路和一级公路两车道隧道内轮廓断面几何尺寸可参考表4-9,根据表4-9所绘图例如图4-16~图4-18所示。三车道隧道可参考该办法计算出内轮廓断面几何尺寸。

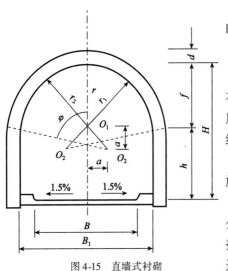

图4-15 直墙式衬砌

两车道隧道内轮廓断面几何尺寸建议值 表4-9

公路等级	设计速度 (km/h)		几何尺寸建议值(cm)							
			R_1	R_2	R_3	R_4	H_1	H_2	H_2'	R_5
高速公路 一级公路	120	行车段	612	862	100	1500	160.4	200	144	—
		紧急停车带	612	862	150	1800	162.1	200	136	771
	100	行车段	570	820	100	1500	160.6	200	164.5	—
		紧急停车带	570	820	150	1800	160.6	200	151.5	747
	80	行车段	543	793	100	1500	160.2	200	176	—
		紧急停车带	543	793	150	1800	162.3	200	159	737
	60	行车段	514	764	100	1500	160.2	200	188.4	—
		紧急停车带	514	764	150	1800	162.3	200	184.1	708.5

根据工程实践和内力分析,双车道隧道内轮廓断面一般宜优先选用采用单心圆拱,三车道隧道一般宜优先采用三心圆拱,而人行及车行横通道的净空断面宜优先选用直墙割圆拱。当设置仰拱时,仰拱与侧墙间用小半径圆弧连接,以减小应力集中及提高断面的使用效率。

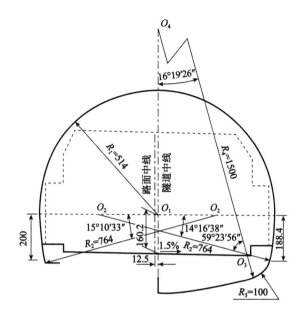

a) $v=60$km/h情况的标准断面

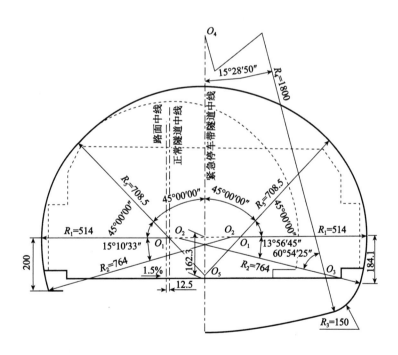

b) $v=60$km/h情况的紧急停车带断面

图4-16 两车道隧道内轮廓断面几何尺寸计算例之一(尺寸单位:cm)

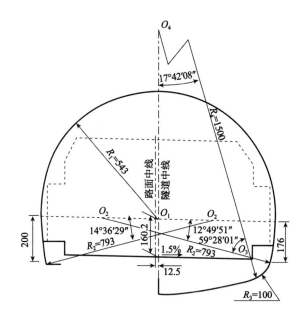

a) $v=80$ km/h 情况的标准断面

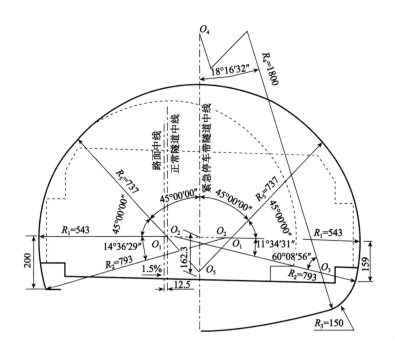

b) $v=80$ km/h 情况的紧急停车带断面

图 4-17 两车道隧道内轮廓断面几何尺寸计算例之二(尺寸单位:cm)

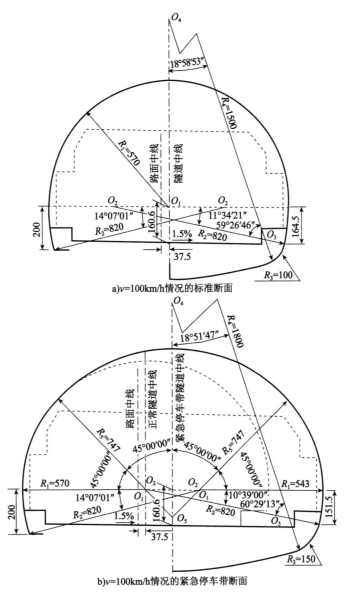

a) $v=100km/h$ 情况的标准断面

b) $v=100km/h$ 情况的紧急停车带断面

图 4-18 两车道隧道内轮廓断面几何尺寸计算例之三(尺寸单位:cm)

案例

某一级公路,两车道,设计速度 60km/h,请根据《公路隧道设计规范 第一册 土建工程》(JTG 3370.1—2018)拟定该公路上的隧道的建筑限界与内轮廓尺寸。根据上述规范的要求,确定隧道的建筑限界尺寸见表 4-10。

隧道的建筑界限尺寸 表 4-10

公路等级	设计速度（km/h）	车道宽度 W(m)	侧向宽度 L(m)		余宽 C(m)	人行道宽度 R(m)	检修道宽度 J(m)		隧道建筑限界净宽(m)(设检修道)
			左侧 L_L	右侧 L_R			左侧	右侧	
一级公路	60	3.50×2	0.50	0.75	0.25		0.75	0.75	9.75

根据建筑限界尺寸,拟定隧道建筑限界如图 4-19 所示。

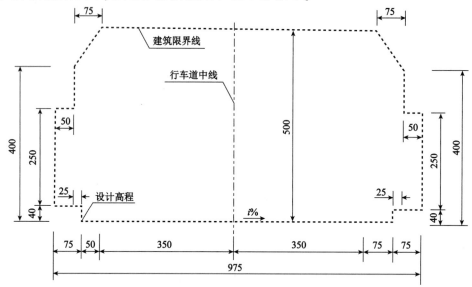

图 4-19 隧道单洞建筑限界图(尺寸单位:cm)

隧道内轮廓按单心圆拟定如图 4-20 所示。

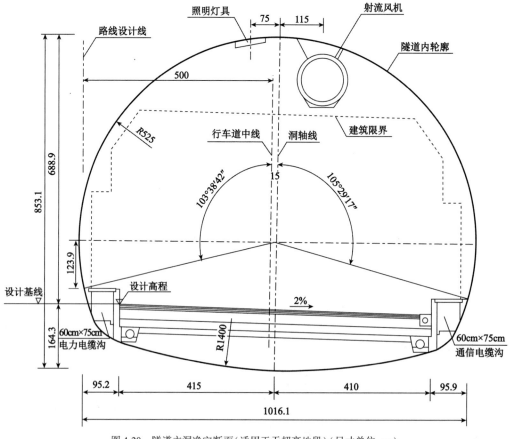

图 4-20 隧道主洞净空断面(适用于无超高地段)(尺寸单位:cm)

学习任务单

项目四 隧道总体设计	姓名：	
	班级：	
	自评	师评
思考与练习	掌握： 未掌握：	合格： 不合格：
1. 越岭隧道平面选址时要注意哪些问题？		
2. 越岭隧道高程选择时要注意哪些问题？		
3. 傍山隧道选址时要注意哪些问题？		
4. 不良地质地段隧道位置的选择要注意哪些问题？		
5. 隧道洞口位置选择要注意哪些问题？		
6. 隧道平面、纵断面设计时应注意什么问题？		
7. 什么是隧道建筑限界？		
8. 什么是衬砌内轮廓线、外轮廓线、实际开挖线？		
9. 常见的隧道内轮廓有哪些？		

第三篇
隧道施工

项目五

隧道围岩分级与围岩压力

学习目标

1. 知识目标
(1) 掌握了解隧道围岩分级的指标。
(2) 熟悉不同围岩分级的方法。
(3) 熟悉围岩分级在隧道设计施工中的应用。
(4) 了解围岩压力的基本概念。
(5) 掌握围岩压力的种类和成因。
(6) 熟悉围岩压力的影响因素。

2. 能力目标
(1) 能够根据基础资料进行围岩定级。
(2) 能够根据围岩条件和工程因素,对比判别不同情况下围岩压力的大小。

3. 素质目标
(1) 培养学生的实际应用能力。
(2) 培养学生踏实、细致、认真的工作态度和作风。

学习重点

隧道围岩分级指标;隧道围岩分级方法;围岩松动压力的成因;围岩形变压力的成因。

学习难点

如何准确划分围岩等级;围岩压力的种类和成因;时间因素对围岩压力的影响。

任务一 围岩分级

地下工程中,地下洞室周围受开挖作用影响的岩体,或是对地下洞室稳定性有影响的岩体,被称为围岩。围岩条件千差万别,为了便于支护结构设计和施工方法的选择,有必要根据一个或若干个指标将千差万别的围岩条件划分为若干级别,即围岩分级。

围岩分级的方法是工程师长期实践和对地质条件认识的不断深入中发展而来,不同国家和行业根据各自的工程特点提出了各自的围岩分类方法。其中,我国地下工程围岩分级的方法参考的现行规范主要有《工程岩体分级标准》(GB/T 50218—2014)、《铁路隧道设计规范》(TB 10003—2016)、《地铁设计规范》(GB 50157—2013)、《公路隧道设计规范 第一册 土建工程》(JTG 3370.1—2018)等。这些分类方法总体包含三大基本要素。第一类为与岩性有关的要素,如区分硬岩、软岩等,其分类指标采用岩石的单轴抗压强度、弹性波速等。第二类为与地质构造有关的要素,如软弱结构面的分布与性态、风化程度等。其分类指标采用岩石质量指标、地质因素评分法等。这些指标实质上是对岩体完整性或结构状态的评价。第三类为地下水、地应力等环境要素。地下水的水质、水压力以及地层的初始地应力等因素对围岩稳定也有重要影响。

一、围岩分级的基本方法

(一)工程岩体分级标准中的围岩分级方法

《铁路隧道设计规范》(TB 10003—2016)中的围岩分级方法已与《工程岩体分级标准》(GB/T 50218—2014)统一,《地铁设计规范》(GB 50157—2013)参照《铁路隧道设计规范》(TB 10003—2016)进行围岩分级。因此,以下介绍《工程岩体分级标准》(GB/T 50218—2014)的围岩分级方法。

1. 围岩基本分级

围岩基本分级由岩石坚硬程度和岩体完整程度两个因素确定。

(1)岩石坚硬程度

岩石坚硬程度采用定性划分和定量指标两种方法综合确定,如表5-1、表5-2所示。

岩石坚硬程度的划分　　　　　　　　表5-1

岩石类别		定性鉴别	代表性岩石
硬质岩	极硬岩	锤击声清脆,有回弹,振手,难击碎;浸水后,大多不吸水反应	未风化可微风化的花岗岩、片麻岩、闪长岩、石英岩、硅质灰岩、钙质胶结的砂岩或砾岩等
	硬岩	锤击声较清脆,有轻微回弹,稍振手,较难击碎;浸水后,有轻微吸水反应	弱风化的极硬岩;未风化或微风化的熔结凝灰岩、大理岩、板岩、白云岩、灰岩、钙质胶结的砂岩、结晶颗粒较粗的岩浆岩等
软质岩	较软岩	锤击声不清脆,无回弹,较易击碎;浸水后,指甲可刻出印痕	强风化的极硬岩;弱风化的硬岩;未风化或微风化的云母片岩、千枚岩、砂质泥岩、钙泥质胶结的粉砂岩和砾岩、泥灰岩、泥岩、凝灰岩等
	软岩	锤击声哑,无回弹,有凹痕,易击碎;浸水后,手可掰开	强风化的极硬岩;弱风化至强风化的硬岩;弱风化的较软岩和未风化或微风化的泥质岩类;泥岩、煤、泥质胶结的砂岩和砾岩等
	极软岩	锤击声哑,无回弹,有较深凹痕,手可捏碎;浸水后,可捏成团	全风化的各类岩石和成岩作用差的岩石

岩石坚硬程度划分　　　　表 5-2

坚硬程度分类	硬质岩		软质岩		
	坚硬岩	较硬岩	较软岩	软岩	极软岩
饱和单轴抗压强度 R_c(MPa)	$R_c>60$	$60 \geqslant R_c>30$	$30 \geqslant R_c>15$	$15 \geqslant R_c>5$	$R_c \leqslant 5$

岩石饱和单轴抗压强度 R_c，采用圆柱体试件，直径宜为 48~54mm，试件直径应大于岩石中最大颗粒直径的 10 倍，试件的高度与直径之比宜为 2.0~2.5。当试件满足上述要求时，岩石单轴抗压强度按下式计算：

$$R_c = \frac{P}{A} \quad (\text{MPa}) \tag{5-1}$$

式中：P——试件破坏荷载(N)；
　　　A——试件截面面积(mm^2)。

当试件无法制成上述要求的高径比时，按下式对其抗压强度进行换算：

$$R_c = \frac{8R'}{7 + \frac{2D}{H}} \tag{5-2}$$

式中：R_c——标准高径比试件的抗压强度(MPa)；
　　　R'——非标试件的抗压强度(MPa)；
　　　D——试件直径(mm)；
　　　H——试件高度(mm)。

当岩芯太破碎、无法进行饱和单轴抗压强度试验时，可进行点荷载试验，将点荷载强度换算成饱和单轴抗压强度，换算公式如下：

$$R_c = 22.82 I_{s(50)}^{0.75} \tag{5-3}$$

式中：$I_{s(50)}$——加荷点间距为 50mm 时试件的点荷载强度(MPa)。

（2）岩体完整性

岩体完整性采用定性划分和定量指标两种方法综合确定，如表 5-3、表 5-4 所示。

岩体完整程度的定性划分　　　　表 5-3

完整程度	结构面发育程度		主要结构面的结合程度	主要结构面类型	结构类型
	组数	平均间距(m)			
完整	1~2	>1.0	结合好或结合一般	节理、裂隙、层面	整体状或巨厚层状结构
较完整	1~2	>1.0	结合差	节理、裂隙、层面	块状或厚层状结构
	2~3	1.0~0.4	结合好或结合一般		块状结构
较破碎	2~3	1.0~0.4	结合差	节理、裂隙、劈理、层面、小断层	裂隙块状或中厚层状结构
	≥3	0.4~0.2	结合好		镶嵌碎裂结构
			结合一般		薄层状结构
破碎	≥3	0.4~0.2	结合差	各种类型结构面	裂隙块状结构
		≤0.2	结合一般或结合差		碎裂结构
极破碎	无序		结合很差	—	散体状结构

岩体完整程度的定量划分 表 5-4

岩体体积节理条数 J_v(条/m³)	<3	3~10	10~20	20~35	≥35
岩体完整性指数 K_v	$K_v>0.75$	$0.75 \geq K_v > 0.55$	$0.55 \geq K_v > 0.35$	$0.35 \geq K_v > 0.15$	$K_v \leq 0.15$
完整程度	完整	较完整	较破碎	破碎	极破碎

表 5-4 中,岩体完整性指数 K_v 根据下式计算:

$$K_v = \left(\frac{V_{pm}}{V_{pr}}\right)^2 \tag{5-4}$$

式中:V_{pm}——岩体弹性纵波波速(km/s);

V_{pr}——岩石弹性纵波波速(km/s)。

岩体体积节理条数 J_v 根据节理统计结果按下式计算:

$$J_v = \sum_{i=1}^{n} S_i + S_0 \tag{5-5}$$

式中:n——统计区域内结构面组数;

S_i——第 i 组结构面沿法向每米长结构面的条数;

S_0——每立方米岩体非成组节理条数。

(3)围岩基本质量指标

岩体基本质量指标 BQ 的确定需要两个指标,岩体单轴饱和(湿)抗压强度 R_c 和岩体完整性指数 K_v。确定了 R_c 和 K_v 的值以后,可按下式计算岩体基本质量指标,即

$$BQ = 90 + 3R_c + 250K_v \tag{5-6}$$

在使用上式时,应遵守以下限制条件:

当 $R_c > 90K_v + 30$ 时,应将 $R_c = 90K_v + 30$ 代入式(5-6)计算 BQ 值;

当 $K_v > 0.04R_c + 0.4$ 时,应将 $K_v = 0.04R_c + 0.4$ 代入式(5-6)计算 BQ 值。

在计算出 BQ 的值以后,可以根据表 5-5 对岩体基本质量进行分级。

围岩基本质量分级 表 5-5

基本质量级别	I	II	III	IV	V
岩体基本质量的定性特征	坚硬岩,岩体完整	坚硬岩,岩体较完整;较坚硬岩,岩体完整	坚硬岩,岩体较破碎;较软岩,岩体完整	坚硬岩,岩体破碎;较坚硬岩,岩体较破碎~破碎	较软岩,岩体破碎;软岩,岩体较破碎~破碎
基本质量指标 BQ	>550	550~451	451~351	350~251	<250

2. 围岩基本分级修正

隧道围岩级别应在围岩基本分级的基础上,结合隧道工程的特点,考虑地下水状态、主要结构面产状、初始地应力状态等因素,按下式进行修正。

$$[BQ] = BQ - 100(K_1 + K_2 + K_3) \tag{5-7}$$

式中:[BQ]——地下工程岩体质量指标;

K_1——地下工程地下水影响修正系数,根据表 5-6 取值;

K_2——地下工程主要结构面产状影响修正系数,根据表 5-7 取值;

K_3——初始应力状态影响修正系数,根据表 5-8 取值。

地下工程地下水影响修正系数 K_1　　　　　　　　　　　　　　　　　　表 5-6

地下水出水状态	BQ				
	>550	550~451	450~351	350~251	≤250
潮湿或点滴状出水,$p≤0.1$ 或 $Q≤25$	0	0	0~0.1	0.2~0.3	0.4~0.6
淋雨状或线流状出水,$0.1<p≤0.5$ 或 $25<Q≤125$	0~0.1	0.1~0.2	0.2~0.3	0.4~0.6	0.7~0.9
涌流状出水,$p>0.5$ 或 $Q>125$	0.1~0.2	0.2~0.3	0.4~0.6	0.7~0.9	1.0

注:1. p 为地下工程围岩裂隙水压(MPa)。
　　2. Q 为每 10m 洞长出水量[L/(min·10m)]。

地下工程主要结构面产状影响修正系数 K_2　　　　　　　　　　　　　　表 5-7

结构面产状及其与洞轴线的组合关系	结构面走向与洞轴线夹角<30°,结构面倾角 30°~75°	结构面走向与洞轴线夹角>60°,结构面倾角>75°	其他组合
K_2	0.4~0.6	0~0.2	0.2~0.4

初始应力状态影响修正系数 K_3　　　　　　　　　　　　　　　　　　表 5-8

围岩强度应力比 $\left(\dfrac{R_c}{\sigma_{max}}\right)$	BQ				
	>550	550~451	450~351	350~251	≤250
<4	1.0	1.0	1.0~1.5	1.0~1.5	1.0
4~7	0.5	0.5	0.5	0.5~1.0	0.5~1.0

注:σ_{max} 为垂直洞轴线方向的最大初始地应力值(MPa)。

(二)其他围岩分级方法

1. 岩石质量指标

岩石质量指标(RQD),是综合反映岩体的强度和岩体的破碎程度的指标。所谓岩石质量指标,是指钻探时岩芯复原率,或称为岩芯采取率。钻探时岩芯的采取率、岩芯的平均长度和最大长度受岩体原始的裂隙、硬度、均质性影响,岩体质量的好坏主要取决于岩芯采取长度小于 10 cm 以下的细小岩块所占的比例。因此,岩芯采取率是以单位长度钻孔中 10 cm 以上的岩芯占有的比例来判断的,即:

$$\mathrm{RQD}(\%)=\frac{10\mathrm{cm}\text{以上岩芯累计长度}}{\text{单位钻孔长度}}\times100 \qquad (5-8)$$

按 RQD 值评估岩体质量如表 5-9 所示。

基于 RQD 的岩体质量评估　　　　　　　　　　　　　　　　　　　　　表 5-9

岩体质量	RQD(%)	岩体质量	RQD(%)
A 极差	0~25	D 好	75~90
B 差	25~50	E 极好	90~100
C 一般	50~75	—	—

2. Q 复合指标分级

Q 复合指标分级是巴顿(N. Barton)等人提出的岩体质量分级方法,Q 综合表达了岩体质

量的6个地质参数,见下式:

$$Q = (RQD/J_h)(J_r/J_a)(J_w/SRF) \tag{5-9}$$

式中:RQD——岩石质量指标;

J_h——节理组数目,岩体越破碎,J_h 取值越大,可参考表5-10中的经验数值进行取值;

J_r——节理粗糙度,节理越光滑,J_r 取值越小,可参考表5-10中的经验数值进行取值;

J_a——节理蚀变值,蚀变越严重,J_a 取值越大,可参考表5-10中的经验数值进行取值;

J_w——节理含水折减系数,节理渗水量越大,水压越高,J_w 取值越小,可参考表5-10中的经验数值进行取值;

SRF——应力折减系数,围岩初始应力越高,SRF 取值越大,可参考表5-10中的经验数值进行取值。

参数经验取值表　　　　　　　　　表5-10

参　数	节理描述	取　值
J_h	没有或很少节理	0.5~1.0
	两个节理组时	4
	破碎岩体	20
J_r	不连续节理	4
	平整光滑节理	0.5
J_a	节理面紧密结合,节理中填充物坚硬不软化	0.75
	节理中填充物是膨胀性黏土,如蒙脱土	8~12
J_w	微量渗水,水压<0.1MPa	1.0
	渗水量大,水压特别高,持续时间长	0.05~0.1
SRF	脆性而坚硬、有严重岩爆现象的岩石	10~20
	坚硬、有单一剪切带的岩石	2.5

以上6个参数的详细说明和取值标准可参考有关专著。这6个地质参数表达了岩体的岩块大小(RQD/J_h)、岩块的抗剪强度(J_r/J_a)、作用应力(J_w/SRF)。因此,Q 实际上是岩块尺寸、抗剪强度、作用应力的复合指标。根据不同的 Q 值,岩体质量评为九级,见表5-11。

岩石质量　　　　　　　　　表5-11

Q	岩体质量	Q	岩体质量
400~1000	特别好	1~4	不良
100~400	极好	0.1~1	坏
40~100	良好	0.01~0.1	极坏
10~40	好	0.001~0.01	特别坏
4~10	中等	—	—

3. RMR 复合指标

RMR 复合指标由南非 Z. T. Bieniiawski 根据49个隧道案例的调查结果,于1973年提出,后又增加了多达300个以上的工程案例对此指标进行了修正。它给出了一个总的岩体评分值

RMR 作为衡量岩体工程质量的"综合特征值"。它视岩体质量情况从 0 递增到 100。岩体的 RMR 值取决于 5 个通用参数和一个修正参数,这 5 个通用参数取决于岩石抗压强度 R_1、岩石质量指标 R_2(RQD)、节理间距 R_3、节理状态 R_4 和地下水状态 R_5。修正参数取决于节理方向对工程的影响。把上述各个参数的岩体评分值相加,就得到岩体的 RMR 值,即:

$$RMR = R_1 + R_2 + R_3 + R_4 + R_5 \tag{5-10}$$

根据 RMR 的值相应地可以将岩体质量分为 5 类,见表 5-12。

基于 RMR 值的岩体质量分类　　表 5-12

类　别	岩 体 描 述	RMR　值
Ⅰ	很好的岩石	81~100
Ⅱ	好的岩石	61~80
Ⅲ	较好的岩石	41~60
Ⅳ	较差的岩石	21~40
Ⅴ	很差的岩石	0~20

二、围岩分级的应用

根据隧道工程建设的不同阶段,线路等级和隧道长度不同,所进行的调查和测试工作的深度不同,对围岩分级精度的要求也不尽相同。一般在可行性研究和初勘阶段,线路等级三级以下,长度短于 500m 的隧道,围岩初步分级可以定性分级为主,或以定性与少量测试数据所确定的岩体基本质量指标 BQ 值相结合进行围岩基本质量分级。在详勘阶段和施工设计阶段,特别是施工期间,必须进行定性与定量相结合的分级,并应根据勘测测试资料和开挖揭露的岩体观察量测资料,对初步分级进行检验和修正,确定围岩详细分级。

围岩分级是选择隧道施工方法的依据,是进行科学管理及正确评价经济效益、确定围岩压力(松散压力)、确定衬砌结构的类型及尺寸、制定劳动定额、材料消耗标准等的基础。

在设计阶段,可根据围岩级别初步确定隧道衬砌的设计参数,例如二车道隧道复合式衬砌设计参数可参考表 5-13 制定。

二车道隧道复合式衬砌设计参数　　表 5-13

围岩级别	初期支护							二次衬砌厚度(m)	
	喷射混凝土厚度(cm)		锚杆			钢筋网间距(cm)	钢架		拱、墙混凝土	仰拱混凝土
	拱、墙	仰拱	位置	长度(m)	间距(m)		间距(m)	截面高(m)		
Ⅰ	5	—	局部	2.0~3.0	—	—	—	—	30~35	—
Ⅱ	5~8	—	局部	2.0~3.0	—	—	—	—	30~35	—
Ⅲ	8~12	—	拱、墙	2.0~3.0	1.0~1.2	局部@25×25	—	—	30~35	—
Ⅳ	12~20	—	拱、墙	2.5~3.0	0.8~1.2	拱、墙@25×25	拱、墙 0.8~1.2	14~16	35~40	0 或 3~40
Ⅴ	18~28	—	拱、墙	3.0~3.5	0.6~1.0	拱、墙@20×20	拱、墙仰拱 0.6~1.0	14~22	35~50 钢筋混凝土	0 或 35~50 钢筋混凝土

注:1. 有地下水时可取大值,无地下水时可取小值。
　　2. 采用钢架时,宜选用格栅钢架。
　　3. 喷射混凝土厚度小于 18cm 时,可不设钢架。
　　4. "0 或…"表示可以不设置;要设置时,应满足最小厚度要求。

在隧道施工中,一方面根据围岩级别拟定安全、经济的施工方案;另一方面,结合开挖面围岩揭示的自稳能力,对围岩级别和施工方案进行动态调整。围岩级别与围岩自稳能力的定性描述,如表5-14所示。

围岩级别与围岩自稳能力 表5-14

围岩级别	自稳能力
Ⅰ	跨度≤20m,可长期稳定,偶有掉块,无塌方
Ⅱ	跨度<10m,可长期稳定,偶有掉块; 跨度10~20m,可基本稳定,局部可发生掉块或小塌方
Ⅲ	跨度<5m,可基本稳定; 跨度5~10m,可稳定数月,可发生局部块体位移及小、中塌方;跨度10~20m,可稳定数日至1个月,可发生小、中塌方
Ⅳ	跨度≤5m,可稳定数日至1个月; 跨度>5m,一般无自稳能力,数日至数月内可发生松动变形、小塌方,进而发展为中、大塌方。埋深小时,以拱部松动破坏为主;埋深大时,有明显塑性流动变形和挤压破坏
Ⅴ	无自稳能力

注:小塌方:塌方高度小于3m,或塌方体积小于30m³。
中塌方:塌方高度3~6m,或塌方体积30~100m³。
大塌方:塌方高度大于6m,或塌方体积大于100m³。

任务二 围岩压力

围岩压力是指引起地下开挖空间周围岩体和支护变形或破坏的作用力。从广义来理解,围岩压力既包括围岩有支护的情况,又包括围岩无支护的情况;既包括作用在普通传统支护,又包括在锚喷和压力灌浆等现代支护的方法中所显示的力学性质。从狭义来理解,围岩压力是指围岩作用在支护结构上的压力。

影响围岩压力的因素有洞室形状或大小、地质构造、支护形式和刚度、洞室埋深以及时间因素、施工方法等。围岩压力的性质、大小和分布规律是正确进行隧道和洞室支护、结构设计和选择施工方案的重要依据。

一、围岩压力的基本概念

围岩压力按其作用方向可分为垂直压力、水平侧向压力和底部压力;根据围岩压力的成因不同,可分为松动压力、变形压力、膨胀压力和冲击压力。

(1)松动压力

由于开挖而松动或坍塌的岩体,其重力作用在支护结构上而产生的压力称为松动压力。对于浅埋隧道,松动的围岩可直达地表,此时,作用在支护结构上的围岩压力,由其上覆地层自重扣除两侧地层的约束(摩擦力),如图5-1所示。

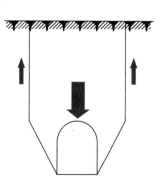

图5-1 浅埋隧道的松散压力

对于深埋隧道,围岩松动局限在隧道周围一定范围,这个范围内松动破坏的岩体称为"塌落拱",隧道上方形成一个相对稳定的拱形洞穴,被称为"自然拱",它上方的一部分岩体承受上覆地层的全部重力,如同一个承载环,并将荷载重力向两侧岩体传递下去,这种现象被称为"成拱效应"。此时,作用在支护结构上的围岩松动压力远小于其上覆岩层自重所造成的压力,如图 5-2 所示。隧道深埋、浅埋的判别,关键在于隧道能否在开挖过程中形成自然拱。

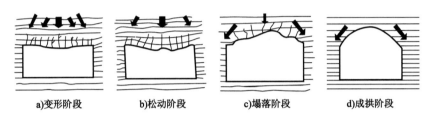

图 5-2　围岩松动压力的形成

(2)变形压力

变形压力是指洞室围岩的变形受到支护结构限制后,围岩对支护形成的压力。其大小取决于岩体的力学性质、岩体的初始应力场、洞室形状、支护时间和支护刚度等。按其成因可以分为弹性、塑性和流变等不同性质的形变压力。

①弹性变形压力。由于及时采取支护措施,使成洞后的围岩仍处于弹性应力状态,或者在紧跟开挖面处,由于存在开挖面的"空间效应",而使支护结构仅受到一部分围岩的弹性变形作用。这些情况下对支护形成的变形压力称为弹性变形压力。

②塑性变形压力。当围岩的二次应力状态超过岩体的极限强度时,洞室围岩出现了塑性区。此时围岩发生塑性变形而使支护结构受到的压力称为塑性变形压力。这是最常见的一种围岩变形压力。

③流变压力。在流变围岩中,洞室周边产生显著的随时间增长的变形或流动,这种由于岩体变形、流动引起的压力称为流变压力。它有显著的时间效应,能使围岩鼓出。

柔性支护可产生一定位移而使变形压力减小,但需及时设置衬砌,以免围岩位移过大而形成松动压力,不利于结构受力和正常施工。

松动压力和形变压力经常同时存在,但因地质条件、支护类型和施工方法等的不同而表现为以某一种压力为主。如在松散地层中采用现浇混凝土衬砌而回填不密实时,通常以松动压力为主;及时施作柔性的喷锚支护则以形变压力为主。形变压力常随时间推移而逐渐加大,最终趋于稳定。

(3)膨胀压力

含有蒙脱石、伊利石和高岭土等强亲水性矿物的岩体具有吸水膨胀特性,该类围岩吸水膨胀,对支护结构产生的压力被称为膨胀压力。从现象上看,膨胀压力与流变压力有相似之处,二者的根本区别在于膨胀压力是由围岩吸水膨胀引起的。

(4)冲击压力

冲击压力是指围岩产生岩爆或瓦斯突发,在支护结构上产生的动压力。冲击压力大小与岩爆规模、岩爆强烈程度和支护结构的刚度有关,是一种瞬间压力。

二、围岩压力的影响因素

影响围岩压力的因素很多,一类是工程地质因素,主要包括原始应力状态、岩石的力学性质、岩体的结构面等;另一类是工程结构因素,包括施工方法、支护设置时间、支护本身的刚度、坑道形状和尺寸、埋置深度等。

其中,起决定性作用的是围岩的地质条件,它是内因。围岩级别越小,围岩越好,隧道越稳定,隧道开挖所影响的区域越小,围岩压力值越小;反之,围岩级别越大,围岩越差,围岩压力值越大。

工程结构因素属于外因,其对围岩压力的影响如下。

(1)时间因素:无论何种围岩,坑道开挖后的暴露时间均是越短越好。从另一方面讲,就是要修筑永久性衬砌,并使之能提供所需的支护力的时间不宜过迟;否则,将受到较大的松动围岩压力的作用。按照一般混凝土衬砌的修筑方法,从开挖到做完衬砌并使之具有一定的强度往往需要较长的时间,因此衬砌结构一开始就要受到很大的松动围岩压力,衬砌结构就要做得相对厚些。而采用喷射混凝土技术来支护围岩,可使围岩的暴露时间较短,能及时控制围岩的变形,防止变形过大而产生较大的松动压力,充分利用围岩自身的承载能力。

(2)坑道的尺寸与形状因素:围岩压力是随着坑道尺寸的增大而增大的,当坑道有引起应力集中的形状,即有明显的拐角时,围岩压力相对较大。

(3)坑道的埋深因素:当坑道的埋置深度在一定范围内时,围岩压力随着埋深的增大而增大;当坑道埋深超过此范围时,则围岩压力的大小基本不受埋深变化的影响。

(4)支护因素:有支护的坑道围岩压力要比无支护的坑道小;支护及时要比支护延迟的围岩压力小;支护与坑道周边密贴得越好则围岩压力越小;支护的刚度较小即为柔性支护时,坑道的围岩压力相对较小。

(5)爆破因素:采用爆破法开挖对围岩的稳定极为不利,尤其是对地质条件较差的围岩,爆破的扰动很大,能造成围岩压力过大、岩体松动甚至塌方。因此,在隧道施工中应严格控制爆破用药量,提倡采用光面爆破、预裂爆破等先进的爆破技术。

(6)超挖回填因素:衬砌背后的超挖部分在施工时回填不密实,使围岩得不到很好的保护而继续松动,严重时会造成围岩坍塌,引起衬砌裂损。

案例

某双车道公路隧道进口左线 K99+132 掌子面,岩性主要为元古界震旦系雾迷山组白云质灰岩,岩体微风化,掌子面岩体完整性较差,节理、裂隙发育较多。岩体锤击声清脆,有回弹,振手,难击碎,测得围岩点荷载强度 $I_{s(50)}$ 为 3.94MPa。掌子面岩体较破碎,主要发育有两组优势产状:第 1 组节理发育较多,产状为 154°∠7°,间距 10~20cm,延伸 3~10m,节理面起伏有阶坎,微风化,微张;第 2 组节理发育较多,产状为 210°∠78°,间距 10~20cm,延伸 1~3m,节理面平直光滑,夹泥,弱风化,微张。现场波速测试试验结果显示,岩体纵波速度 V_{pm} 和岩石纵波速度 V_{pr} 分别 2.4km/s 和 4.1km/s。

根据《工程岩体分级标准》(GB/T 50218—2014)对围岩定级如下:

1. 围岩的基本分级 BQ

(1) 围岩坚硬程度

根据围岩点荷载强度和式(5-3),计算得到围岩饱和单轴抗压强度 $R_c = 22.82 \times 3.94^{0.75} = 63.82(\text{MPa})$,由表 5-2,掌子面岩石为坚硬岩。

(2) 围岩完整性

根据岩体现场波速测试试验数据和式(5-4),计算得到岩体的完整性系数为 $K_v = \left(\dfrac{2.4}{4.1}\right)^2 = 0.34$。

根据掌子面节理统计情况和式(5-5),计算得到岩体体积节理条数:

$$J_v = 1/0.1 + 1/0.1 = 20(\text{条}/\text{m}^3)$$

查表 5-4,$J_v = 20$ 条/m³ 对应的 $K_v = 0.35$。综合岩体现场波速测试试验得到完整性系数,取 $K_v = 0.34$,围岩完整程度为破碎。

(3) 围岩基本质量指标

根据式(5-6)计算岩体基本质量指标 BQ 值:

$R_c = 63.82 > 90K_v + 30 = 60.6$,因此计算 BQ 时,取 $R_c = 60.6$ MPa。

$K_v = 0.34 < 0.04 \times 63.82 + 0.4 = 2.95$,因此计算 BQ 时,取 $K_v = 0.34$。

$$\text{BQ} = 90 + 3 \times 60.6 + 250 \times 0.34 = 356.8$$

查表 5-5,得到岩体基本质量分级为Ⅲ级。

2. 围岩基本分级修正

掌子面未见地下水,$K_1 = 0$;围岩无软弱结构面,$K_2 = 0$;未发现高地应力地质现象,$K_3 = 0$,故岩体质量指标 $[\text{BQ}] = \text{BQ} - 100 \times (0 + 0 + 0) = 356.8$。

由表 5-5,围岩等级为Ⅲ级。建议按Ⅲ级支护方案施工,并注意两组优势产状组合切割可能形成的不稳定掉块。

学习任务单

项目五 隧道围岩分级与围岩压力		姓名:	
		班级:	
		自评	师评
思考与练习		掌握: 未掌握:	合格: 不合格:
1. 什么是围岩?			
2. 隧道围岩分级的意义是什么?			
3. 围岩单一性指标和综合性指标分别有哪些?			
4. 围岩分级岩性指标选择的原则是什么?			
5. 我国公路隧道围岩分级主要考虑哪些指标因素?			
6. 什么是围岩压力?围岩压力的影响因素有哪些?			

项目六 支护结构的设计与施工

学习目标

1. 知识目标
(1) 了解锚喷支护的支护原理。
(2) 掌握锚杆、喷射混凝土、钢架等支护的施工工艺流程和要点。
(3) 了解衬砌台车和仰拱栈桥的构造,掌握二次衬砌、仰拱施工流程。
(4) 熟悉混凝土浇筑要求。
(5) 熟悉各种预支护的特点和适用条件。
(6) 掌握各种预支护的施工参数。
(7) 熟悉各种预支护的施工流程。
2. 能力目标
(1) 具备现场喷射混凝土、锚杆、钢架等工程的指导能力。
(2) 具备现场混凝土施工作业指导能力。
(3) 初步读懂预支护的布置图。
(4) 能组织预支护工程的现场施工。
3. 素质目标
(1) 培养学生的实际应用能力。
(2) 培养学生踏实、细致、认真的工作态度和作风。

学习重点

锚喷支护的支护原理;锚杆、喷射混凝土、钢架等支护的施工工艺流程和要点;衬砌台车和仰拱栈桥的构造;二次衬砌、仰拱施工流程;混凝土浇筑要求;各种预支护的特点和适用条件;各种预支护的施工参数;各种预支护的施工流程。

学习难点

现场喷射混凝土、锚杆、钢架等工程的指导能力;现场混凝土施工作业指导能力;读懂预支护的布置图;组织预支护工程的现场施工。

任务一　初 期 支 护

一、概述

隧道开挖后,为增强围岩稳定性、保证施工与运营安全,须施作支护结构。支护分为自支护和人工支护。自支护是围岩自身所具备的支护能力。人工支护是在自支护能力不充分的条件下,人为采取的防护措施。人工支护通常又分为一次支护(初期支护)和二次支护(衬砌)两大类。

初期支护作为隧道开挖后及时施工的人为支护又称为一次支护,主要为喷锚组合体系。锚喷支护是喷混凝土、锚杆、钢筋网、喷射钢纤维混凝土、钢架等结构组合起来的支护形式(图6-1)。其特点:柔性特性,使得它在与围岩体共同变形的过程中,能有效调整围岩应力,控制围岩作有限度的变形,进而将围岩体与锚喷支护构成统一的承载体系。

图6-1　锚杆、钢筋网、钢架支护构造图

初期支护施工流程(图6-2):开挖后初喷混凝土—系统支护施工(锚杆、钢筋网、钢架)—复喷混凝土至设计厚度。爆破后,应首先清除浮石,然后立即进行初喷混凝土封闭围岩,以期充分发挥围岩的自稳能力。出渣结束后,再根据围岩级别施作锚杆、挂网、拱架及复喷混凝土。在富水断层破碎段,支护施作前应及时排水,以预防塌方的发生。少量集中渗水、淋水地段,在将要通过的透水层部位,可采用排水孔法或排水管法,布置一定数量的排水孔或埋设排水管,将渗、淋水集中到排水孔内导出;也可采用金属网法,通过在钢筋网背后铺过滤层或隔水层,将其固定在围岩上,通过软管排水,随即喷射混凝土。如涌水较大,支护时对主要涌水出水口暂不进行封堵支护,待涌水减小或无水时,再进行支护或进行固结封堵,迫使水流改变流向。喷射混凝土厚度必须利用断面仪检测断面或凿孔检查,喷射混凝土的平均厚度应大于设计厚度,最小厚度不得小于设计厚度的2/3。

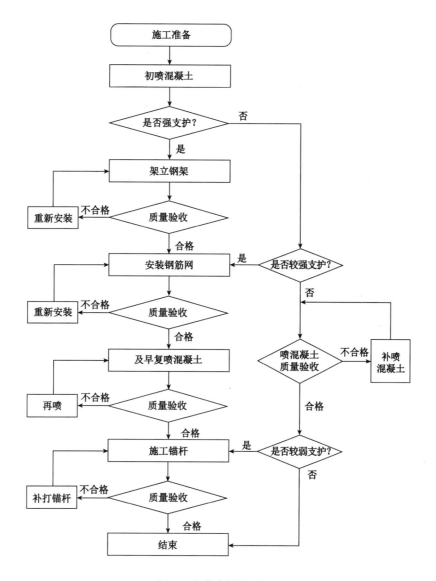

图 6-2　初期支护施工流程

二、喷射混凝土

喷射混凝土是在地下工程施工中,为尽快使开挖土体面稳定的一种支护措施(图 6-3)。它借助喷射机械,利用压缩空气作动力,将水泥、砂、石子、水配合成拌合料,并掺加速凝剂,通过高压管高速喷射到受喷面上,依靠高速喷射时集料的反复连续撞击压密混凝土硬化而成,使喷射的混凝土能够在几分钟内终凝,且强度增长快,并与其他支护措施如锚杆、钢筋网联合形成支护整体,共同承受拉应力和剪应力,大幅度地提高工作面土体的承载力,并快速稳定。喷射混凝土应采用自动计量拌合站生产,混凝土搅拌车运输,机械手配合喷射机施工。其施工流程可参照图 6-4。

喷射混凝土施工

图 6-3　喷射混凝土　　　　图 6-4　喷射混凝土施工流程图

(一)喷射混凝土支护原理

(1)柔性的喷层具有相当大的徐变特性,能保证围岩在与喷层共同变形时产生一定的径向位移,确保防护带的形成。

(2)由于喷层与岩层非常密贴,并具有相当高的早期强度,因此能有效控制围岩的位移,主动加固防护带,且使之组成共同的结构承受围岩荷载。

(3)支护效果。与围岩的附着力、抗剪的支护效果;内压、闭合效果;外力分配效果;软弱层补强效果;被覆盖效果(强度、厚度、附着、密实)。

(二)喷射混凝土的喷射方式

喷射混凝土有干喷、潮喷、湿喷、混合喷射。它们之间的主要区别是:各工艺流程的投料程序不同,尤其是加水和速凝剂的时机不同,应优先选用湿喷。

1.干拌法(干喷)

干拌法(干喷)如图 6-5 所示。粉尘和回弹量较大,但压送距离比较大,适用于岩面比较湿润或者涌水的工况。

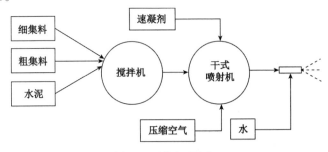

图 6-5　干拌法(干喷)

2. 潮喷

潮喷是将集料预加少量水,使之呈潮湿状,首先用强式搅拌机将湿砂和水泥拌和,从而降低上料、拌和和喷射时的粉尘,但大量的水仍是在喷头处加入和从喷嘴射出的,如图6-6、图6-7所示。

图6-6　潮喷设备

图6-7　潮喷工艺流程

3. 湿喷

湿喷是将集料、水泥和水按设计的比例拌和均匀,用湿式喷射机压送拌和好的混凝土混合料到喷头处,再在喷头上添加速凝剂喷出(图6-8),其工艺流程如图6-9所示。

湿喷混凝土的质量较容易控制,喷射过程中的粉尘和回弹量较少,坍落度应控制在8~12cm;做到喷射时不离析,水泥砂浆不粘管,以确保质量。但湿喷对湿喷机械要求高,机械清洗和故障处理较困难。对于喷层较厚的软岩和渗水隧道,不宜采用湿喷。

4. 混合式喷射(SEC式喷射)

此方法又称为水泥裹砂造壳喷射法,分别由泵送砂浆系统和风进混合料系统两套机具组成。其先是将一部分砂加第一次水拌湿,再投入全部水泥强制拌和成以砂为核心外裹水泥壳的球体;然后加第二次水和减水剂,拌和成SEC砂浆;再将另一部分砂与石、速凝剂按配合比配料,强制搅拌成均匀的干混合料;再分别通过砂浆泵和干式喷射机,将拌和成的砂浆及干混合料由高压胶管输送到混合管混合,最后由喷头喷出。其工艺流程如图6-10所示。

图 6-8 湿喷设备及形成作业

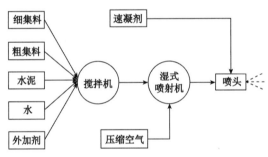

图 6-9 湿喷工艺流程

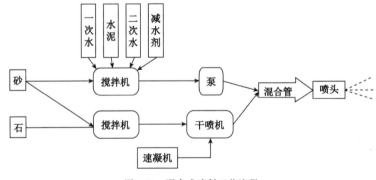

图 6-10 混合式喷射工艺流程

(三)喷射混凝土的材料及其组成

喷射混凝土的原材料包括水泥、碎石或卵石(砾石)、砂、水和外加剂(速凝剂)等。

(1)水泥:优先采用32.5号以上的普通硅酸盐水泥;掺入速凝剂后凝结快、保水性好、早期强度增加快、收缩小。

(2)砂:采用中砂或粗中砂,含泥量不超过3%。

(3)石子:坚硬、耐久的卵石或碎石,最大粒径不大于15mm的瓜米石。

(4)速凝剂:一般为水泥质量的2%~4%(喷拱部时可用3%~4%,喷边墙时可用2%~3%),水泥浆初凝应不大于5min,终凝应不大于10min。

(5)水灰比:一般为0.4~0.5。

(四)喷射混凝土用机械设备

为保证喷射混凝土质量,减少粉尘和回弹量,施工中所使用的主要机具设备有喷射机、喷射机械手、强制式搅拌机(拌合机)、压力水泵、压风机(压缩空气机)、上料机等(图6-11)。

图6-11 喷射机械手

(1)喷射机械手。

喷射混凝土机械操作是关系到喷射混凝土质量的重要环节,因此必须按有关施工技术要求及操作规定进行作业。喷头的移动和喷射方向与距离的控制,一般多采用机械手控制,只有用于少量的或局部的喷射才采用人力直接控制。采用机械手控制,可避免人力直接控制的不足,并且较方便灵活,作业范围大,一般可以覆盖10m左右。

(2)喷射混凝土施工机具应符合下列规定:

①密封性良好,不漏水、不漏气。

②生产能力(干混合料)为3~5m³/h。

③物送连续、均匀。允许输送的集料最大粒径为2.5mm。输送距离(干混合料):水平方向为100m,垂直方向为30m。

④喷射混凝土所选用的空压机,应满足喷射机作业风压和耗风量的要求,作业效率高。

⑤混合料的拌和应采用强制式拌合机。

⑥供水设施应保证喷头处的水压为0.15~0.2MPa。喷射机应具有较好的混凝土流动性能,其施工布置应合理。

⑦压风机要求风管不翻风,压力水泵要求水管不漏水,并应经过试运转,检查工作状态是否良好。

(五)喷射混凝土的施工

(1)施工准备。

喷射混凝土作业前,应做好以下准备工作:

①检查开挖断面净空尺寸;②清除松动岩块和墙脚岩渣、堆积物,并向料斗加水冲洗受喷面;③设置控制喷射混凝土厚度的标志;④检查机具设备和风、水、电等管线路,并试运转,喷射机应具有良好的密封性能,输料连续、均匀,附属机具的技术条件应能满足喷射作业需要;⑤岩面如有渗漏水,应予妥善处理;⑥喷射混凝土配合比设计必须同时满足混凝土性能和喷射混凝土工作度(可喷性)要求,喷射混凝土配合比应通过试验确定。

(2)施喷作业。

混凝土喷射作业可参照以下要求进行:

图6-12 喷射混凝土

①喷射作业应分段分片依次进行,喷射顺序自下而上进行(图6-12)。②一次喷射厚度可根据喷射部位和设计厚度确定,且拱部不得超过6cm,边墙不得超过10cm。③喷嘴与岩面保持垂直,且距受喷面1.5~2.0m为宜。④喷混凝土时控制好风压和速凝剂掺量,减少回弹,喷射压力以控制在0.15~0.2MPa为宜。⑤分层喷射时,后一层喷射应在前一层混凝土终凝后进行。若终凝1h后再喷射,应先用风水清洗喷射表面。⑥对于较大的凹洼处,首先喷射填平。⑦喷射作业紧跟开挖作业面时,下一循环爆破应在喷射混凝土终凝3h以后进行。⑧对有渗水和大面积潮湿的岩面与喷混凝土不易黏结,为了增加其黏结性,初喷在岩面上的混凝土可适当增加水泥用量。⑨喷射混凝土作业完成后应及时清洗机具。

(3)喷射混凝土完成后,应及时进行养护,其养护应符合下列规定:

①混凝土喷射终凝2h后,应采用养护台架进行湿润养护,养护时间不得少于14d;②黄土或其他土质隧道,以喷雾养护为宜,以防止喷水过多而软化下部土层;③隧道内环境气温低于5℃时,不得进行喷水养护。

(4)喷射混凝土在冬期施工时,应满足以下要求:

①喷射作业区的气温不应低于5℃,在结冰的岩面上,不得喷射混凝土;②混合料进入喷射机料斗前温度不应低于5℃;③对液体速凝剂进行加热处理,温度不应低于10℃(最佳20℃);④喷射混凝土强度未达到6MPa前,不应使其受冻。

(5)喷射混凝土施工作业中的安全与防护应符合下列要求:

①施工用作业台架应牢固可靠,并应设置安全栏杆;②应定期检查电源线路和设备的电器部件,确保用电安全;③施工中,应经常检查输料管、接头的磨损情况,当有磨损、击穿或松脱等现象时应及时处理;④施工中,检修机械或设备故障时,必须在断电、停风条件下进行,检修完毕向机械设备送电送风前必须事先通知有关人员;⑤当采用加大风压处理堵管事故时,应先关机,将输料管顺直,紧按喷嘴,喷嘴前方不准站人,疏通管路的工作风压不得超过0.5MPa;⑥非

施工人员不得进入正在进行喷射的作业区,施工中喷嘴前严禁站人;⑦喷射作业人员应佩戴防尘口罩、防护帽、防护眼镜、防尘面具等防护用具,作业人员应避免直接接触碱性液体速凝剂,不慎接触后应立即用清水冲洗。

(6)喷射混凝土质量检验。

喷射混凝土施工时应对其质量进行检查,混凝土表面应平整,无空鼓、裂缝、酥松,并用喷混凝土(或砂浆)对基面进行找平处理,平整度用 2m 靠尺检查,表面平整度允许偏差一般为 ±10cm。

①用喷大板切割试块(100mm 的立方体),在标准养护条件下进行养护,喷射混凝土 3h 强度应达到 1.5MPa,24h 应达到 10.0MPa,28d 用测得的极限抗压强度乘以 0.95。

②当不具备制作抗压强度标准块条件时,可喷制混凝土大板,在标准条件下养护 7d 后,用钻芯机取芯制作试块,芯样边缘至大板周边最小距离不小于 50mm。

③可直接向边长 150mm 的无底标准试模内喷混凝土制作试块,抗压加载方向应与试块喷射成型方向垂直,其抗压强度换算系数应通过试验确定。

④喷层厚度的检查。可用插针、凿孔等方法检查。喷射时可插入长度比设计厚度大 5cm 的粗铁丝,纵、横向 1~2m 设一根作为施工控制用。

(六)钢纤维喷混凝土

(1)钢纤维喷混凝土:是在普通砂浆或混凝土中掺入分布均匀且离散的钢纤维,依靠压缩空气高速喷射在结构表面的一种新型复合材料。

(2)喷射优点:全自动化的喷射机械用活塞泵可达到 $25m^3/h$ 的喷射能力;仅 5%~10% 的回弹率,比干喷低得多;混凝土质量均一,通常强度可达 55MPa,弯曲拉伸及抗剪强度大;耐冲击、抗冻融性好。

(3)钢纤维喷混凝土的原材料及其配合比。

钢纤维:直径一般为 0.3~0.5mm,长为 20~25mm,长径比为 40~60,掺量混合料重量的 3.0%~6.0%。水泥:强度等级不得低于 42.5 号普通硅酸盐水泥。砂:干净中砂为宜,砂率一般在 60%~80%。石子:石子以最大粒径不超过 10mm 为佳。

(4)钢纤维搅拌。

可使用强制式搅拌机或自落式搅拌机搅拌。要求钢纤维在混合料中分布均匀(图 6-13),不得有成团现象,以确保施工顺利和混凝土质量。

图 6-13 钢纤维

三、钢筋网施工

1. 钢筋网施工概述

在喷射混凝土中增设钢筋网,可以防止受喷面由于承受喷射力而塌落,减少回弹量、喷射混凝土层的开裂,增强初期支护的整体作用,通常与锚杆或钢架焊接成一体。钢

钢筋网施工

筋网材料宜采用 HPB235 钢筋,钢筋材质、规格、性能应满足设计要求。钢筋直径宜为 6~12mm,网格边长尺寸宜采用 200~250mm 搭接长度应为 1~2 个网格边长。钢筋网使用前要除锈,在洞外分片制作,用汽车运至洞内。

2. 钢筋网施工要点:

钢筋网铺设应符合下列要求:

(1)钢筋网宜在初喷混凝土后铺挂,使其与喷射混凝土形成一体,底层喷射混凝土的厚度不宜小于 4cm。

(2)砂土层地段应先铺挂钢筋网,沿环向压紧后再喷混凝土。

(3)采用双层钢筋网时,第二层钢筋网应在第一层钢筋网被混凝土覆盖后铺设,其覆盖厚度不应小于 3cm。

(4)钢筋网可利用风钻气腿顶撑,以便贴近岩面,钢筋网应与锚杆或其他固定装置连接牢固,与钢架绑扎时,应绑在靠近岩面一侧。

(5)喷射混凝土时,应调整喷头与受喷面的距离、喷射角度,以减少钢筋振动,降低回弹,并保证钢筋网喷凝土保护层厚度不小于 4cm。

(6)喷射中如有脱落的石块或混凝土块被钢筋网卡住时,应及时清除。

四、锚杆施工

锚杆(索)是用金属或其他高抗拉性能的材料制作的一种杆状构件(图 6-14),锚杆是喷锚支护中的一个重要组成部分,在喷锚联合支护中起着主要作用。

锚杆施工

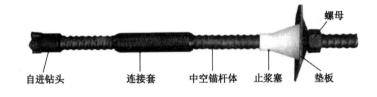

图 6-14 锚杆

锚杆除了与喷射混凝土联合使用外也可以单独使用。在隧道开挖过程中用锚杆作为保证施工安全临时支护是很方便的,在一些小跨度隧道中,为了简化施工工序、节省材料,也常常单独采用锚杆来支护,此时为防止两根锚杆之间岩块的掉落可辅以铁丝网、横梁、背板等。隧道工程坑道开挖后,应尽快安设锚杆,以确保隧道围岩的稳定和施工的安全。

(一)锚杆的支护机理

(1)悬吊效果。把隧道洞壁上由于爆破开挖后而松动的岩块,用锚杆固定在深层坚固稳定的岩体上,防止掉落,起到悬吊效应。

(2)组合效应。锚杆可将隧道周边的层状岩体或节理发育的岩体串联在一起,形成组合梁效应,以阻止岩层的滑移和坍塌。

(3)加固(内压、拱)效应。按一定间距在隧道周边呈放射状布置的系统锚杆,可使一定厚度范围内有节理、裂隙的破裂岩体或软弱岩体紧压在一起,形成连续压缩带。

(二)锚杆的材料

锚杆的材料主要有钢管、钢筋、钢绞线等(图6-15)。

图6-15　锚杆材料

(三)锚杆的种类

锚杆的种类见图6-16,胀壳式中空注浆见图6-17。

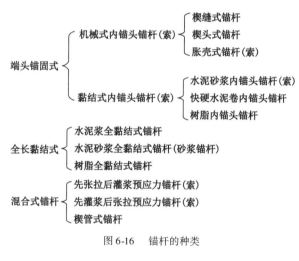

图6-16　锚杆的种类

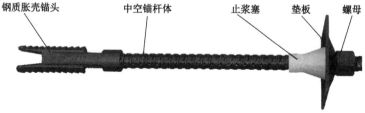

图6-17　胀壳式中空注浆锚杆

(四)锚杆的力学作用

锚杆的力学作用包括悬吊作用、组合梁作用、整体加固作用、减跨作用。

(1)悬吊作用:将不稳定岩层悬吊在坚固岩层上,阻止围岩移动滑落(图6-18)。

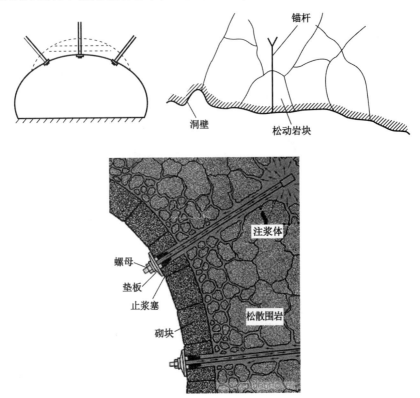

图6-18 悬吊作用

(2)组合梁作用:在岩层中打入锚杆,将若干薄弱岩层锚固在一起,类似将叠合的板梁变成组合梁,提高岩层的承载力(图6-19)。

(3)整体加固作用:锚杆群锚入围岩后,锚杆在锚固力作用下构成一个均匀的压缩带,即承载环(图6-20)。岩体处于三向应力状态,可显著提高围岩强度。

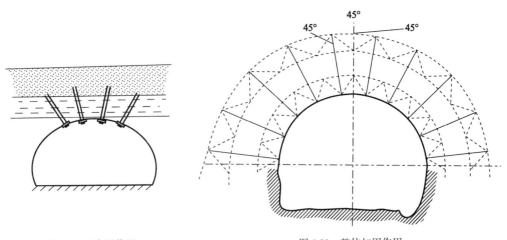

图6-19 组合梁作用　　　　图6-20 整体加固作用

(4)减跨作用:隧道顶板岩层中打入锚杆,相当于在顶板上增加支点,使隧道跨度减小,顶板岩体应力减小(图6-21)。

(五)锚杆的布置

在开挖面上,锚杆通常以一定的排列方式布置在开挖面上,如图6-22所示,在拱圈处间距较小,在边墙处间距相对较大,锚杆的方向为垂直隧道开挖轮廓线,在沿隧道纵向上,锚杆常按等间距的方式均匀布置。

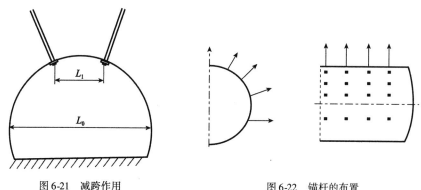

图6-21 减跨作用 　　　图6-22 锚杆的布置

在沿隧道纵向上,当锚杆按等间距布置时,则其分布如图6-23a)所示;当锚杆在沿隧道纵向间距较大时,需采用图6-23b)所示的菱形分布,即在两等间距的锚杆之间,再交叉布置一层锚杆,以增大锚杆的支撑能力。

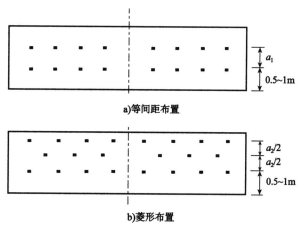

图6-23 锚杆按等间距布置和菱形布置

1.局部布置

加固不稳块体,隧道拱顶受拉破坏区为重点加固区域。

2.系统布置

在破碎和软弱围岩中,一般采用系统布置的锚杆,对围岩起到整个加固作用。①在隧道横断面上,锚杆宜垂直隧道周边轮廓布置;②在岩面上锚杆宜成菱形排列;③间距不宜大于锚杆长度的1/2。

(六)锚杆施工

1. 砂浆锚杆施工

(1) 材料及配合比

钢筋:锚杆杆体宜用 HRB335、HRB400 级带肋钢筋,杆径直径不宜小于 φ22mm,使用前应平直、除锈、除油。水泥:选用不低于 32.5 号的普通硅酸盐水泥。砂:宜用中细砂,粒径不应大于 2.5mm,使用前严格过筛。速凝剂:速凝剂使用前应做速凝效果试验,一般要求初凝不大于 5min。砂浆配合比:水泥砂浆强度等级不应低于 M20,砂胶比宜为 1:1~1:2(重量比),水灰比为 0.38~0.45。

(2) 普通水泥砂浆锚杆施工要点

砂浆锚杆施工工艺见图 6-24。

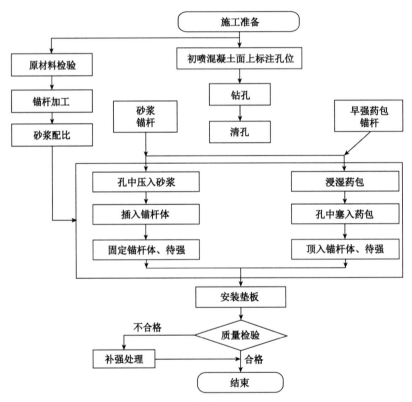

图 6-24 砂浆锚杆施工工艺

①砂浆强度等级不低于 M20;砂浆配合比一般为水泥:砂:水 = 1:(1~15):(0.45~0.5)。水灰比宜为 0.45~0.50,砂的粒径不小于 3mm。②杆体材料宜用 20MnSi 钢筋,亦可采用 A3 钢筋;直径 14~22mm 为宜,长度 2~3.5m,为增加锚固力,杆体内端可以劈口叉开。③钻孔方向宜尽量与岩层主要结构面垂直。孔钻好后用高压水将孔眼冲洗干净(若是向下钻孔,还须用高压风吹净水),并用塞子塞紧孔口,防止石渣或泥土掉入钻孔内。④锚杆及胶黏剂材料制作,应符合设计要求,锚杆应按设计要求的尺寸截取,外端不用垫板的锚杆应先弯制弯头。⑤黏结砂浆应拌和均匀,随拌随用,一次拌和的砂浆应在初凝前用完。

(3) 早强水泥砂浆锚杆施工要点

早强水泥砂浆锚杆的施工,与普通水泥砂浆锚杆基本相同,所不同的是早强水泥砂浆锚杆的胶黏剂是由硫铝酸盐早强水泥、砂、Ⅱ型早强剂和水组成。因此,它具有早期强度高、承载快、安装较方便等优点。可弥补普通水泥砂浆锚杆早期强度低、承载慢的不足。尤其是在软弱、破碎、自稳时间短的围岩中使用早强水泥砂浆锚杆能显出其优越性。另外,以树脂或快硬水泥作为胶黏剂的全长黏结式锚杆,也具有以上优点。但因费用较高,所以在一般隧道工程中较少使用。

2. 早强药包锚杆施工(课外拓展阅读)

早强药包内锚头锚杆,是以快硬水泥卷,或早强砂浆卷,或树脂卷作为内锚固剂的内锚头锚杆。

(1)药包使用前应检查,要求无结块、未受潮。药包的浸泡宜在清水中进行,随泡随用,药包必须泡透。

(2)药包应缓慢推入孔底,不得中途爆裂,应配备专用的装药包工具。

(3)药包直径宜较钻孔直径小20mm左右,药卷长度一般为20~30cm。锚杆杆体插入时应注意旋转,使药包充分搅拌均匀。锚杆药包主要有硅酸盐与硫酸盐两个系列,分速凝型、早强型、早强速凝型几种。

(4)钻眼要求同前所述,但孔眼应比锚杆长度短4~5cm。

(5)用直径2~3mm、长150mm的锥子,在快硬水泥卷端头扎两个排气孔。然后将水泥卷竖立放于清洁的水中,保持水面高出水泥卷约10cm。浸水时间以不冒泡为准,但不得超过水泥的初凝时间,可做浸水后的水灰比检查。

(6)将浸好水的水泥卷用锚杆送到眼底,并轻轻捣实,若中途受阻,应及时处理,若处理时间超过水泥终凝时间,则应换装新水泥卷或钻眼作废。

(7)将锚杆外端套上连接套筒(即带有六角旋转头的短锚杆,断面打平后对中焊上锚杆螺母),装上搅拌机,然后开动搅拌机,带动锚杆旋转搅拌水泥浆,并用人力推进锚杆至眼底,再保持10s的搅拌时间(搅拌时间为30~40s)。

(8)轻轻卸下搅拌机头,用木楔楔紧杆体,使其位于钻眼孔中心处。自浸水后20min,快硬水泥具有足够的强度时,才能使用扳手卸下连接套筒(可以多准备几个套筒周转使用)。

(9)采用树脂药包时,还应注意:搅拌时间应根据现场气温确定,20℃时固化时间为5min;温度下降5℃时固化时间大约会延长一倍,即15℃时为10min,10℃时为20min。因此,地下工程在正常温度下,搅拌时间约为30s,当温度在10℃以下时,搅拌时间可适当延长为45~60s。

3. 缝管式摩擦锚杆施工(课外拓展阅读)

(1)缝管式锚杆可根据需要和机具能力,选择不同直径的钻头和管径,通过现场试验确定最合理的径差。一般要求杆体材料具有较高的弹性极限。

(2)采用一般风动凿岩机时应配备专用冲击器。宜随钻眼随安设锚杆,也可集中钻孔、集中安设锚杆,此时不得隔班隔日安设锚杆。

(3)安设锚杆前应吹孔,并核对孔深是否符合设计要求,安设前应检查风压,风压不得小于0.4MPa。

(4)安装时先将锚杆套上垫板,将带有挡环的冲击钎杆插入锚管内(锚杆应在锚管内自由转动),锚杆尾端套入凿岩机或风镐的卡套内,锚头导入钻孔,调整方向、开动凿岩机,即可将锚杆打入钻孔内,至垫板压紧围岩为止,停机取出钎杆即可。一根2.5m长的锚杆,一般用20~60s时间即可安装完毕。

(5)在安设推进锚杆过程中,要保持凿岩机—锚杆—钻孔的中心线在同一轴线上,凿岩机在推进过程中,适当放水冷却冲击器。锚杆推进到末端时,应降低推进力,当垫板抵紧岩石时应立即停机,以免损坏垫板和挡环。

(6)若作为永久支护,则应做防锈处理,并灌注有膨胀性的砂浆。

4.楔缝式内锚头锚杆施工(课外拓展阅读)

(1)楔缝式锚杆安装前,应将杆体与部件(楔子、胀壳、托板)组装好,锚杆插入钻孔时楔子不得偏斜或脱落。楔缝式锚杆的安装:先将楔块插入楔缝,轻轻敲击使其固定于缝中,然后插入眼底;并以适当的冲击力冲击锚杆尾,至楔块全部插入楔缝为止。打紧楔块时应注意丝扣不被损坏。为了防止杆尾受到冲击力发生变形,可采用套筒保护。

(2)一般要求锚杆具有一定的预张力,可采用测力矩扳手或定力矩扳手来拧紧螺母,以控制锚固力。楔缝式锚杆安设后应立即上好托板,并拧紧螺母。

(3)若要求在楔缝式锚杆的基础上再进行注浆加固,则除按砂浆锚杆注浆外,预张力应在砂浆初凝前完成,并注意减少砂浆的收缩率。

(4)若只作临时支护,则可改楔缝式锚杆为楔头式或胀壳式锚杆。楔头式锚杆及胀壳式锚杆的杆体均可以回收,但锚头加工制作较复杂,故一般在煤矿或其他坑道中应用多。

5.胀壳式内锚头预应力锚索施工(课外拓展阅读)

(1)胀壳式内锚头预应力锚索的加工,应符合设计质量要求,在存放、运输及安装过程中,不得有损伤和变形。

(2)钻孔一般采用冲击式浅孔钻,也可选用各种旋转式地质钻,钻孔完毕后应丈量孔深和予以清洗,并做好孔口现浇混凝土支墩。

(3)锚索安装要平直、不紊乱,同时安设排气管。锚索推送就位后,即可进行安装千斤顶张拉。一般先用20%~30%的预应力预张拉1~2次,促使各相连部位接触紧密,使钢锚索平直。最终张拉值有5%~10%的超张拉量,以保证预应力损失后仍能达到设计要求的有效预应力。预张拉时千斤顶后严禁站人,以防不测。

(4)预应力无明显衰减时,才最后锁定,且48h内再检查。注浆应饱满,注浆达到设计强度后,进行外锚头封盖。

五、钢架支撑

(一)概述

钢架施工

1.钢架的概念

钢架是在隧道开挖初期支护期间,为使围岩保持稳定而按照隧道开挖轮廓线布设的由钢格栅或型钢、钢轨等制成的支护骨架结构。钢架安装后可达到支撑围岩稳定、限制围岩变形的目的,它通常与钢筋网、喷射混凝土等结合共同受力。钢架应在初喷混凝土后及时架设(图 6-25)。

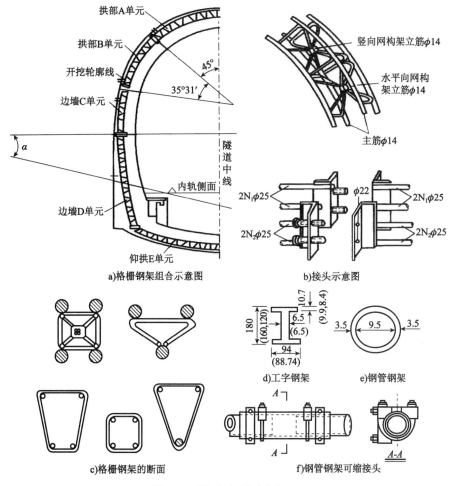

图 6-25 钢架构造(尺寸单位:mm)

2. 特点

架设后立即受力;强度和刚度均较大,可承受开挖时引起的松动压力。

3. 材料

主要有钢筋(格栅钢架见图 6-26)、型钢钢架(图 6-27)。型钢有工字型钢、H 型钢、槽钢。

(二)钢架施工

1. 钢架加工(图 6-28)

(1)加工场地用混凝土硬化,精确抹平,按设计放出 1∶1 加工大样。

(2)采用型钢弯制机按照隧道断面曲率分节进行弯制,弯制完成后,先在加工场地上进行试拼。

图 6-26 格栅钢架

(3)各节钢架拼装,要求尺寸准确,弧形圆顺。要求沿隧道周边轮廓误差不大于3cm;型钢钢架平放时,平面翘曲小于2cm。

(4)型钢钢架各单元必须明确标出类型和单元号,并分单元堆放于地面干燥的防雨篷内。

图6-27　型钢钢架

图6-28　钢架预制加工

2. 钢架安装

(1)钢架安装应符合下列条件:①安装前应清除底脚的虚渣及杂物;②安装允许偏差:横向和高程为±5cm,垂直度为±2°;③各节钢架间应以螺栓连接,连接板应密贴,连接板局部缝隙不得超过2mm;④钢架外缘应与基面密贴,如有缝隙,应每隔2m用钢楔或混凝土预制块楔紧;⑤钢架之间宜用直径为22mm的钢筋采用焊接方式连接,环向间距应符合设计要求。

(2)钢架施工流程参照图6-29。

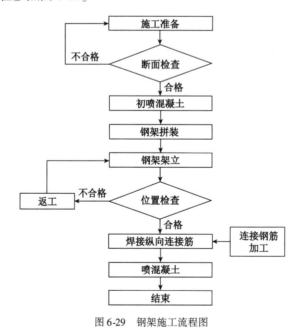

图6-29　钢架施工流程图

(3)钢架的施工应符合下列要求:①制作。钢架按设计尺寸在洞外下料分节焊接制作,制作时应严格按设计图纸进行,保证每节的弧度与尺寸均符合设计要求,每节两端均焊连接板,节点间通过连接板用螺栓连接牢靠,加工后必须进行试拼检查,严禁不合格品进场。②安装。钢架应按设计要求安装,安装尺寸允许偏差应满足相关规定。当拱脚开挖超深时,加设钢板或混凝土垫块,安装后利用锁脚锚杆定位;超挖较大时,拱背喷填同级混凝土,以使支护与围岩密贴,控制围岩变形的进一步发展。两排钢架间用 φ22mm 钢筋拉杆纵向连接牢固,环向间距 1m,以便形成整体受力结构。钢架安装时,应严格控制其内轮廓尺寸,且预留沉降量,防止侵入衬砌净空。钢架与围岩间的间隙必须用喷混凝土充填密实;钢架应全部被喷射混凝土覆盖,保护层厚度不得小于 40mm。

3. 钢架联结、加固

(1)每侧安设根锁脚锚管将其锁定;采用 φ22mm,环向间距 1m 的纵向连接钢筋。
(2)落底接长和仰拱相连并及时喷射混凝土。
(3)接长钢架和上部钢架通过垫板用螺栓牢固准确连接(图 6-30)。

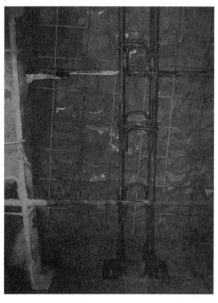

图 6-30　钢架联结、加固

此外,锚喷联合支护结构包括喷射混凝土支护,喷射混凝土+锚杆联合支护,喷射混凝土+钢筋网联合支护,喷射混凝土+锚杆+钢筋网联合支护,喷射钢纤维混凝土支护,喷射钢纤维混凝土+锚杆联合支护。上述几种类型加设钢架支撑的联合支护。

任务二　二次衬砌混凝土施工

一、概述

在永久性的隧道及地下工程中常用的支护衬砌形式主要有整体式衬砌、复合式衬砌、锚喷衬砌。复合式衬砌是由初期支护和二次衬砌组成的,初期支护的作用是帮助围岩达到施工期间的初步稳定,按主要承载结构设计,二次衬砌则是提供安全储备或承受后期围岩压力。二次衬砌在Ⅳ级及以上围岩时按安全储备设计;在Ⅲ级及以下围岩时,则按承受后期围岩压力结构设计与施工。两种情况均应满足构造要求。锚喷衬砌的设计基本上同复合式衬砌中的初期支护的设计,只是应增加一定的安全储备量。它主要适用于Ⅳ类及以上围岩条件,《公路隧道设计规范　第一册　土建工程》(JTG 3370.1—2018)提供了锚喷初期的设计参数。锚喷初期的施工方法亦基本上同初期支护。二次衬砌施工的顺序是仰拱超前、边墙基础超前,最后是边墙、拱整体浇筑。采用矮边墙基础先行,后砌筑墙的施工方法,易保证衬砌尺寸的精度。拱标准断面应采用移动式模板台车,边墙基础高度的设置(水平施工缝)应避开剪应力最大的截面。混凝土衬砌施工前应对水泥、细集料、粗集料、拌制和养护用水、外加剂、掺和料等原材料进行检验,确保各项技术指标符合有关规定。混凝土生产应采用自动计量的拌合站、搅拌输送车运输、混凝土泵送入模的机械化流水作业线,以保证二次衬砌混凝土的质量。

二、混凝土材料及模板

1. 材料

(1)水泥:宜选用硅酸盐水泥或普通硅酸盐水泥,水泥强度等级不应低于42.5级。

(2)砂:拌制混凝土的细集料应选用坚硬耐久、粒径在5mm以下的天然砂或机制砂。

(3)石子:宜选用级配合理、粒性良好、质地均匀坚固、线膨胀系数小的洁净碎石、碎卵石或两者的混合物。

(4)外加剂和混合材:为了改善和提高混凝土的各种技术性能,以满足施工工艺和工程质量要求,可在拌制混凝土时适当掺入各种类型的化学外加剂。

(5)水:普通混凝土用水的要求与喷混凝土相同。

2. 模板

模板包括整体移动式模板台车(图6-31)、分体移动式模板台车、拼装式拱架模板。

图6-31　整体移动式模板台车

三、模筑衬砌施工准备工作

(1)断面检查。根据隧道中线和水平测量,检查开挖断面是否符合设计要求,欠挖部分按规范要求进行凿除(图6-32)。

(2)放线定位。根据隧道中线、高程及断面设计尺寸,测量确定衬砌立模位置,并放线定位。

(3)清除浮渣,整平墙脚基面。墙脚地基应挖至设计高程,并在灌筑前清除虚渣、排除积水、找平支承面。

(4)拱架模板整备。立模前应在洞外样台上将拱架和模板进行试拼,检查其尺寸、形状,不符合要求的应予以修整。

(5)立模。根据放线位置,架设安装拱架模板或模板台车就位。

四、混凝土浇筑施工、养护与拆模

1. 混凝土浇筑施工

(1)保证捣固密实,使衬砌具有良好的抗渗防水性能。

图 6-32 隧道测量

(2)整体模筑时,应注意对称浇筑,两侧同时或交替进行。

(3)衬砌混凝土浇筑应分段进行,自由倾落高度不宜超过 2m。

(4)混凝土应分层浇筑,分层厚度一般为 15~30cm。

(5)1m 范围内的超挖,应用同强度等级混凝土进行回填灌筑。

(6)混凝土浇筑必须保证其连续性。

(7)衬砌的分段施工缝应与设计沉降缝、伸缩缝及设备洞位置统一考虑,合理确定位置。

(8)达到规定强度方能拆模,养护时间不得少于 14d。

2. 混凝土的养护与拆模

养护:衬砌混凝土灌筑后 10~20h 即应开始浇水养护。使用普通硅酸盐水泥时一般应连续养护 7~14d。拆模:在围岩及初期支护变形基本稳定条件下施作的二次衬砌,可在混凝土强度达到 8MPa 以上拆模;初期支护未稳定提前施作的二次衬砌的混凝土应在强度达到设计强度 100% 以后拆模。隧道各部位具体施工方法详细见后面叙述。

五、仰拱和底板

(一)概述

机械设备:仰拱台车栈桥(图6-33)。仰拱施工时间:超前 3 倍以上二次衬砌循环作业长度施工。底板施工时间:底板通常是在开挖完毕且拱墙修筑好后进行。

(二)施工

1. 施工方法

基底开挖应圆顺、平整。不得欠挖。仰拱填充及铺底紧跟开挖,距开挖面不得大于 60m,人工配合挖掘机检底,底部虚渣、杂物、积水要清理干净。仰拱施作应各段一次成型,避免分部灌注;仰拱填充应在仰拱混凝土终凝后施作;仰拱施工缝和变形缝应做防水处理;采用板式无砟轨道的隧道,底板应与无砟轨道底座统一施工。为减少其与出渣运输的干扰,一般采用仰拱栈桥进行仰拱全幅施工,全幅灌注,仰拱、填充应分开浇筑,仰拱和底板混凝土强度达到5MPa后,行人方可通行,达到设计强度的100%后,车辆方可通行。

a)

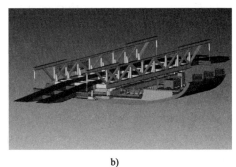
b)

图 6-33　仰拱台车栈桥和底板

首先铺设仰拱栈桥(图6-34),再进行仰拱石方开挖并处理欠挖,欠挖采用风钻钻孔,松动控制爆破,反铲配合清渣,高压风吹底。立模板[仰拱和填充层在施工缝处错开50cm,预埋接茬钢筋(图6-35),拆模后施工缝进行置毛处理]并浇筑混凝土(图6-36),混凝土从轨行式或轮式混凝土输送车直接输入,插入式振捣器捣固密实;待混凝土养护到设计强度后,将仰拱移至下一幅施工。

图 6-34　隧道内铺设栈桥

图 6-35　仰拱二次衬砌钢筋

图 6-36　仰拱二次衬砌浇筑完成

2.施工工序

施工工序见图 6-37。

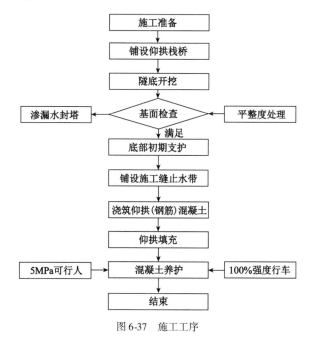

图 6-37 施工工序

3.施工技术措施及要点

（1）测量放线。根据设计图纸放出高程和中线控制线。

（2）基层质量验收合格后,方可进行下一道工序的施工。

（3）混凝土运送罐车到达浇筑地点后,利用梭槽或直接泵送进入安装好侧模和端模的仰拱内,人工用插入式振捣器振捣。

（4）振捣混凝土时,用插入式振捣器全面按顺序插振一次,同一位置的振捣持续时间,以混合料停止下沉、不再冒气泡并泛出砂浆为准,不能过振。插入式振捣器移动间距不得大于其作用半径的 1.5 倍,距底板混凝土边缘距离不得大于其作用半径的 1/2。

（5）在表层混凝土振捣过程中,应经常拉线检查设计高程,用水平尺检查平整度。必要时,人工扒除高于设计高程的混凝土填补低于设计高程的低洼处,并振捣,使混凝土表面平整。

（6）接缝。每一循环拆模后应及时对施工缝凿毛,纵向施工缝应设置接茬筋（风钻钻孔,锚固剂固定,$\phi 2mm$,$L=60cm$）,使左右幅连为一个整体,增强受力效果。

（7）养护。底板混凝土施工完毕后应及时养护,养护用水泥袋将路面覆盖,每天洒水 4 次,保持水泥袋不干。

（8）仰拱应紧跟开挖面施作,尽快形成封闭环。Ⅳ、Ⅴ级软弱不稳定围岩施工时,仰拱距开挖面应不超过 40m;仰拱应超前拱墙二次衬砌施作,其超前距离宜保持 2 倍以上衬砌循环作业长度。

（9）仰拱施作应一次成型,保证仰拱整体稳定。仰拱施工缝和变形缝处应做防水处理。

（10）底板施工前应清除虚渣、杂物和积水,坡面应平顺,确保排水畅通,应采用一次灌注混凝土成型工艺。

(11) 仰拱填充严禁与仰拱同时施工,宜在仰拱混凝土终凝后施作。

(12) 为减少其与出渣运输的干扰,采用仰拱栈桥跨过施工地段,以保证隧道底部的施工质量,消除隧底结构施工质量隐患。仰拱栈桥的长度和结构形式可根据施工需要来确定。

六、边墙基础施工

根据衬砌台车就位要求,在拱墙衬砌前,应先施工边墙基础。浇筑前应挖够尺寸,满足设计高程要求,将浮渣、杂物、积水清理干净,经隐蔽检查合格后方可开始浇筑。

边墙基础落后于仰拱及填充层、先行于边拱墙衬砌,采用定型模板施工(图6-38);混凝土运送罐车到达浇筑地点后,利用梭槽或直接泵送进入安装好的模板内,采用插入式振捣器人工振捣。

图6-38 边墙基础施工

边墙基础施工工艺流程见图6-39。

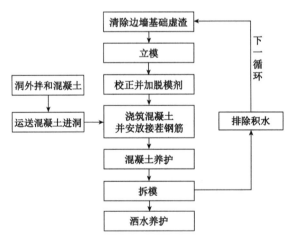

图6-39 边墙基础施工工艺流程

七、拱墙衬砌施工

拱墙施工工艺流程见图6-40。

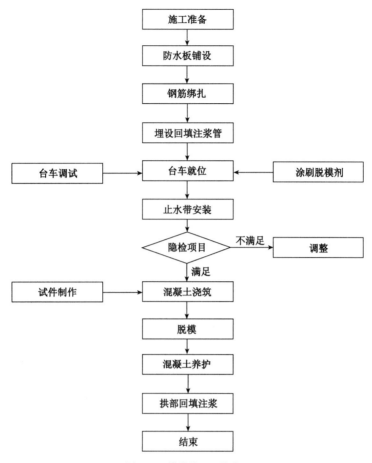

图 6-40 拱墙施工工艺流程

(一)拱墙衬砌施工准备

(1)中线及水准基点测设。
(2)衬砌混凝土之前隧道断面检查和修整。
(3)边墙基础混凝土的检查与修整。
(4)模板台车(图 6-41)轨道铺设。
(5)模板台车安装。

(二)钢筋绑扎

钢筋施工均应达到以下条件和技术标准要求:
(1)防水板铺设前应检查断面欠挖,凡小于衬砌厚度部位均要进行处理。
(2)依据钢筋技术交底,绑扎外层定位钢筋,保护层厚度要留够;禁止打锚杆固定,以防损伤防水板,要利用台架固定。
(3)绑扎外层主筋,钢筋间距要均匀,按设计布置,误差控制应符合规范要求。
(4)绑扎外层纵筋,注意外层与内层环向间距不一样。

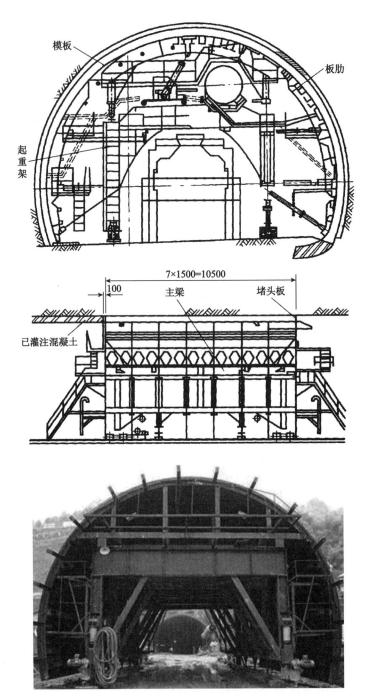

图 6-41 模板台车(尺寸单位:mm)

(5)绑扎内层定位钢筋,注意定位钢筋的位置与内、外层主筋间距的关系。
(6)绑扎内层主筋,要与外层主筋在同一圆心上。
(7)绑扎内层纵筋,要与外层纵筋垂直在同一圆心上。
(8)绑扎箍筋(勾筋),注意层间距不要变小。

(9) 用砂浆垫块垫在钢筋与模板之间,保证钢筋净保护层厚度,保护层厚度不得小于5cm。

(10) 钢筋交叉处,用直径0.7~1.0mm铁丝,按"8"字形或"十"字形扎结,可采用间隔扎结的方法。注意纵筋固定时可间隔5个节点绑扎定位,待内、外层纵筋完毕,挂好箍筋(即勾筋,应注意不要挂错),再对每个节点连同箍筋(勾筋)进行绑扎,可节约材料和提高工效。

(三)拱墙衬砌施工

拱墙二次衬砌混凝土浇筑前,应针对工程特点和施工条件,制订施工全过程和各个施工环节的质量控制与质量保证措施,以及相应的施工技术条例。

1. 拱墙混凝土浇筑方法

(1) 施工模板台车走行轨道的中线和轨面设计高程误差应不大于±10mm,台车就位后启动微调机构,用仪器校正模板外轮廓与设计净空相吻合,并锁定台车。

(2) 防水层表面灰粉已经清除并洒水润湿。

(3) 钢筋混凝土二次衬砌地段,必须用与衬砌混凝土相同配合比的细石混凝土或砂浆制作垫块。钢筋保护层的厚度:主筋保护层厚度应不小于30mm,迎水面主筋保护层厚度不小于50mm。

(4) 单线隧道使用模板台车时,由于台车宽度限制,在台车范围内只能铺设单线,在台车后面铺设双线。在浇筑混凝土时,一线停放混凝土输送车和混凝土泵,另一线通行运输车辆,以免影响正常运输。

2. 拱墙施工流程

拱墙施工流程见图6-42。

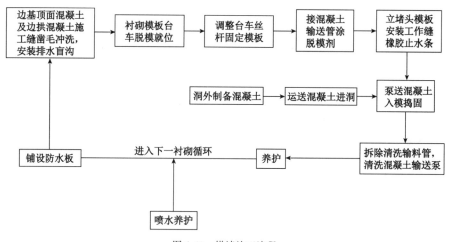

图6-42 拱墙施工流程

3. 混凝土浇筑与振捣

混凝土应对称、分层浇筑,分层捣固。振捣应采用插入式振动器,其振捣密实后的分层厚度,应根据拌制能力、运输条件、浇筑速度、振捣能力和结构要求等条件决定。泵送混凝土要连续进行,如有中断,则中断不宜超过20min。当允许间歇时间已超过时,应按浇筑中断处理,同时应留置施工缝,并做记录。施工缝的平面与结构的轴线相垂直。施工缝处应埋置适量的钢筋或型钢,并使其体积露出前层混凝土外一半左右。

4. 二次衬砌拆模

二次衬砌拆模时间应符合以下规定:

(1)在初期支护变形稳定后施工的二次衬砌混凝土强度应达到8.0MPa以上。

(2)初期支护未稳定,二次衬砌提前施作时,混凝土强度应达到设计强度的100%以上。

(3)特殊情况下,应根据试验及监控量测结果确定拆模时间。

5. 混凝土养护

应采取措施控制养护过程中的环境湿度和混凝土温度,以保证衬砌混凝土的质量。新浇混凝土表面应及时浇水或覆盖湿麻袋、湿棉毡等进行养护。在条件许可时,宜采用蓄水或洒水养护,但在混凝土发热阶段,宜采用喷雾养护,避免混凝土表面温度产生骤然变化。当采用塑料薄膜或喷涂养护膜时,应确保薄膜搭接处的密封。此外,还应保证模板连接缝处不至于失水干燥。在整个潮湿养护过程中,应根据混凝土温度与气温的差别及变化,及时采取措施,控制混凝土的升温和降温速率。

6. 二次衬砌混凝土外观质量标准及检查方法

混凝土结构外形尺寸允许偏差和检验方法见表6-1。

混凝土结构外形尺寸允许偏差和检验方法　　　　　表6-1

序号	项目	边墙	拱部	随底	检验方法
1	平面位置	+10mm	—	—	尺量
2	垂直度	±0.2%	—	—	尺量
3	设计高程	—	+30mm 0	0 -10mm	水准测量
4	结构表面平整度	±10mm	±100mm	—	2m靠尺

7. 二次衬砌混凝土完工质量检测

对完成的隧道衬砌,应对衬砌混凝土进行无损检测,检查衬砌质量和封顶效果,进行信息反馈,及时进行补强,并分析原因,采取纠正和预防措施。

八、拱顶回填注浆

在台车上预埋径向注浆管,对二衬混凝土施工完2h后及时通过该注浆管进行注浆,不仅起到空洞充填作用,而且能起到弥补或修复二衬混凝土的缺陷的作用,提高衬砌混凝土整体质量。

任务三　预支护施工

一、概述

由于初期喷锚支护强度的增长不能满足洞体稳定的要求,可能导致洞体失稳(图6-43),或由于大面积淋水、涌水(图6-44),难以保证洞体稳定。预支护施工,也称为超前支护,它是一种辅助施工措施,是在施工中对地层进行预支护、预加固或止水的措施。超前支护措施应视围岩地质条件、地下水情况、施工方法、环境要求等具体情况而选用,并尽量与常规施工方法相结合;超前支护应进行充分的技术经济比较,选择一种或几种同时使用。

图 6-43 初期支护失稳　　　　　　图 6-44 隧道施工涌水

常用的超前支护包括超前锚杆、超前小导管注浆、管棚、帷幕注浆等。超前支护措施见图 6-45。

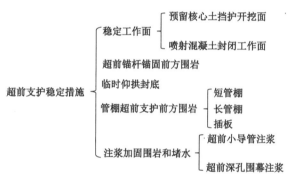

超前支护概述

图 6-45 超前支护措施

二、超前锚杆

1. 基本概念

超前锚杆是沿开挖轮廓线,以稍大的外插角,向开挖面前方安装锚杆,形成对前方围岩的预锚固,在提前形成的围岩锚固圈的保护下进行开挖等作业(图 6-46)。超前锚杆施工流程见图 6-47。

超前锚杆

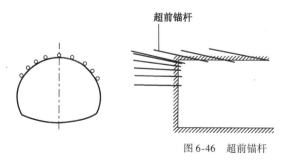

图 6-46 超前锚杆

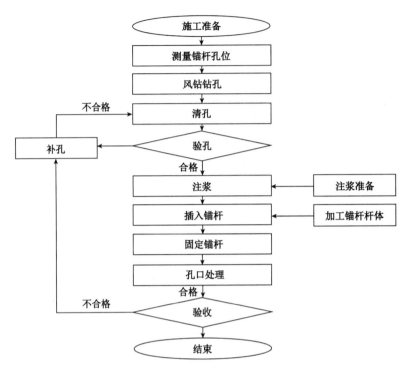

图 6-47　超前锚杆施工流程

2. 性能特点与适用条件

（1）特点：用于支托上部围岩，超前锚杆支护的柔性较大，整体刚度较小。虽然可以与系统锚杆焊接以增强其整体性，但对于围岩应力较大时，其后期支护刚度就有些不足。

（2）适用条件：此类超前支护主要适用于地应力不大、地下水较少的软弱围岩的隧道工程中（图 6-48）。

图 6-48　软弱围岩

3. 超前锚杆设计、施工要点

超前锚杆的超前量、环向间距、外插角等参数，应视地质条件、断面大小、循环进尺等而定。一般情况下，超前锚杆设计参数（表 6-2）如下：长度为 3～5m，间距为 0.3～1.0m，方向为 10°～30°；搭接长度为超前长度的 40%～60%。超前锚杆宜用早强砂浆全黏结式锚杆，锚杆材料可用不小于 $\phi22$ 的螺纹钢筋；超前锚杆的安装误差，一般要求孔位偏差不超过 10cm，外插角不超过 1°～2°，锚入长度不小于设计长度的 96%；开挖时应注意保留前方有一定长度的锚固区，其尾端应尽可能多地与系统锚杆及钢筋网焊接。开挖后及时喷射混凝土，并尽快封闭环形初期支护。开挖过程中应密切注意观察锚杆变形及喷射混凝土层的开裂、起鼓等情况，以掌握围岩动态。

超前锚杆(或小钢管)设计参数 表 6-2

围岩级别	锚杆直径 (mm)	小钢管直径 (mm)	锚杆长度 (m)	环向间距 (cm)	外插角	
					锚杆	小钢管
V	20~25	32	3~5	30~50	5°~10°	5°~10°
IV	18~25			40~60		

注:1. 外插角是指锚杆或小钢管与隧道纵向开挖轮廓线的夹角。
2. 锚杆或小钢管的长度应与实际掘进循环长度一起考虑。
3. 中空锚杆目前的最小直径为25mm。

三、管棚

1. 基本概念

利用钢拱架沿开挖轮廓线,以较小的外插角,向开挖面前方打入钢管构成的棚架来形成对开挖面前方围岩的预支护(图6-49)。

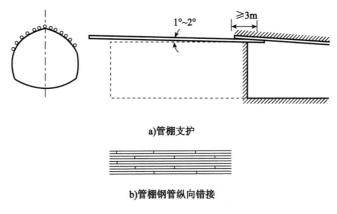

a)管棚支护

b)管棚钢管纵向错接

图 6-49 管棚支护

2. 分类

采用长度小于10m的钢管称为短管棚,采用长度为10~45m且较粗的钢管称为长管棚,采用钢插板(长度小于10m)的称为板棚。短管棚一次超前量少,基本上与开挖作业交替进行,占用循环时间较多,但钻孔安装或顶入安装较容易。长管棚一次超前量大,虽然增加了单次钻孔或打入长钢管的作业时间,但减少了安装钢管的次数,减少了与开挖作业之间的干扰。

按照管棚所处位置,分为洞口管棚(图6-50)和洞身管棚(图6-51)。

3. 性能特点及适用条件

(1)性能特点:管棚因采用钢管作纵向预支撑,又采用钢架作环向支撑,其整体刚度较大,对围岩变形的限制能力较强,且能提前承受早期围岩压力。

(2)适用条件:管棚法特别适用于围岩压力来得快来得大、对围岩变形及地表下沉有较严格要求的软弱破碎围岩隧道工程中。

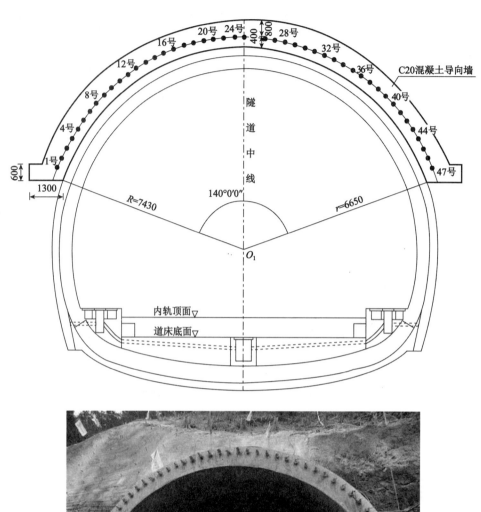

图 6-50 洞口管棚(尺寸单位:mm)

4. 洞口管棚施工

洞口管棚施工参数见图 6-52。洞口管棚导向墙构造尺寸见图 6-53。钢管连接(所有纵向缝错开)如图 6-54 所示。

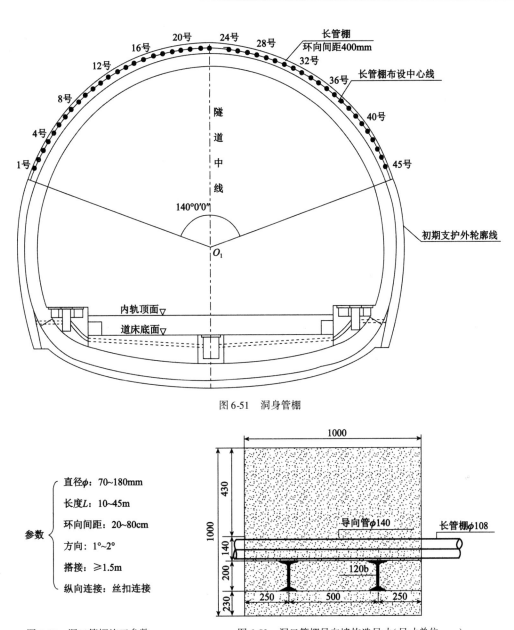

图 6-51 洞身管棚

图 6-52 洞口管棚施工参数

图 6-53 洞口管棚导向墙构造尺寸(尺寸单位:mm)

5. 设计、施工要点

管棚的各项技术参数要视围岩地质条件和施工条件而定(长度、管径、环向间距、外插角等)。钢拱架应安装稳固,钢管应从工字钢腹板圆孔穿过,或穿过钢拱架;控制误差;钢管前端要加工成尖锥状,以利导向插入。施工时打一眼,装一管,由上而下顺序进行;长钢管应用 4~6m 的管节逐段接长,打入一节,再连接后一节;当需增加管棚刚度时,可在安装好的钢管内注入水泥砂浆;钻孔时如出现卡钻或坍孔,应注浆后再钻,有些土质地层则可直接将钢管顶入。

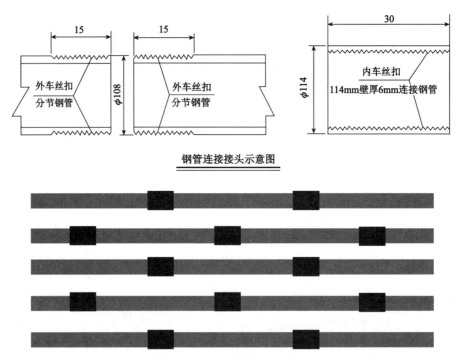

图 6-54 钢管连接(所有纵向缝错开)(尺寸单位:mm)

6. 管棚施工工艺

管棚施工工艺见图 6-55。

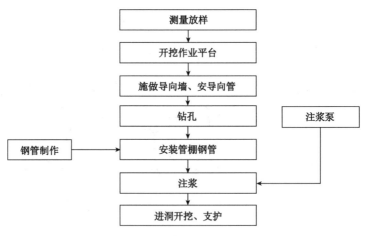

图 6-55 管棚施工工艺

四、超前小导管注浆

1. 基本概念

在隧道开挖前,沿隧道周边,向前方围岩打入带孔小导管,向围岩压注起胶结作用的浆液,待浆液硬化后,周围岩体就形成了有一定厚度的加固圈,在此加固圈的保护下进行开挖等作业(图 6-56)。

超前小导管注浆

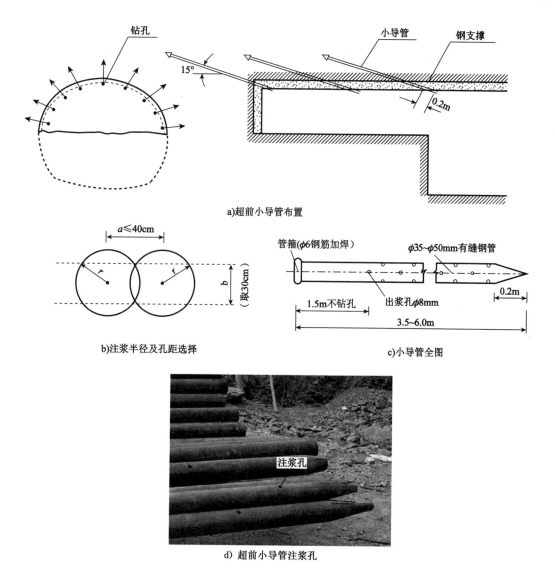

图 6-56 超前小导管

2. 性能特点及适用条件

(1) 特点:浆液被压注到岩体裂隙中并硬化后,不仅将岩石碎块胶结为整体,起到加固作用,而且填塞裂隙,阻隔地下水向坑道渗流的通道,起到堵水作用。

(2) 适用条件:超前注浆小导管不仅适用于一般软弱破碎围岩,也适用于含水的软弱破碎围岩。

3. 小导管设计、施工要点

(1) 小导管参数:采用 $\phi42mm$ 的无缝钢管制作,长度为 $3\sim6m$,前端作成尖锥形,注浆孔孔径 $\phi6\sim8mm$,注浆孔间距为 $10\sim20cm$,注浆孔呈梅花状布置,止浆段长度 $\geqslant 30cm$ (图 6-57)。

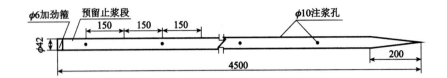
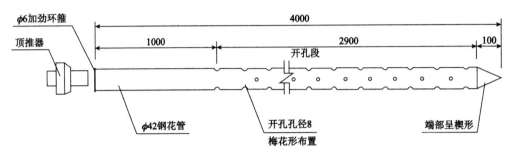

图6-57 小导管参数(尺寸单位:mm)

(2)施工要点:小导管钻孔安装前,对开挖面喷射5~10cm厚混凝土封闭。小导管一般采用无缝钢管制作,长度宜为3~6m;地下水丰富的松软层,可采用双排以上的多排小导管;小导管插入后应外露一定长度,以便连接注浆管;要控制注浆量,即每根导管内已达到规定注入量时,就可结束;孔口压力已达到规定压力值,亦应停止注浆。自进式注浆锚杆,是将超前锚杆与超前小导管注浆相结合的一种先进的超前支护措施。小导管注浆工序流程见图6-58。

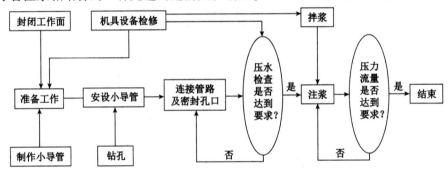

图6-58 小导管注浆工序流程图

4. 小导管布置与安装

(1)小导管布置见图6-59。

(2)小导管安装:钻孔直径应较管径大20mm以上;小导管安装前,应对开挖面及5m范围内的坑道喷射5~10cm厚混凝土封闭;小导管末端与钢支撑或格栅刚架固定成为整体支护体系。小导管要外露一定长度。

5. 小导管注浆

注浆设备性能良好,工作压力应满足注浆压力要求,并应进行现场试验运转。采用水泥浆液或水泥-水玻璃浆液,注浆压力为0.5~1.0MPa。其结束条件:压力达到设计终压或达到单孔注浆量。注浆结束后,应做一定数量的钻孔检查或用声波探测仪检查注浆效果,如未达到要求,应进行补注浆。等待4(水泥-水玻璃浆)~8h(水泥浆)方可开挖。小导管施工流程见图6-60。

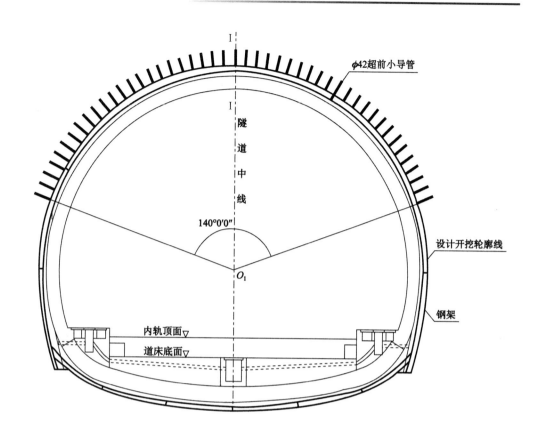

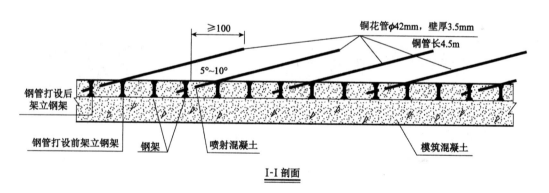

图 6-59　小导管布置图(尺寸单位:cm)

五、预(帷幕)注浆

1. 基本概念

超前注浆小导管,对围岩加固的范围和止水的效果是有限的,作为软弱破碎围岩隧道施工的一项主要辅助措施,它占用的时间和循环次数较多。帷幕注浆可形成较大范围的筒状封闭加固区(图6-61)。

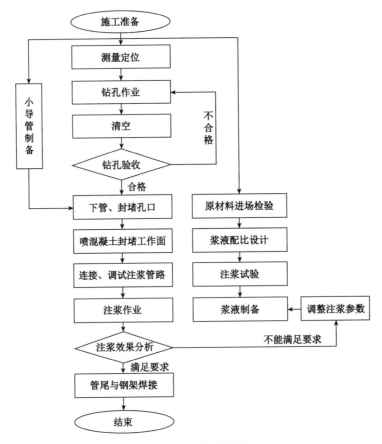

图 6-60 小导管施工流程

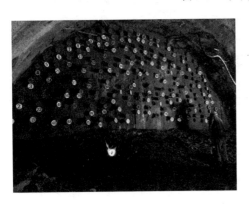

图 6-61 预(帷幕)注浆

2. 注浆机理及适用条件

(1)注浆机理:一种是对于破碎岩层、砂卵石层、中、细、粉砂层等有一定渗透性的地层,采用中低压力将浆液压注到地层中的空穴、裂缝、孔隙里,凝固后将岩土或土颗粒胶结为整体,称为"渗透注浆";另一种是对颗粒更细的黏土质不透水(浆)地层,采用高压浆液强行挤压孔周,使黏土层劈裂成缝并充塞凝结于其中,从而对黏土层起到挤压加固和增加高强夹层加固作用,称之为"劈裂注浆"。

(2)适用条件:适用于所有软弱破碎围岩的加固。

3. 注浆分类及注浆数量

注浆分类,见图6-62。注浆数量应根据加固区需充填的地层孔隙数量来确定。

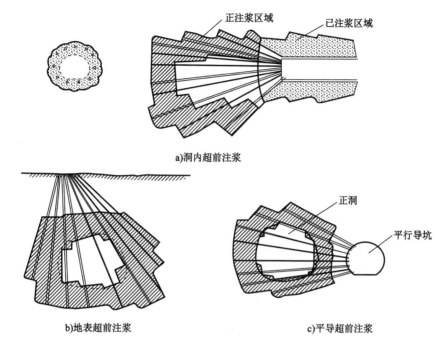

图 6-62 注浆分类

4. 钻孔布置及注浆压力

钻孔间距要视地层条件、注浆压力及钻孔能力等确定。注浆压力应根据地层条件、机械能力等因素在现场试验确定。

5. 施工要点

(1)注浆管。一般采用带孔眼的焊接钢管或无缝钢管。注浆管壁上有孔眼部分的长度应根据注浆孔的位置和注浆区域来确定。

(2)钻孔。可用冲击式钻机或旋转式钻机,应根据地层条件及成孔效果选择。钻孔应清洗干净,并做好钻孔记录。

(3)施工顺序。按先上方后下方,或先内圈后外圈,先无水孔后有水孔,先上游后下游的顺序进行。利用止浆阀保持孔内压力,直至浆液完全凝固。

(4)结束条件。根据注浆压力和单孔注浆量两个指标来判断确定。单孔结束条件为:注浆压力达到设计终压;浆液注入量达到计算值的80%以上。

(5)注浆检查。除在注浆前进行钻孔质量和材料质量检查、注浆后对注浆效果检查外,注浆过程中应密切注意注浆压力的变化。采用双液注浆时,应经常测试混合浆液的胶凝时间,发现问题应立即处理。

(6)开挖时间。注浆后应视浆液种类,等待4(水泥-水玻璃浆)~8h(水泥浆)方可开挖,但应注意保留止浆墙,并进行下一循环的注浆。

案例

案例1　隧道小导管超前支护作业

新建铁路(丽香线)站前工程二标段隧道小导管超前支护作业。

1. 作业准备

包括施工前应根据设计提供水文地质资料,结合现场实际情况,选择超前支护相关参数;熟悉施工图纸,做好各项技术交底等。

2. 技术要求

根据设计要求,对不同地段不同地质情况围岩采用超前小导管注浆超前支护。

3. 施工程序

施工准备→测量放点→布孔→钻机钻孔→清孔→导入小导管→注浆→检验验收→封孔。

4. 施工要求

(1)小导管的制作。一般采用 $\phi 42$ 热轧无缝钢花管制作,小导管构造见图6-63。

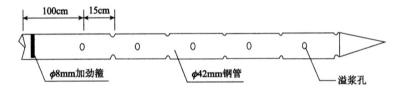

图6-63　小导管构造示意图

(2)钻孔及清孔。采用凿岩机进行钻孔,孔径较设计导管管径大20mm以上。钻孔完成后,用高压风从孔底向孔口清理钻渣。

(3)安装。把小导管插入孔内,戴好丝扣保护帽,用风钻或风镐打入到设计深度,使麻丝柱塞与孔壁压紧。

(4)注浆。采用专用注浆泵注浆。为加速注浆,可安装分浆器同时多管注浆。注浆后要堵塞密实注浆孔,浆液强度达70%以上,或4h后方可进行工作面的开挖。

案例2　锚杆支护施工作业

新建铁路(丽香线)站前工程二标段隧道洞口边、仰坡支护,洞内超前或径向支护施工作业。

1. 作业准备

包括材料、设备机具配置、作业条件及技术准备。

2. 技术要求

拱部系统锚杆采用中空注浆锚杆,边墙采用普通砂浆锚杆。锚杆长度、间距、排距根据不同级别围岩,按图纸和规范要求施工。

3. 施工程序

材料准备→钻孔→清孔→注浆→锚杆安装→锚杆检验。

4. 施工要求

(1) 施工准备。对风、水、电设备管线进行检查,并试运行,确保其处于安全状态。作业人员佩戴好个人防护用品。施工前对围岩进行检查,看有无掉块、开裂现象,确保安全等。

(2) 测量定位。测量人员根据施工部位锚杆环纵向设计参数进行布眼,并用红油漆标记,同时放出隧道中线,作为施钻角度的控制依据。

(3) 钻孔、清孔、验孔。钻孔机具根据锚杆类型、规格选择,钻孔深度应大于锚杆长度10cm。钻孔完成后,施钻人员采用专用工具进行清孔,用高压风将孔内残渣或积水吹出。验收孔间距、孔深、孔径、角度。

(4) 注浆。用高压风将砂浆不断压入眼底,注浆管跟着缓缓退出眼孔,并始终保持注浆管口埋在砂浆内。注浆管全部抽出后,立即把锚杆插入眼孔,然后用木楔堵塞眼口,防止砂浆流失。注浆交错、间隔进行,注浆结束后检查其效果,不合格者补浆。

(5) 锚杆安装。在砂浆注入或药包装入孔内后插入杆体,杆体插入时不断旋转,使砂浆或药卷二次搅拌,增强杆体与砂浆、砂浆与孔壁的握裹力。

(6) 安装垫板、锚固。安设垫板,上好螺母并拧紧,锚杆垫板与喷混凝土面密贴,以保证锚杆受力良好。

案例3　钢架(加钢筋网)支护作业

新建铁路(丽香线)站前工程二标段隧道正线及附属坑道Ⅳ、Ⅴ级围岩地段的格栅钢架、型钢钢架,及各级围岩地段的钢筋网施工。

1. 作业准备

在开工前组织技术人员认真学习实施性施工组织设计,阅读、审核图纸,澄清有关技术问题,熟悉规范和技术标准。对施工人员进行技术交底,对参加施工人员进行上岗前技术培训,考核合格后持证上岗。

2. 技术要求

(1) 按开挖情况分段、分单元制作加工,在钢筋加工场地按1:1放样,严格按照设计图加工,格栅采用胎模焊接。

(2) 钢架按设计尺寸在洞外严格按设计图纸进行下料,分节焊接制作。

(3) 钢架应在初喷混凝土后及时架设。

(4) 钢架用钢材的规格、型号、材质满足设计要求和国家现行有关技术标准的规定。

3. 施工程序

施工准备→测量定位→岩面处理→钢架(钢筋网)加工→运输→钢架(钢筋网)安装→钢架(钢筋网)加固→钢架(钢筋网)验收→转序。

4. 施工要求

(1) 断面检查。隧道各部开挖完成后测量组进行断面检查,断面有欠挖则进行处理,合格后初喷混凝土。

(2)测量定位。初喷混凝土后,测出钢筋网片铺挂范围,测量定位钢架安设准确位置及高程。

(3)加工。包括钢筋网片加工和钢筋网片加工。

①钢筋网片加工。采用Ⅰ级钢筋在钢筋加工场内集中制作。

②钢架加工。型钢钢架加工,采用冷弯成型,在平铺钢板放样,在节两端焊两块定位直立带孔钢板(焊在平铺钢板上),将连接板用螺栓固定于直立带孔钢板上,再将型钢卡在连接板中间放样线中,将连接板焊接于型钢端部。格栅钢架加工:在现场设计的工装台上加工,其上根据不同断面的钢架主筋轮廓放样成钢筋弯曲模型,钢架在胎模内焊接,控制变形。

(4)安装。

①安装网片在初喷混凝土后进行。钢筋网片随初喷面的起伏铺设,与受喷面的间隙一般不小于4cm。焊接固定于先期施工的系统锚杆之上,再把钢筋片焊接成网,网片搭接长度为1~2个网格。

②钢架安装。钢拱架用于工程前应进行试拼,架立应符合设计要求,连接螺栓必须拧紧,数量符合设计,节点板密贴对正,钢拱架连接应圆顺。架设完成采用纵向连接钢筋和定位系筋将钢架固定。

(5)检查验收。

①钢筋网格尺寸允许偏差±10mm,钢筋网的搭接长度允许偏差为±50mm,钢筋网的保护层厚度不得小于30mm。

②钢架安装允许偏差:钢架间距±10cm,横向位置和高程±5cm,垂直度±2°,连接筋、锁脚锚杆等不得有假焊、漏焊现象;钢架的混凝土保护层厚度允许偏差-5mm。

学习任务单

项目六 支护结构的设计与施工		姓名:	
		班级:	
		自评	师评
思考与练习		掌握: 未掌握:	合格: 不合格:
1. 简述锚喷支护的支护原理。			
2. 简述锚杆、喷射混凝土、钢架等支护的施工工艺流程和要点。			
3. 简述衬砌台车和仰拱栈桥的构造。			
4. 简述二次衬砌、仰拱施工流程。			
5. 简述混凝土浇筑要求。			
6. 简述各种预支护的特点和适用条件。			
7. 简述各种预支护的施工参数。			
8. 简述各种预支护的施工流程。			

项目七
隧道施工监控量测方法

学习目标

1. 知识目标
(1) 熟悉隧道施工方法的特点及使用条件。
(2) 掌握隧道开挖方法的工艺流程和要点。
(3) 掌握隧道洞口土石方施工要求。
(4) 掌握明洞开挖方法和施工要求。
(5) 熟悉山岭隧道传统矿山法与新奥法的施工工艺和施工原则。
(6) 熟悉山岭隧道初期支护、二次衬砌施工工序与施工方法。
(7) 熟悉超前支护的措施。
(8) 掌握隧道洞口地段的浅埋暗挖的施工原则与施工要点。
(9) 熟悉沉管法施工特点。
(10) 熟悉沉管隧道的预制、管节浮运与沉设方法。
(11) 熟悉沉管隧道关键工序及技术措施。
(12) 掌握监控量测内容与方法。
(13) 掌握隧道超前地质预报方法及数据图像处理分析。

2. 能力目标
(1) 能根据隧道长度、断面大小等方面合理确定隧道施工方法。
(2) 能绘制各种开挖方法的工序图。
(3) 初步具备选择隧道洞口明洞施工方法的能力。
(4) 能根据隧道施工规范选择合理的山岭隧道的施工方案。
(5) 能根据浅埋隧道特点选择开挖方法和组织施工。
(6) 学会沉管隧道管节预制、沉放、水下连接、地基处理的一般施工能力。
(7) 会分析沉管隧道主要技术问题。
(8) 学会隧道施工监控量测仪器设备使用方法及数据记录和处理能力。

3. 素质目标
(1) 培养学生的实际应用能力。
(2) 培养学生踏实、细致、认真的工作态度和作风。

学习重点

隧道施工方法的特点及使用条件；隧道开挖方法的工艺流程和要点；隧道洞口土石方施工要求；明洞开挖方法和施工要求；山岭隧道传统矿山法与新奥法的施工工艺和施工原则；山岭隧道初期支护、二次衬砌施工工序与施工方法；超前支护的措施；隧道洞口地段的浅埋暗挖的施工原则与施工要点；沉管法施工特点，沉管隧道的预制、管节浮运与沉设方法；沉管隧道关键工序及技术措施；监控量测内容与方法；隧道超前地质预报方法及数据图像处理分析。

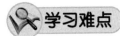

学习难点

隧道施工方法；绘制各种开挖方法的工序图；隧道洞口明洞施工方法；山岭隧道的施工方案；浅埋隧道特点、开挖方法、组织施工；沉管隧道管节预制、沉放、水下连接、地基处理；沉管隧道主要技术问题；隧道施工监控量测仪器设备使用方法，数据记录和处理。

任务一 概 述

隧道施工是指修建隧道及地下洞室的施工方法、施工技术和施工管理的总称。隧道及地下工程的施工方法是开挖和支护等工序的组合。根据开挖成形方法、破岩掘进方式、支护结构施作方式或者空间维护方式、隧道穿越地层的不同情况和目前隧道施工方法的发展实际，隧道施工方法分类如图7-1所示，除了图7-1中的几种方法外，还有新意法、挪威法等施工方法。

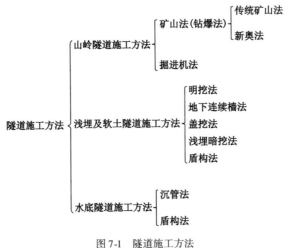

图7-1 隧道施工方法

一、地下工程施工特点

地下工程施工特点：

(1)工程隐蔽性大,作业的循环性强,作业空间有限,作业具有综合性,施工是动态的,作业环境恶劣,作业的风险性大,气候影响小。

(2)隧道是一个狭长的建筑物,一般有进口、出口两个工作面。隧道的施工速度比较慢,工期也比较长。需要开挖竖井、斜井、横洞等辅助工程来增加工作面,加快隧道施工速度。另外,隧道断面较小,工作场地狭长,有些工序只能顺序作业,有些工序可以沿隧道纵向开展,平行作业。

(3)地下施工环境较差(甚至会恶化),须采取有效措施,使施工场地满足卫生条件,并有足够的亮度,以保证施工人员的身体健康,提高劳动生产率。

(4)施工工地一般都位于偏远的深山峡谷之中,往往远离既有交通线,运输不便,施工所用材料供应困难。

(5)山岭隧道埋设于地下,一旦建成就难以更改。

二、隧道施工方法简介

(一)矿山法

矿山法是以控制爆破或机械开挖为主要掘进手段,以锚杆、喷射混凝土为主要支护方法,理论、量测和经验相结合的一种施工方法;同时,又是一系列指导隧道设计和施工的原则。隧道施工基本原则"少扰动、早喷锚、勤量测、紧封闭"。"少扰动",是指在进行隧道开挖时,要尽量减少对围岩的振动次数、振动程度、振动范围和振动持续时间。"早喷锚",是指开挖后及时施作初期锚喷支护,使岩的变形进入受控制状态。"勤量测",是指以直观、可靠的量测方法和量测数据来准确评价围岩(或围岩加支护)的稳定状态,或判断其动态发展趋势,以便及时调整支护形式和开挖方法,从而确保施工安全和顺利进行。"紧封闭",一方面是指采取喷射混凝土等防护措施,避免因围岩长时间暴露而致强度和稳定性衰减的情况发生,尤其针对易风化的软弱围岩;另一方面是指要适时对围岩施作封闭形支护,及时阻止围岩变形,使支护和围岩能进入良好的共同工作状态。充分保护围岩,减少对围岩的扰动。因为岩体是隧道结构体系中的主要承载单元,所以在施工中必须充分保护围岩,尽量减少对它的扰动。充分发挥围岩的自承能力。为了充分发挥岩体的承载能力,应允许并控制岩体的变形。一方面允许变形,使围岩中能形成承载环;另一方面又必须限制它,使岩体不致过度松弛而丧失或大大降低承载能力。矿山法具体详细内容见项目七中的任务三山岭隧道施工。

(二)TBM 掘进机

TBM 掘进机适用坚硬的岩石。采用 TBM 掘进机,不用爆破,安全、速度快(图7-2)。隧道掘进机具体详细内容见项目八中的任务一隧道掘进机。

(三)盾构法

盾构法适用软土、流沙、淤泥等软岩。采用盾构机,盾壳支撑地层,安全性高、速度快(图7-3)。盾构法具体详细内容见项目八中的任务二盾构机施工。

图 7-2　TBM 掘进机　　　　　图 7-3　盾构机

(四)沉管法

将若干个预制段分别浮运到海面(河面)现场,并一个接一个地沉放安装在已疏浚好的基槽内,以此方法修建的水下隧道(图 7-4)。沉管法适用于海底隧道,具体详细内容见项目七中的任务五沉管施工法。

沉管

图 7-4　沉管法

(五)明挖法

将隧道上方土体挖成路堑,在路堑上施作衬砌结构,隧道上方再回填土石(图 7-5)。

a)　　　　　　　　　　　　　　　　　b)

图 7-5　明挖法

隧道施工方法的选择,主要依据地质条件、埋深大小、断面形状、隧道长度等因素综合考虑确定。选择隧道施工方法时,应选择最经济、最理想的施工方案,甚至是多种方案的综合应用;隧道施工方法的选择是一个受多种因素影响的动态的择优过程。

三、隧道施工技术与施工管理

1. 隧道施工技术

隧道施工技术包括隧道施工的技术方案和措施(如开挖、掘进、支护、衬砌方案),隧道穿越特殊地质地段时的施工手段(如膨胀土、黄土、溶洞、塌方、岩爆、瓦斯地层等),隧道施工时通风、照明、水电等作业的方式方法,隧道施工中对围岩变化的监控方法。

由于地质勘探的局限性和地质条件的复杂性,隧道施工过程中经常会遇到突然变化的地质条件、意外情况(如塌方、涌水等),原制定的施工方案、施工技术措施也必须随之变更。

2. 隧道施工管理

隧道施工管理包括施工组织设计(如施工方案的选择、施工技术措施、场地布置、进度控制、材料供应、劳力及机具安排等),施工中的技术管理、计划管理、质量管理、经济管理、安全管理等。

任务二　洞身、洞口和明洞施工

一、隧道洞身施工

隧道洞身开挖中围岩稳定与否,主要取决于围岩本身的工程地质条件,以及隧道的开挖方法。开挖方法可分为全断面开挖法、台阶开挖法、分部开挖法,具体内容见项目七中的任务三山岭隧道施工。

二、洞口和明洞施工

(一)洞口土石方施工

1. 隧道洞口工程内容

包括边、仰坡土石方开挖,边、仰坡防护,端墙、翼墙等洞门圬工,洞口排水系统,洞口段的洞身衬砌等。

2. 洞口施工应满足的要求

(1)施工宜避开雨季及严寒季节。
(2)隧道与相邻路基断面的宽度和高程差应在路基范围内调整。
(3)紧邻洞口的桥、涵、路基挡护等工程的施工,应结合隧道施工场地布置,及早完成。
(4)洞口施工应减少仰坡开挖高度,保护生态环境,减少植被破坏。
(5)洞口工程施工应采取微振动控制爆破,邻近建筑物时,应对建筑物下沉、倾斜、裂缝及振动等情况做必要的监测。

（6）洞口临近交通道路的施工，应采取确保道路通行安全的防护和加固措施，并应对道路沉降、边坡稳定等进行监测。

3．洞口边、仰坡开挖及防护

边坡、仰坡以上可能滑塌的表土、危石应全部清除，不留后患。洞口边仰坡工程应自上而下逐级开挖支护，及时完成洞口边仰坡加固、防护及防排水工程。边仰坡开挖前应完成截排水工程，洞顶地表水的处理应符合下列要求：

（1）边、仰坡截、排水沟应与洞外路基排水系统良好连接；纵坡较陡时，沟身应采取设缓坡段和基座等稳定措施，沟口应采取设垂裙的防冲刷措施。

（2）对不利于施工及运营安全的地表径流、坑洞、漏斗、陷穴、裂缝等，应采取封闭、引排、截流等工程措施。洞口自然冲沟、水渠横跨隧道洞口时，应设渡槽排水。

边仰坡开挖及防护施工工艺流程见图7-6。

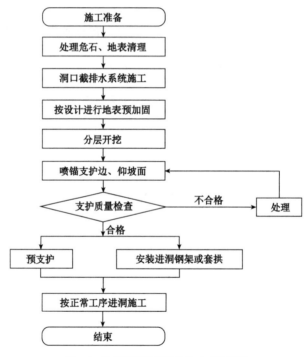

图7-6　边仰坡开挖及防护施工工艺流程

4．进洞方法

进洞之前应按设计施作超前支护，一般采用管棚进洞（图7-7）。隧道洞口段处于偏压时，开挖前应按设计要求先完成洞门结构及回填施工。

5．洞口段施工

一般将由于隧道开挖可能给洞顶地表和仰坡造成不良影响的暗挖地段称为"洞口段"。隧道洞口段应根据地质条件、对地面建筑物的影响以及保障施工安全等因素选择施工方法，不宜采用全断面开挖法，采用台阶法时，严禁长台阶施工，当围岩较差时，应采用管棚法进洞。

(1)洞口段施工,应符合下列要求:①进洞前应按设计施作超前支护;②洞口段应加强初期支护,及时形成封闭结构,衬砌应尽早施作;③应适当增加洞口段的监控量测频率。

(2)地表锚杆施工应符合下列要求:①施工前应清除植被,夯平表土,清除危石;②锚杆应按设计要求布置孔位,垂直向下施钻;③成孔后应及时灌浆,灌浆管插入孔底;④锚杆安装前应除锈矫直,锚杆插入深度应符合设计要求。

6. 洞外排水施工

洞外排水应符合下列要求:

(1)洞外施工期间排水应结合永久排水系统、辅助坑道设置统筹考虑,并以较短途径引排到自然沟谷中。

(2)洞外排水系统应避开不良、不稳定地质体,当无法避开时,应先采取处理措施,消除隐患。

(3)洞外排水系统应避免对相邻工程及其基础产生冲击、冲刷、淘蚀及浸泡等不利影响;当难以避免时,相邻工程应采取措施。

(4)洞外排水沟渠宜采用可防止泥沙淤积的排水坡度,但应避免流速过大导致沟渠毁损,其采用的建筑材料应具有防冲刷的能力,必要时设置消能设施。

(二)明洞施工方法

1. 定义及特点

(1)定义。用明挖法修建的隧道称为明洞。明挖法是从地表面向下开挖,在预定的位置修筑结构物方法的总称。明洞宜采用明挖法施工(图7-8)。

图7-7 管棚进洞

图7-8 明挖法施工

(2)明挖法特点:工艺简单,施工面宽畅,作业条件较好;可安排较多劳动力同时施工,便于使用大型、高效率的施工机械,以缩短工期;造价低,施工质量易于保证。

2. 明洞暗做法与明洞明挖法

(1)明洞暗做法。明洞位于陡峭山坡或破碎、松软地层时,宜先施作明洞衬砌轮廓外的整幅或半幅套(护)拱,必要时还应在外侧施作挡墙;然后在套拱护顶下暗挖明洞土石方,并及时支护边墙,成形后按暗挖隧道施作明洞衬砌。明洞暗做法施工工艺流程如图7-9所示。

(2)明洞明挖法。明洞明挖法施工工艺流程如图7-10所示,分为全部明挖先墙后拱法(图7-11)、上部明挖先拱后墙法(图7-12)、部分明挖拱墙交错法。

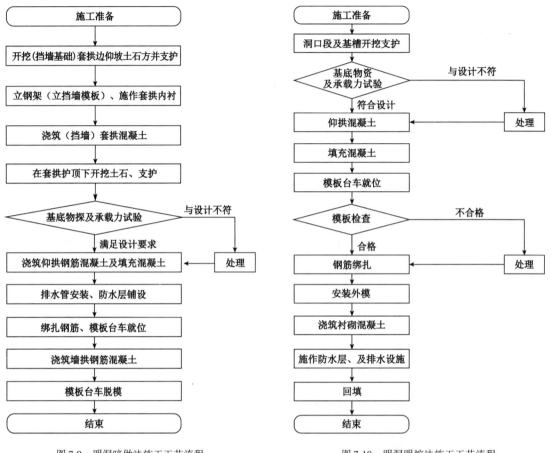

图7-9 明洞暗做法施工工艺流程　　　　　图7-10 明洞明挖法施工工艺流程

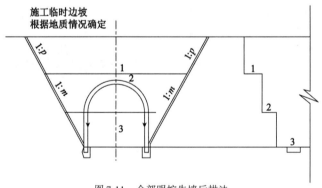

图7-11 全部明挖先墙后拱法

部分明挖拱墙交错法,较多地用于半路堑式明洞(图7-13)。施工流程:①挖外侧墙基坑Ⅰ,然后将外侧墙Ⅱ砌筑至设计高程;②开挖内侧起拱线以上部分3,挖除后立即架立拱架灌注拱圈Ⅳ,如有耳墙时,同时施作耳墙;③在拱内落底5,应随落随加支护,以保持内侧边坡的稳定;④开挖内边墙马口(即指先拱后墙法施工时的边墙部位),逐段施作内边墙Ⅵ,然后进行拱顶回填,并施作防水层。

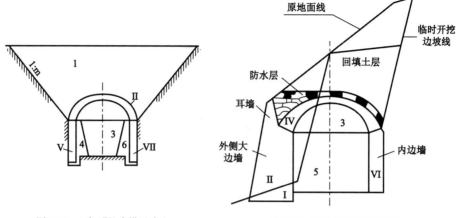

图 7-12　上部明挖先拱后墙法　　　　图 7-13　部分明挖拱墙交错法

3. 明洞衬砌结构施工要求

明洞衬砌结构施工应符合下列要求:

(1)明洞衬砌不得侵入设计轮廓线,浇筑混凝土前应复测中线、高程和模板的外轮廓尺寸。

(2)明洞混凝土的浇筑应设挡头板、外模和支架。

(3)需要及时回填的明洞,内模板支架应在回填至拱脚位置且混凝土强度达到设计强度的 70% 后方可拆除。

4. 明洞防排水施工要求

明洞防排水施工应符合下列要求:

(1)明洞外模拆除后应及时施作防水层及排水盲管,并与隧道的防水层和排水盲管顺接,排水管应排水畅通。

(2)明洞防排水施工应和隧道的排水侧沟、中心水沟的出水口及洞顶的截、排水设施统筹安排。

(3)明洞外侧的排水盲管设置完成后方可填土施工,确保出水口通畅。

(三)回填土石

1. 明洞墙背回填施工

明洞墙背回填施工见图 7-14。

(1)当墙背垂直开挖,超挖数量较小时,应采取与边墙相同的材料同时灌注;超挖数量较大时,应用浆砌片石回填。

(2)由墙底起坡开挖或在已成路堑增建明洞时,必须按设计要求办理,不得任意抛填土石。

(3)墙后有排水设施时,应与回填同时施工,并保证能使渗水顺畅排出。

2. 明洞拱背回填施工

明洞拱背回填施工见图7-15。

图7-14　明洞墙背回填施工　　　　图7-15　明洞拱背回填施工

（1）拱圈灌注完成,在外模拆除后应立即施作防水层,随即回填拱背。

（2）拱圈混凝土达到设计强度70%且拱顶回填高度达到0.7m以上时,方可拆除拱架。

（3）拱背回填必须对称分层夯实,每层厚度不宜大于0.3m,其两侧回填的土面高差不得大于0.5m;回填至拱顶后亦满铺分层填筑。

3. 明洞回填施工要求

明洞回填施工应符合下列要求:

（1）明洞回填应加强对防水层及排水系统保护,不得损坏防水层及排水系统。

（2）侧墙回填应对称进行,石质地层中岩壁与墙背空隙较小时用与墙身同强度等级混凝土回填;空隙较大时用片石混凝土回填密实。回填至与拱顶齐平后,再分层满铺填筑至设计高度。

（3）拱顶回填应采用小型机械分层进行,分层厚度不大于0.3m,两侧回填土面的高差不得大于0.5 m。夯填超过拱顶1.0m以上后方可采用大型机械回填。

（4）表土层需施作隔水层时,隔水层应与边、仰坡搭接平顺,防止地表水下渗。

任务三　山岭隧道施工

一、概述

隧道施工是指修建隧道及地下洞室的施工方法、施工技术和施工管理的总称。隧道施工方法的选择主要依据工程地质条件、水文地质条件、埋深大小、隧道断面形状及尺寸、长度、衬砌类型、隧道的使用功能、施工技术条件、施工技术水平及工期要求等因素综合考虑确定。隧道施工技术主要研究解决上述各种隧道施工方法所需的技术方案和措施(如开挖、掘进、支护、衬砌方案和措施),隧道穿越特殊地质地段时(如膨胀土、黄土、溶洞、塌方、流沙、高地温、岩爆、瓦斯地层等)的施工手段,隧道施工中的通风、防尘、防有害气体及照明、水电作业的方式方法和对围岩变化的监控方法。

隧道施工既有一般土建工程施工的特点,又有地下工程施工的特点。浅埋隧道往往采用先将地面开挖,修筑完成支护结构以后再回填土石的明挖法施工;深埋隧道则采用不开挖地面的暗挖法施工,即在地下开挖及修筑支护结构。因此研究隧道施工方法就是主要研究隧道的开挖与支护的施工程序及方法。

隧道施工,一般应根据隧道围岩工程地质条件、水文地质条件、工程建筑要求、机具设备、施工技术条件、施工技术水平、施工经验等多种因素,选择行之有效的一种或多种施工方法,主要影响因素是围岩的地质情况。当围岩较稳定且岩体较坚硬时,施工往往采用先把隧道坑道断面开挖好,然后修筑支护结构,并且有条件时可以争取一次把全断面挖成;当围岩稳定性较差时,则需要随开挖随支撑,防止围岩变形及产生坍塌。开挖坑道后,为了防止风化影响,围岩不宜久露,需要及时修筑永久性支护结构,尤其坑道开挖的顶部,一般在上部断面挖成后先修筑拱圈,在拱圈的保护下再开挖坑道下部断面即称为先拱后墙法。当围岩地质条件较好时,衬砌修筑可以先修筑边墙再修筑拱圈,即为先墙后拱法施工。总之,在选择施工方法时,要根据各种因素和结合地质条件变化的实际情况,采取有效的施工方法。

二、传统矿山法与新奥法施工比较

隧道多为山岭隧道,常用的施工方法为矿山法,矿山法施工工艺序如图7-16所示。矿山法因最早应用于采矿坑道而得名,在矿山中,多数情况下都需采用钻眼爆破进行开挖,故又称钻爆法。从隧道工程的发展趋势来看,钻爆法仍将是今后山岭隧道常用的开挖方法之一。在矿山法中,坑道开挖后的支护方法,大致可以分为钢木构件支撑和锚杆喷射混凝土支护两类。作为隧道施工方法,人们习惯上将采用钻爆开挖加钢木构件支撑的施工方法称为"传统的矿山法",而将采用钻爆开挖加锚喷支护的施工方法称之为"新奥法"。

（一）支护理论概述

1. 支护理论阶段划分

（1）1920年以前的古典压力理论阶段:作用在支护结构上的压力是其上覆岩层的重量。代表有海姆(A. Haim)、朗肯(W. J. M. Rankine)和金尼克等理论。随着开挖深度的增加,人们越来越多地发现古典压力理论不符合实际情况,于是出现了散体压力理论。

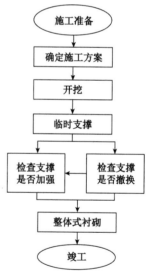

图7-16 矿山法施工工序

（2）1920—1960年的松散体理论阶段:当地下工程埋深较大时,作用在支护结构上的压力,不是上覆岩层的重量,而只是围岩坍落拱内的松散岩体的重量。代表有太沙基(K. Terzaghi)和普氏理论。

（3）20世纪60年代后的现代支护理论阶段:围岩和支护结构共同组成承载的支护体系,其中围岩是主要的承载结构,而支护结构是辅助性的,但也不可缺少。新奥法理论是其典型代表。

支护理论概述

2. 现代支护理论与传统支护的区别

（1）对围岩和围岩压力的认识上：传统支护理论认为围岩压力由洞室塌落的围岩"松散压力"造成的；现代支护理论认为围岩具有自承能力，围岩作用在支护上的压力不是松散压力，而是阻止围岩变形的形变压力（图7-17、图7-18）。

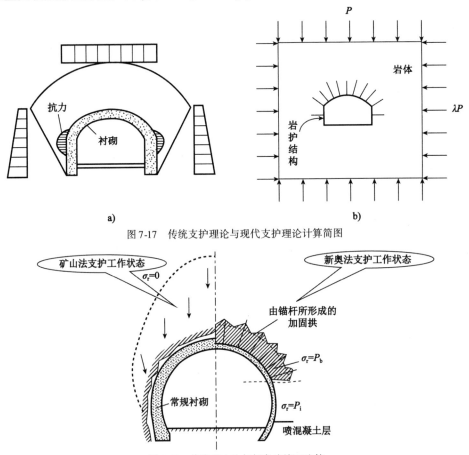

图7-17 传统支护理论与现代支护理论计算简图

图7-18 传统矿山法与新奥法施工比较

（2）在围岩和支护间的相互关系上：传统支护理论将围岩与支护分开考虑，视为"荷载-结构"体系；现代支护理论将围岩和支护视为统一体，二者组成"围岩-支护"体系，共同参与工作。

（3）在支护功能和作用原理上：传统支护理论认为，支护只是为了承受荷载；现代支护理论认为，支护是为了及时稳定和加固围岩。

（4）在支护形式和工艺上：传统支护理论支护形式和工艺是模注混凝土；现代支护理论支护形式和工艺是喷射混凝土（钢筋网、锚杆、钢架），施工方法灵活、不需模板，在围岩松动之前能及时加固围岩。

（二）矿山法

传统的矿山法是人们在长期的施工实践中发展起来的，它是以木或钢构件作为临时支撑，待隧道开挖成形后，逐步将临时支撑撤换下来，而代之以整体式衬砌

传统矿山法

作为永久性支护的施工方法。其材料有木构件支撑(较少采用)、钢构件支撑。

1. 矿山法施工基本原则

传统矿山法施工的基本原则是少扰动、早支撑、慎撤换、快衬砌,即"十二字原则"。

(1)少扰动:在进行隧道开挖时,要尽量减少对围岩的扰动次数、强度、范围和持续时间。采用钢支撑,可以增大一次开挖断面的跨度,减少分部开挖次数,从而减少对围岩的扰动次数。

(2)早支撑:开挖坑道后应及时施作临时构件支撑,使围岩不致因变形松弛过度而产生坍塌失稳。定期检查支撑的工作情况,若发现严重变形或出现损坏征兆,应及时增设支撑,予以加固和加强。

(3)慎撤换:当拆除临时支撑而代之以永久性模筑混凝土衬砌时应慎重,即要防止在撤换过程中围岩坍塌失稳。每次撤换的范围、顺序和时间要视围岩的稳定性及支撑的受力状况而定。使用钢支撑作为临时支撑,一般可以避免拆除支撑的麻烦和不安全。

(4)快衬砌:拆除临时支撑时要及时修筑永久性混凝土衬砌,并使其能尽早参与承载工作。若采用的是不必拆除的钢支撑,或无临时支撑时,亦应尽早施作永久性混凝土衬砌。

2. 矿山法施工顺序

(1)先墙后拱法:称为顺作法,它通常是在隧道开挖成形后,再由下至上施作模筑混凝土衬砌。先墙后拱法施工速度较快,施工各工序及各工作面之间相互干扰较小,衬砌结构的整体性较好,受力状态也较好。

(2)先拱后墙法:称为逆作法,它是先将隧道上部开挖成形并施作拱部衬砌后,在拱圈的掩护下面再开挖下部并施作边墙衬砌。先拱后墙法施工速度较慢,结构的整体性较差,受力状态不好,并且拱部衬砌结构的沉降量较大。

3. 传统矿山施工要点

(1)传统的矿山法施工,其各工序相互联系较密切,互相干扰较大,因此,应注意统一组织和协调,重点处理好开挖与支撑、支撑与衬砌、开挖与衬砌之间的相互关系。

(2)临时支撑容易受爆破的影响,因此在采用爆破法掘进时,除应注意严格控制爆破对围岩的扰动外,还应尽量减少爆破对支撑的冲击破坏。

(3)考虑到隧道开挖后存在围岩的松弛变形、衬砌的承载变形、立模时放线和就位误差,为了保证衬砌厚度及其净空不侵入建筑限界,在隧道开挖及衬砌立模时均须预留沉落量。

(4)采用先拱后墙法施工时,边墙马口开挖时左右边墙马口应交错开挖,不得对开。同一侧的马口宜跳段开挖,不宜顺开。先开马口,应开在边墙围岩较破碎的区段,且长度不能太长,一般2~4m,并且及时施作边墙衬砌。后开的马口应待相邻边墙刹肩(即墙顶与拱脚封口)混凝土达到一定强度后方可开挖。马口开挖顺序还应与拱部衬砌施工缝、衬砌变形缝、辅助洞室位置统一考虑,合理确定。马口开挖时,应严格控制爆破,以防止炸裂拱圈。采取以上措施的目的均是减少拱部衬砌下沉和防止掉拱。洞身开挖必须清除大块浮石。

(5)矿山法隧道施工必须注意安全。在保证工程质量的前提下提高经济效益。除保证围岩的完整和稳定之外,施工时还必须配合开挖及时支护,确保施工安全。明洞和洞口工程土石开挖不得采用大爆破;石质陡坡应先加固再进洞,尽量保持原有仰坡稳定;松软缓坡开挖边坡时,应事先放出开挖线,由上而下进行随挖随支护。

(6)矿山法施工中,开挖应采用对围岩扰动小时的开挖方法。钻爆开挖时,应采用光面爆或预裂爆破技术。在软弱、含水围岩或浅埋等不易自稳的地段施工时,应有辅助施工措施,或进行预加固处理。此外,隧道施工防排水应与永久性防排水设施相结合。

(7)隧道开挖断面不宜欠挖。当石质坚硬完整时,允许拱部的个别凸出处($\leqslant 0.1m^2/m^2$)凸出衬砌不大于5.0cm。拱脚和墙脚以上1m内严禁欠挖。

一般情况下,在以下几种情况下选择传统矿山法:隧道明洞、隧道塌方、特别软弱的地段、不便采用锚喷支护的隧道等。

(三)新奥法

随着隧道工程理论及施工工艺的发展,人们认识到隧道是围岩和支护组成的体系,应充分地保护围岩,发挥围岩自身的承载能力,维护围岩的稳定性。

新奥法概述

20世纪50年代,奥地利学者拉勃塞维兹提出了新奥法的概念,即新奥地利隧道施工方法(New Austrian Tunneling Method,NATM)。新奥法以既有隧道工程经验和岩体力学的理论为基础,以维护和利用围岩自稳能力为基点,将锚杆和喷射混凝土组合在一起作为主要支护手段,及时进行支护,以便控制围岩的变形与松弛,使围岩成为支护体系的一部分,形成锚杆、喷射混凝土和隧道围岩组成的三位一体的承载结构,共同支承岩体压力。新奥法通过对围岩和支护结构的现场量测,及时反馈围岩-支护复合体系的力学动态及其变化状况,为二次支护提供合理的架设时机,通过监控量测及时反馈的信息来指导隧道的设计和施工。

新奥法的适用范围很广,从铁路隧道、公路隧道、城市地铁、地下储藏库、地下厂房直到水电站的输水隧洞、矿山巷道等,都可采用新奥法施工。新奥法的应用与发展,使隧道及地下洞室工程理论进入现代理论的新领域和高水平阶段,从而使隧道及地下洞室工程的设计和施工更符合地下工程实际,即设计理论-施工方法-结构(体系)工作状态(结果)的一致,因此,新奥法在隧道工程中得到了广泛的应用。

新奥法施工流程见图7-19。

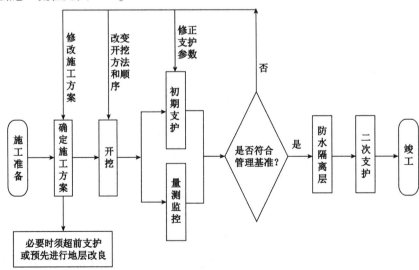

图7-19 新奥法施工流程图

1. 新奥法施工的基本原则

新奥法施工的基本原则"少扰动、早喷锚、勤量测、紧封闭"。"少扰动",是指在进行隧道开挖时,要尽量减少对围岩的振动次数、振动程度、振动范围和振动持续时间。"早喷锚",是指开挖后及时施作初期锚喷支护,使围岩的变形进入受控制状态。"勤量测",是指以直观、可靠的量测方法和量测数据来准确评价围岩

新奥法施工基本原则

(或围岩加支护)的稳定状态,或判断其动态发展趋势,以便及时调整支护形式和开挖方法,从而确保施工安全和顺利进行。"紧封闭",一方面是指采取喷射混凝土等防护措施,避免因围岩长时间暴露而致强度和稳定性衰减的情况发生,尤其针对易风化的软弱围岩;另一方面是指要适时对围岩施作封闭形支护,及时阻止围岩变形,使支护和围岩能进入良好的共同工作状态。

2. 新奥法施工特点

(1)开挖作业多采用光面爆破和预裂爆破,并尽量采用大断面或较大断面开挖,以减少对围岩的扰动。

(2)隧道开挖后,尽量利用围岩的自承能力,充分发挥围岩自身的支护作用。

(3)根据围岩的特征,采用不同的支护类型和参数,适时施作密贴于围岩的柔性喷射混凝土和锚杆初期支护,以控制围岩的变形和松弛。

(4)在软弱破碎围岩地段,使断面及早闭合,以有效地发挥支护体系的作用,保证隧道的稳定。

(5)二次衬砌是在围岩与初期支护变形基本稳定的条件下修筑的,围岩与支护结构形成一个整体,因而提高支护体系的安全度。

(6)尽量使隧道断面周边轮廓圆顺,避免棱角突变处应力集中。

(7)通过施工中对围岩和支护结构动态观察、量测,合理安排施工程序,进行隧道工程的信息化设计、施工与管理。

三、隧道开挖方法

隧道开挖中围岩稳定与否,主要取决于围岩本身的工程地质条件,以及隧道的开挖方法。隧道开挖方法可分为全断面开挖法、台阶开挖法、分部开挖法(图7-20)。

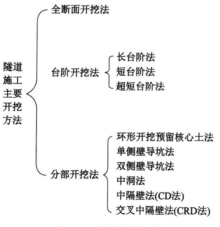

图 7-20　隧道开挖方法

(一)全断面开挖法

1.定义

全断面开挖法全称为"全断面一次开挖法",即按照设计轮廓一次开挖成型,然后支护,再修建衬砌的施工方法。一般情况下,采用自上而下一次开挖成型,沿着轮廓开挖,按施工方案一次进尺并及时进行初期支护(图7-21)。全断面开挖法施工工序见图7-22。

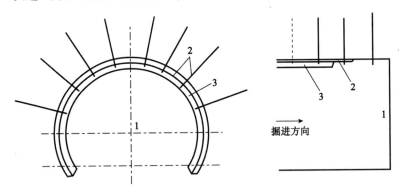

图7-21 全断面开挖法施工工序
1-全断面开挖;2-锚喷支护;3-模筑混凝土衬砌

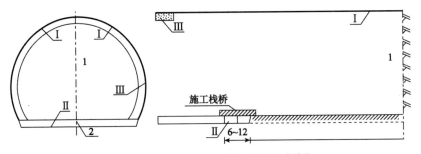

图7-22 全断面开挖法施工工序示意图(尺寸单位:m)
1-开挖;Ⅰ-初期支护;2-检底;Ⅱ-铺底混凝土;Ⅲ-拱墙混凝土

2.适用条件

全断面开挖法(图7-23)适用于土质稳定、断面较小的隧道施工,适宜人工开挖或小型机械作业。对于岩石,一般适用于非浅埋的Ⅰ、Ⅱ、Ⅲ级围岩,岩质较均匀的硬岩中。对于Ⅳ、Ⅴ级围岩,在采取有效的超前预加固措施稳定开挖工作面后,也可采用全断面法开挖,但在浅埋段、偏压段和洞口段不宜采用;采用全断面法开挖必须具备大型施工机械。隧道长度或施工区段长度不宜小于1km。

3.优缺点

(1)优点:①全断面开挖法具有较大的作业空间,有利于采用大型配套机械化作业,钻爆施工效率较高;可采用深眼爆破,提高施工掘进速度。②施工工序少、简便,相互干扰相对减少,便于施工组织的管理。③全断面一次成型,对围岩的扰动次数减少,有利于围岩天然承载拱的形成,对隧道的围岩稳定有利。

图 7-23　全断面开挖法现场照片

（2）缺点：①对地质条件要求严格，围岩必须有足够的自稳能力；②振动大，因此要求精心进行钻爆设计和严格控制爆破作业。

4. 施工要点

（1）全断面开挖法开挖时，应控制一次同时起爆的炸药量，减少爆破振动对围岩的影响。

（2）长及特长隧道应采用大型施工机械，各种施工机械设备应合理配套，充分发挥机械设备的综合效率。

（3）Ⅰ、Ⅱ级围岩开挖循环进尺不宜大于3.5m，Ⅲ级围岩循环进尺不宜大于3.0m；Ⅳ、Ⅴ级围岩在采取有效的超前预加固措施稳定开挖工作面后，若采用全断面法开挖，循环进尺不得大于2m。

5. 全断面开挖法施工注意事项

（1）加强对开挖面前方的工程地质和水文地质的调查。

（2）各工序机械设备要配套。

（3）加强各种辅助施工方法的设计和施工检查。

（4）重视和加强对施工操作人员的技术培训，使其能熟练掌握各种机械和推广新技术，不断提高工作效率，改进施工管理，加快施工速度。

（5）在选择支护类型时，应优先考虑锚杆和喷射混凝土、挂网、拱架等支护形式。

6. 全断面开挖法的施工工序

全断面开挖法的施工工序见图7-24。

（1）施工准备完成后，用钻孔台车钻眼，然后装药，连接起爆网络（图7-25）。

（2）退出钻孔台车，引爆炸药，开挖出整个隧道断面。

（3）进行通风、洒水、排烟、降尘。

（4）排除危石，安设拱部锚杆和喷第一层混凝土。

（5）用装渣机将石渣装入矿车或输送机，运出洞外（图7-26）。

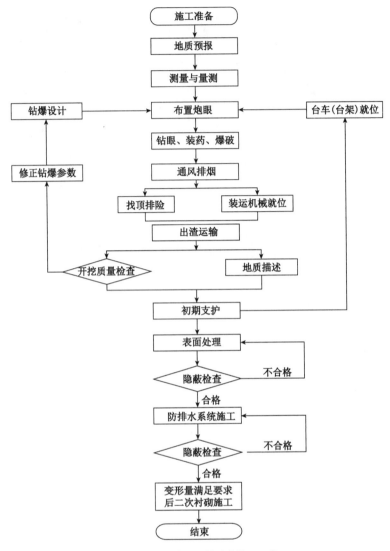

图 7-24 全断面开挖法的施工工序

图 7-25 台车钻孔、装药

图 7-26　出渣

（6）安设边墙锚杆和喷混凝土（图 7-27）。

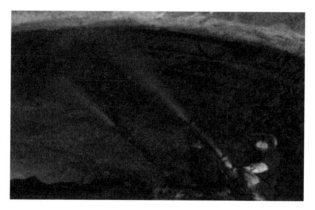

图 7-27　喷混凝土

（7）必要时可喷拱部第二层混凝土和隧道底部混凝土。

（8）开始下一轮循环。

（9）在初期支护变形稳定后，按施工组织中规定日期灌筑二次衬砌。

（二）台阶开挖法

1. 概述

（1）定义：台阶开挖法是将断面分成两个以上部分，即分成上下两个工作面或几个工作面，分部开挖，一般先开挖断面的上半部分，待开挖至一定长度后同时开挖（中）下部分的施工工艺（图 7-28）。

（2）适应条件：适用于土质较好的隧道施工，一般适用于Ⅲ级围岩，Ⅳ、Ⅴ级围岩在采取必要的超前支护措施稳定开挖工作面后也可选用台阶法。

（3）优点：有足够的作业空间和较快的施工速度，灵活多变，适用性强。

（4）台阶开挖法注意事项：台阶数不宜过多，台阶长度要适当，对城市第四纪地层，台阶长度一般控制在 $1D$（D 一般指隧道宽度）为宜；对于岩石地层，针对破碎地段可配合挂网喷锚支护施工，以防止落石和崩塌。

图 7-28 台阶开挖法

2. 台阶开挖法分类及特征

台阶开挖法分为长台阶法、短台阶法和超短台阶法三种(图 7-29)。对于硬岩隧道宜采用全断面开挖法与台阶开挖法,分部开挖法适用于软岩隧道。

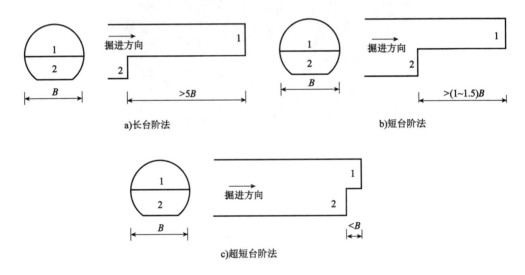

图 7-29 台阶法

1)长台阶法

(1)适用条件:上、下断面相距较远,一般上台阶超前 50m 以上或大于 5 倍洞宽(图 7-30)。施工时上下部可配同类机械进行平行作业。当隧道长度较短时,可先将上半断面全部挖通后,再进行下半断面施工,即为半断面法。

(2)优缺点:优点是足够的工作空间和施工速度;缺点是上下部作业有一定的干扰。

(3)作业顺序:①上半断面开挖,用两臂钻孔台车钻眼、装药爆破,地层较软时亦可用挖掘机开挖。②安设锚杆和钢筋网,必要时加设钢支撑、喷射混凝土。③用推铲机将石渣推运到台阶下,再由装载机装入车内运至洞外。④根据支护结构形成闭合断面的时间要求,必要时在开

长台阶法

挖上半断面后,可建筑临时底拱,形成上半断面的临时闭合结构;然后在开挖下半断面时再将临时底拱挖掉。但从经济观点来看,最好不这样做,而改用短台阶法。

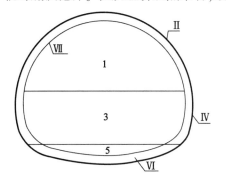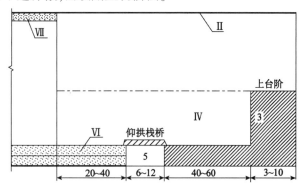

图 7-30　长台阶法(尺寸单位:m)

1.上部开挖;Ⅱ.上部初期支护;3.下部开挖;Ⅳ.下部初期支护;5.底部开挖(栓底);Ⅵ.仰拱及混凝土填充;Ⅶ.二次衬砌

2)短台阶法

(1)适用条件:上下两个断面相距较近,一般上台阶长度小于5倍但大于1倍洞宽(图7-31),上下断面基本可以平行作业,短台阶法的作业顺序和长台阶相同;适用范围很广,是新奥法施工中主要采用的方法。

短台阶法和超短台阶法

(2)优缺点:优点是缩短支护结构闭合的时间,改善初次支护的受力条件;缺点是上台阶出渣时对下半断面施工干扰较大,不能实现全部平行作业。

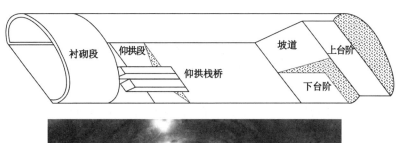

图 7-31　短台阶法

3)超短台阶法

如图 7-32 所示,这是一种适于在软弱地层中开挖的施工方法,一般在膨胀性围岩及土质地层中采用。为了尽快形成初期闭合支护以稳定围岩,上下台阶之间的距离进一步缩短,上台阶仅超前 3～5m,由于上台阶的工作场地小,只能将石渣堆到下台阶再运出,对下台阶形成严重的干扰,故只能采用交替作业,因而施工进度会受到很大的影响。

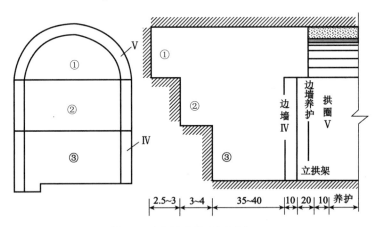

图 7-32 超短台阶法(尺寸单位:m)

(1)超短台阶法作业顺序:①用一台停在台阶下的长臂挖掘机或单臂挖掘机开挖上半断面至一个进尺。②安设拱部锚杆、钢筋网或钢支撑,喷拱部混凝土。③用同一台机械开挖下半断面至一个进尺。安设边墙锚杆、钢筋网或接长钢支撑、喷边墙混凝土(必要时加喷拱部混凝土)。④开挖水沟,安设底部钢支撑,喷底部仰拱混凝土,灌注内层衬砌。若无大型机械也可采用小型机具在上下部交替地进行开挖,由于上半断面施工作业场地狭小,常需配置移动式施工台架,以解决上半断面施工机具的布置问题。

(2)适用条件及优缺点:超短台阶法适用于软弱破碎围岩(Ⅴ、Ⅵ级围岩)、膨胀性围岩和土质围岩,要求及早闭合断面的场合。当然,也适用于机械化程度不高的各级围岩地段。

①优点:由于超短台阶法初期支护全断面闭合时间更短,上下台阶距离更短,上台阶仅超前 3～5m,更有利于控制围岩变形,尤其是上部开挖支护后,下部作业较为安全。

②缺点:上下断面相距较近,机械设备集中,作业时相互干扰较大,生产效率较低,施工速度较慢。在软弱围岩中施工时,应特别注意开挖工作面的稳定性,必要时可对围岩进行预加固或预支护,如设置临时仰拱,向围岩中注浆或打入超前水平小导管等。

4)台阶开挖法总结

台阶开挖法几乎可以用于所有的地层,工序转换较容易,并能较早地使初期支护闭合,有利于控制沉降。施工中采用何种台阶开挖法,要根据以下两个条件来确定:初次支护形成闭合断面的时间要求,上断面施工所用的开挖、支护、出渣等机械设备施工场地大小的要求。在软弱围岩中应以前一条件为主;在围岩条件较好时,要考虑后一条件。

3. 台阶开挖法施工要求及工艺流程

台阶开挖法施工应符合下列要求:

(1)采用台阶法开挖隧道时,应根据围岩条件合理确定台阶长度和高度。台阶长度不宜过长,宜控制在一倍洞径以内。

(2)台阶形成后,各台阶开挖、支护宜平行作业。

(3)下台阶开挖,左右侧宜交错进行。

(4)循环进尺应根据围岩的地质条件、自稳能力和初期支护钢架间距合理确定。Ⅲ级围岩循环进尺不宜超过 3.0m；Ⅳ级软弱围岩上台阶循环进尺不宜超过 2 榀钢架设计间距；Ⅴ、Ⅵ级围岩上台阶循环进尺不宜超过 1 榀钢架设计间距；Ⅳ、Ⅴ级围岩下台阶循环进尺不宜超过 2 榀钢架设计间距；初期支护设计钢架未封闭成环的隧道,仰拱一次开挖长度不宜大于3m。

台阶开挖法施工工艺流程见图 7-33。

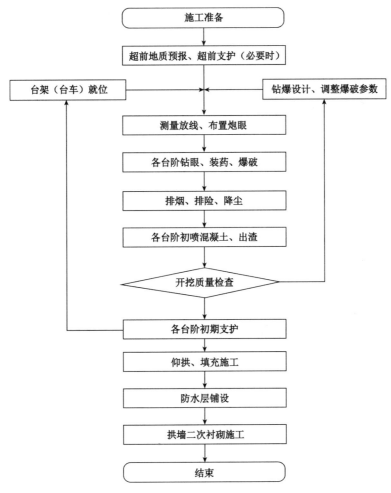

图 7-33　台阶法施工工艺流程

(三)分部开挖法

分部开挖法是将隧道断面分部开挖逐步成形,且一般将某部超前开挖,故也可称为导坑超前开挖法。分部开挖法可分为三种:台阶分部开挖法、单侧壁导坑法、双侧壁导坑法。

1. 台阶分部开挖法

又称为环形开挖留核心土法(图7-34),适用于一般土质或易坍塌的软弱围岩地段;将断面分成为环形拱部、上部核心土、下部台阶三部分(或更多);环形开挖进尺不宜过长,上部核心土和下台阶的距离,一般为1~2倍隧道洞跨。

台阶分部
开挖法

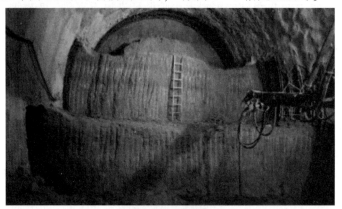

图7-34 台阶分部开挖法

1)台阶分部开挖法的优缺点

(1)优点:上部留有核心土支挡着开挖面,能迅速、及时地施作拱部初期支护,所以开挖面稳定性好。与超短台阶开挖法相比,台阶长度可以加长,减少上下台阶施工干扰。

(2)缺点:开挖中围岩要经受多次扰动,支护结构形成全断面封闭的时间较长,这些都有可能使围岩变形增大。

2)台阶分部开挖法施工作业顺序

用人工或单臂掘进机开挖环形拱部。根据断面的大小,环形拱部又可分成几块交替开挖;安设拱部锚杆、钢筋网或钢支撑、喷混凝土等初期支护;在拱部初期支护保护下,用挖掘机或单臂掘进机开挖核心土和下台阶;根据初期支护变形情况或施工安排建造二次衬砌(图7-35)。

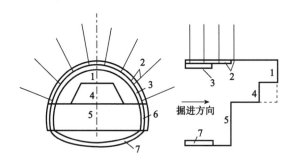

图7-35 台阶分部开挖法施工作业顺序

1-上弧形导坑开挖;2-拱部喷锚支护;3-二次衬砌;4-中部核心土开挖;5-下部开挖;6-边墙部喷锚支护;7-灌筑仰拱

2. 单侧壁导坑法

1)概述

(1)单侧壁导坑法(图7-36)适用于断面跨度大、地表沉降难于控制的软弱松散围岩中隧道施工。

单侧壁导坑法

图 7-36 单侧壁导坑法

（2）将隧洞横断面分成 3 块：侧壁导坑、上台阶、下台阶。侧壁导坑尺寸应本着充分利用台阶的支撑作用，并考虑机械设备和施工条件而定。

（3）一般情况下单侧壁导坑宽度不宜超过 0.5 倍洞宽，高度以到起拱线为宜，这样导坑可分为二次开挖和支护，不需要架设工作平台，人工架立钢支撑也比较方便。

（4）导坑与台阶的距离没有硬性规定，但一般应以导坑施工和台阶施工均不发生干扰为原则。上下台阶的距离则视围岩情况参照短台阶法或超短台阶法拟定。

2）单侧壁导坑法的优缺点

（1）优点：通过形成闭合支护的侧导坑将隧道断面的跨度一分为二，有效地避免了大跨度开挖造成的不利影响，明显提高了围岩的稳定性。

（2）缺点：因为要施作侧壁导坑的内侧支护，随后又要拆除，所以增加了工程造价。

3）单侧壁导坑法的施工作业顺序（图 7-37）

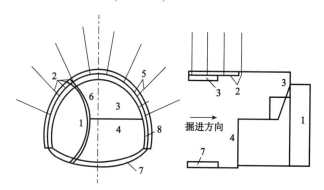

图 7-37 单侧壁导坑法的施工作业顺序

1-侧壁导坑开挖；2-侧壁导坑锚喷支护及设置中壁墙临时支撑；3-后行部分上台阶开挖；4-后行部分下台阶开挖；5-后行部分喷锚支护；6-拆除中壁墙；7-灌筑仰拱；8-二次衬砌

开挖侧壁导坑，并进行初期支护（喷射混凝土、锚杆、钢筋网、钢支撑），应尽快使导坑的初期支护闭合；开挖上台阶，进行拱部初期支护，使其一侧支承在导坑的初期支护上，另一侧支撑在下台阶上;开挖下台阶,进行另一侧边墙的初期支护,并尽快建造底部初期支护,使全断面闭合;拆除导坑临空部分的初期支护;灌注二次衬砌。

3．双侧壁导坑法

1）定义

双侧壁导坑法又称为眼镜工法。该工法是将断面分成四块：左、右侧壁导坑、上部核心土、下台阶。导坑尺寸拟定的原则以各导坑和台阶施工均不发生干扰为原则，但宽度不宜超过断面最大跨度的1/3；左右导坑错开的距离，应根据开挖一侧导坑所引起的围岩应力重分布的影响不致波及另一侧已成导坑的原则确定。

2）适用条件

双侧壁导坑法一般适用于隧道跨度相对较大，地表沉陷要求严格，围岩条件特别差，单侧壁导坑法难以控制围岩变形时的隧道段落，如浅埋双线或三线隧道Ⅴ、Ⅵ级围岩。

3）双侧壁导坑法施工工序

双侧壁导坑法施工工序见图 7-38，双侧壁导坑法开挖顺序见图 7-39。

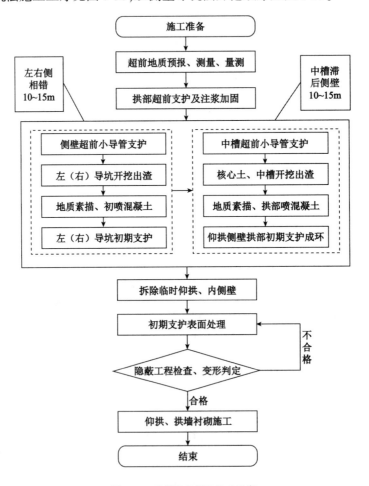

图 7-38 双侧壁导坑法施工工序

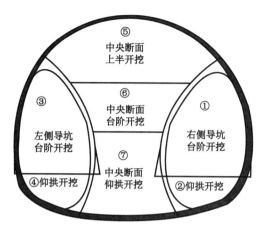

图 7-39　双侧壁导坑法开挖顺序示意图

双侧壁导坑法设计的施工作业顺序（图7-40）：开挖一侧导坑，并及时将其初次支护闭合。相隔适当距离后开挖另一侧导坑，并建造初期支护。开挖上部核心土，建造顶部初期支护，拱角支承在两侧壁导坑的初期支护上。开挖下台阶，建造底部初期支护，使初期支护全断面闭合。拆除导坑临空部分的初期支护，施作内层衬砌。

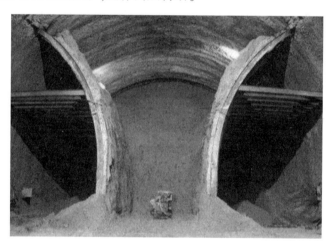

图 7-40　双侧壁导坑法设计的施工作业

4）施工要点

（1）围岩开挖应尽量采用挖掘机和人工配合无爆破施工，局部需爆破施工时，宜采用弱爆破施工，尽量减少对地层的扰动。

（2）开挖应严格按规范做好监控量测工作，随时掌握围岩及支护的变形情况，以便及时修正支护参数，改变施工方法；同时，应有较准确的超前地质预报。

（3）开挖时要认真做好排水工作，在保证排水畅通的同时，重点对两侧临时排水沟铺砌抹面，防止钢支撑基底软化。

（4）侧壁导坑开挖后，应及时施工初期支护并尽早形成封闭环；侧壁导坑形状应近于椭圆形断面，导坑跨度宜为整个隧道跨度的1/3；左右导坑施工时，前后拉开距离不宜小于15m；导坑与中间土体同时施工时,导坑应超前 30~50m。

4. 优缺点

(1)优点:双侧壁导坑法施工较为安全,每个分块都是在开挖后立即各自闭合,所以在施工中间变形几乎不发展;尤其在控制地表下沉方面,优于其他施工方法。

(2)缺点:双侧壁导坑法开挖断面分块多,扰动大,初期支护全断面闭合时间长,施工进度较慢,成本较高。

5. 双侧壁导坑法施工要求

双侧壁导坑法施工应符合下列要求:

(1)双侧壁导坑法开挖时,应先开挖隧道两侧导坑,再开挖中部剩余部分。

(2)侧壁导坑形状应近似椭圆形,导坑宽度宜为 1/3 隧道宽度。

(3)侧壁导坑、中部开挖应采用短台阶法,台阶长度 3~5m,必要时留核心土。

(4)侧壁导坑开挖应超前中部 10~15m。

(5)开挖循环进尺不宜大于初期支护钢架设计间距。

(6)拱部与两侧壁间的钢架应定位准确、连接牢固。

(四)中隔壁法

1. 定义及适用条件

(1)定义

中隔壁法也称为 CD 工法,是将隧道断面左右一分为二,施工时应沿一侧自上而下分为二部分或三部分进行,每开挖一部均应及时施作锚喷支护、安设刚架、施作中隔壁,底部应设临时仰拱,中隔壁墙依次分步连接而成,先开挖一侧超前一定距离后,再开挖中隔墙的另一侧。

(2)适用条件

主要适用于地层较差、岩体不稳定且地面沉降要求严格的地下工程。如Ⅳ、Ⅴ级围岩的浅埋双线隧道和浅埋、偏压及洞口段。施工过程中,为保证初期支护稳定,除喷锚支护外,须增加型钢或钢格栅支撑,并采用超前大管棚、超前锚杆、超前注浆小导管、超前预注浆等一种或多种辅助措施进行超前加固。

2. 优缺点

(1)优点:变大跨为小跨,使断面受力更合理,对减少沉降,保证隧道开挖安全、可靠具有良好效果。

(2)缺点:由于地层软弱,断面较小,只能采用小型机械或人工开挖及运输作业,工序多,施工进度较慢。必须爆破时,应控制药量,避免损坏中隔墙。临时中隔墙型钢支撑规格应与初期支护所采用的一致。每步台阶长度可控制在 3~5m。

3. 中隔壁法施工工序

中隔壁法施工工艺流程见图 7-41。

三线隧道采用中隔壁法时宜增设临时仰拱,中隔壁法设临时仰拱施工工序见图 7-42。

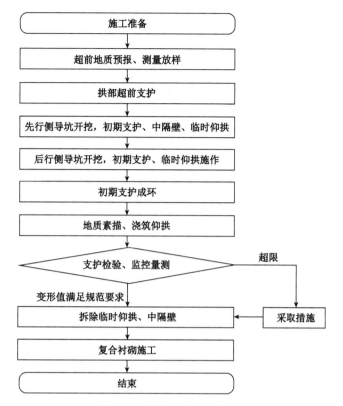

图 7-41 中隔壁法施工工艺流程

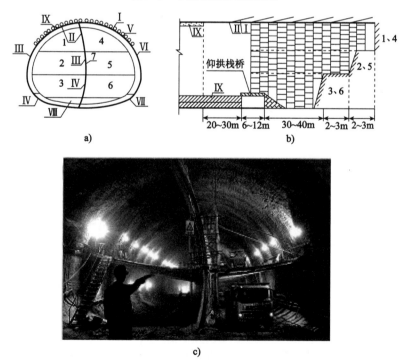

图 7-42 中隔壁法设临时仰拱施工工序

施工顺序说明：①先行导坑上部开挖；②先行导坑上部初期支护；③先行导坑中部开挖；④先行导坑中部初期支护；⑤先行导坑下部开挖；⑥先行导坑下部初期支护；⑦后行导坑上部开挖；⑧后行导坑上部初期支护；⑨后行导坑中部开挖；⑩后行导坑中部初期支护；⑪后行导坑下部开挖；⑫后行导坑下部开挖；⑬仰拱超前浇筑；⑭全断面二次衬砌。

4. 施工要点

（1）上部导坑的开挖循环进尺控制为1榀钢架间距（0.75~0.8m），下部导坑的开挖进尺可依据地质情况适当加大。

（2）采用中隔壁法施工时，初期支护完成后方可进行下一分部开挖；地质较差时，每个台阶底部均应按设计要求设临时钢架或临时仰拱；各部开挖时，周边轮廓应尽量圆顺；应在先开挖侧喷混凝土，混凝土强度达到设计要求后再进行另一侧开挖；左右两侧导坑开挖工作面的纵向间距不宜小于15m；当开挖形成全断面时，应及时完成全断面初期支护闭合。

（3）导坑开挖孔径及台阶高度可根据施工机具、人员等进行适当调整。应配备适合导坑开挖的小型机械设备，提高导坑开挖效率。

（4）中隔壁的拆除应滞后于仰拱，并应于围岩变形稳定后才能进行；一次拆除长度应根据量测数据慎重确定，拆除后应立即施作二次衬砌。

5. 中隔壁法施工要求

中隔壁法施工应符合下列要求：

（1）中隔壁法应先施工隧道的一侧，施作中隔壁墙后再施工隧道另一侧。中隔壁应设置为弧形。

（2）采用中隔壁法设置临时仰拱时，临时仰拱宜设为弧形，各部施工应步步成环。

（3）开挖时，同层左、右两侧沿纵向应错开10~15m，单侧开挖应采用短台阶法，台阶长度3~5m。

（4）开挖循环进尺不宜大于初期支护钢架设计间距。

（5）各分部宜采用机械开挖，周边轮廓应圆顺，避免应力集中。

（五）交叉中隔壁法（CRD工法）

1. 定义

当CD工法不能满足要求时，可在CD工法的基础上架设临时仰拱，即所谓的交叉中隔壁法（CRD工法）（图7-43）。CD工法和CRD工法在大跨度隧道中应用较为普遍，在施工中应严格遵守正台阶法的施工要点，尤其要考虑时空效应，每一步开挖都要快速，必须及时步步成环，工作面留核心土或用喷混凝土封闭，消除由于工作面应力松弛而增大沉降值的现象。

2. 适用条件

交叉中隔壁法（CRD工法）适用于断层破碎带、碎石土、卵石土、圆砾土、湿陷性黄土、全风化的花岗岩地层的Ⅴ~Ⅵ级围岩及较差围岩中的浅埋、偏压及洞口等。

3. CRD 法的特点

各分部增设临时仰拱和两侧交叉开挖,每步封闭成环,且封闭时间短,以抑制围岩变形,达到围岩沉降可控、初期支护安全稳定的目的。该方法除喷锚支护及增设足够强度和刚度的型钢或钢格栅支撑外,还应采用多种辅助措施进行超前加固。

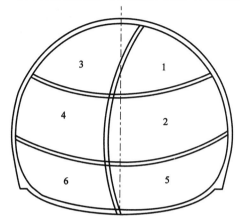 

图 7-43 交叉中隔壁法(CRD 工法)

4. 交叉中隔壁法施工

采用交叉中隔壁法施工,除应满足中隔壁法的施工要求外,还应满足以下要求:
(1)设置临时仰拱,步步成环。
(2)自上而下,交叉进行。
(3)中隔壁及交叉临时支护在灌注二次衬砌时,应逐段拆除。

(六)中洞法、侧洞法、柱洞法、洞桩法

当地层条件差、断面特大时,一般设计成多跨结构,跨与跨之间有梁、柱连接,一般采用中洞法、侧洞法、柱洞法及洞桩法等施工,其核心思想是变大断面为中小断面,提高施工安全度。

1. 中洞法

中洞法施工就是先开挖中间部分(中洞),在中洞内施作梁、柱结构,然后再开挖两侧部分(侧洞),并逐渐将洞顶部荷载通过中洞初期支护转移到梁柱结构上(图7-44)。由于中洞的跨度较大,施工中一般采用 CD 工法、CRD 工法或双侧壁导坑法进行施工。

中洞法施工工序复杂,但两侧洞对称施工,比较容易解决从中洞初期支护转移到梁柱上的不平衡侧压力问题,施工引起的地面沉降较易控制。

中洞法的特点是初期支护自上而下,每一步都封闭成环,环环相扣,二次衬砌自下而上施工,施工质量容易得到控制,适用于双连拱隧道。

中洞法施工要求:开挖高度应大于中墙高度1m,开挖宽度应大于5m。中洞开挖后应及时施作初期支护,再分段灌筑中墙混凝土,在中墙混凝土达到设计强度后方可拆模,并进行临时横向支撑。

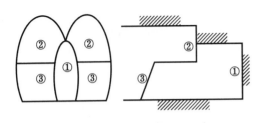

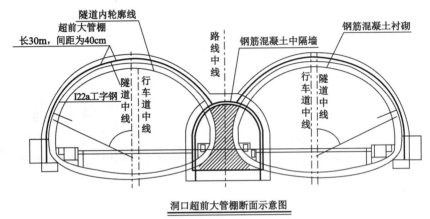

图 7-44 中洞法施工

2. 侧洞法

侧洞法施工就是先开挖两侧部分(侧洞),在侧洞内施作梁柱结构,然后开挖中间部分(中洞),并逐渐将顶部荷载通过初期支护传递到梁柱上。这种施工方法在处理中洞顶部荷载转移时,相对中洞法要困难一些。两侧洞施工时,中洞上方土体经受多次扰动,形成危及中洞的上小下大的梯形、三角形或楔形土体,该土体直接压到中洞上,中洞施工若不谨慎就有可能发生坍塌。

3. 柱洞法

柱洞法施工是先在立柱位置施作一个小导洞,当小导洞施作好后,再在洞内施作底梁,形成一个细而高的纵向结构。柱洞法施工的关键是如何确保两侧开挖后初期支护同步作用在顶纵梁上,而且柱的左右水平力要同时加上且保持相等。

4. 洞桩法

洞桩法就是先挖洞,在洞内制作挖孔桩,梁柱完成后,再施作顶部结构,然后在其保护下施工,实际上就是将盖挖法施工的挖孔桩梁柱等转入地下进行。

(七) 山岭隧道施工方法选择条件

各种具体施工方法都有其优点和缺点,选择前必须经过现场条件调研分析,在技术经济综合比较基础上选择较适宜的施工方法。

山岭隧道施工方法在选择时考虑的主要条件见表 7-1、表 7-2。

几种方法优缺点及适用条件一览表　　　　　　　　　　　　　　　　　表 7-1

施工方法	优点	缺点	适用条件
全断面开挖法	1. 减少开挖对围岩的扰动次数,工序简单,便于组织大型机械化施工; 2. 施工速度快,防水处理简单	对地质条件要求严格,围岩必须有足够的自稳能力	适用于围岩稳定且机械化程度高的情况
单侧壁导坑法	1. 导坑可分二次开挖和支护,不需要架设工作平台; 2. 人工架立钢支撑也较方便	—	适用于断面跨度大、地表沉陷难于控制的软弱松散围岩中
双侧壁导坑法	施工安全	速度较慢,成本较高	适用于跨度很大、地表沉陷要求严格、围岩条件特别差的情况
中隔壁法和交叉中隔壁法	—	—	主要适用于地层较差和不稳定岩体,且地面沉降要求严格的情况
中洞法、侧洞法、柱洞法、洞桩法	施工安全度高	—	适用于地层条件差、断面特大的情况

喷锚暗挖(矿山)法开挖方式与选择条件　　　　　　　　　　　　　　表 7-2

施工方法	结构与地层	沉降	工期	防水效果	初期支护与拆除	造价
全断面开挖法	地层好,跨度≤8m	一般	最短	好	无	低
正台阶开挖法	地层较差,跨度≤10m	一般	短	好	无	低
环形开挖预留核心土法	地层差,跨度≤12m	一般	短	好	无	低
单侧壁导坑法	地层差,跨度≤14m	较大	较短	好	小	低
双侧壁导坑法（眼镜工法）	小跨度,连续使用,可扩大跨度	大	长	差	大	高
中隔壁法（CD工法）	地层差,跨度≤18m	较大	较短	好	小	偏高
交叉中隔壁法（CRD工法）	地层差,跨度≤20m	较小	长	好	大	高
中洞法	小跨度,连续使用,可扩成大跨度	小	长	效果差	大	较高
侧洞法	小跨度,连续使用,可扩成大跨度	大	长	效果差	大	高
柱洞法	多层多跨	大	长	效果差	大	高
洞桩法	多层多跨	较大	长	效果差	较大	高

任务四　浅埋暗挖法

一、浅埋暗挖法及其适用条件

1. 概念

在城镇软弱围岩地层浅埋条件下修建地下工程,以改造地质条件为前提,以控制地表沉降为重点,以格栅(或其他钢结构)和锚喷作为初期支护手段,遵循"新奥法"的大部分原理,按照"十八字"(管超前、严注浆、短开挖、强支护、快封闭、勤量测)方针进行隧道的设计和施工,称之为浅埋暗挖法。

2. 浅埋暗挖法施工适用条件

浅埋暗挖技术从减少城市地表沉陷考虑,还必须辅之以其他配套技术,譬如地层加固、降水等。浅埋暗挖法十分讲究施工方法的选择,一个合理的结构形式和正确的施工方法能起到事半功倍的作用。

采用浅埋暗挖法施工时要注意其适用条件。首先,浅埋暗挖法不允许带水作业,如果含水层达不到疏干,带水作业是非常危险的,开挖面的稳定性时刻受到威胁,甚至发生塌方。大范围的淤泥质软土、粉细砂地层,降水有困难或经济上选择此工法不合算的地层,不宜采用此工法。其次,采用浅埋暗挖法要求开挖面具有一定的自立性和稳定性,我国规范对土壤的自立性提出了定性要求,工作面土体的自立时间,应足以进行必要的初期支护作业。对开挖面前方地层预加固和预处理,视为浅埋暗挖法的必要前提条件,目的在于加强开挖面的稳定性,增加施工的安全性。

二、浅埋暗挖法的特点与施工原则

1. 浅埋暗挖法的特点

(1)适用于各种地质条件和地下水条件。

(2)具有适合各种断面形式(单线、双线及多线、车站等)和变化断面(过渡段、多层断面等)的高度灵活性。

(3)通过分部开挖和辅助施工方法,可以有效控制地表下沉和坍塌。

(4)与盾构法相比较,在较短的开挖地段使用也很经济。

(5)与明挖法相比较,可以极大减轻对地面交通的干扰和对商业活动的影响,避免大量拆迁。

(6)从综合效益观点出发,是一种比较经济的施工方法。

2. 浅埋暗挖法施工原则

根据国内外的工程实践,浅埋暗挖法的施工应贯彻如下原则:

(1)管超前:是指采用超前管棚或小导管注浆等措施先行支护,实际上就是采用超前支护的各种手段,提高掌子面的稳定性,防止围岩松动和坍塌。

（2）严注浆：是指在导管超前支护后，立即进行压注水泥浆或其他化学浆液，填充围岩空隙，使隧道周围形成一个具有一定强度的壳体，以增强围岩的自稳能力。

（3）短开挖：是指一次注浆，多次开挖，即限制一次进尺的长度，减少围岩的松动。

（4）强支护：是指在浅埋的松软地层中施工，初期支护必须十分牢固，具有较大的刚度，以控制开挖初期的变形。

（5）快封闭：是指在台阶法施工中，如上台阶过长，变形增加较快，为及时控制围岩松动，必须采用临时仰拱封闭，开挖一环，封闭一环，提高初期支护的承载能力。

（6）勤测量：是指对隧道施工过程进行经常性的测量，掌握施工动态，并及时反馈，以指导设计和施工。

三、施工工艺流程与技术要求

浅埋暗挖法施工的工艺流程和技术要求主要针对埋置深度较浅、松散不稳定的土层和软弱破碎岩层施工面形成的。与新奥法相比，浅埋暗挖法更强调地层的预支护和预加固。因为地铁工程基本在城市施工，对地表沉降的控制比较严格，浅埋暗挖法支护衬砌的结构刚度比较大，初期支护允许变形量比较小，有利于减少对地层的扰动及保护周边环境。

地层预加固和预支护：在城市地铁隧道施工中，经常遇到砂砾土、砂性土、黏性土或强风化基岩等不稳定地层，这类地层在隧道开挖过程中自稳时间短暂，往往在初期支护尚未来得及施作，或喷射混凝土尚未获得足够强度时，拱墙的局部地层已经开始坍塌。为此，需采用地层预加固、预支护的方法，以提高地层的稳定性。常见的预支护和预加固方法有小导管超前预注浆、开挖面超前深孔注浆及管棚超前支护。

隧道土方开挖与支护：采用浅埋暗挖法作业时所选用的施工方法及工艺流程，应保证最大限度地减少对地层的扰动，提高周围地层自承作用和减少地表沉降。根据不同的地质条件及隧道断面，选用不同的开挖方法，总的原则是：预支护、预加固一段，开挖一段；开挖一段，支护一段；支护一段，封闭成环一段。初期支护封闭成环后，隧道处于暂时稳定状态，通过监控量测，确认达到基本稳定状态时，可以进行二次衬砌混凝土灌注工作。如果量测结果证明尚未稳定，则需继续监测；如果监测结果证明支护有失稳趋势时，则需要及时与设计部门共同协商，确定加固方案。

初期支护形式：在软弱破碎及松散、不稳定地层中采用浅埋暗挖法施工时，除需对地层进行预加固和预支护外，隧道初期支护施作的及时性及支护的强度和刚度，对保证开挖后隧道的稳定性、减少地层扰动和地表沉降，都具有决定性的影响。在诸多支护形式中，钢拱锚喷混凝土支护是满足上述要求的最佳支护形式。

二次衬砌：在浅埋暗挖法中，初期支护的变形达到基本稳定，且防水结构施工验收合格后，可以进行二次混凝土衬砌灌注工序。通过监控量测，掌握隧道动态，提供信息，指导二次衬砌施作。这是浅埋暗挖法中二次衬砌施工与一般隧道衬砌施工的主要区别。其他灌注工艺和机械设备与一般隧道衬砌施工基本相同。二次衬砌模板可以采用临时木模板或金属定型模板，更多情况则采用模板台车。衬砌所用的模板、墙架、拱架均应样式简单、拆装方便、表面光滑、接缝严密。使用前应在样校台上校核；重复使用时，应随时检查并整修。监控量测：利用监控量测信息指导设计与施工是浅埋暗挖施工工序的重要组成部分，在设计文件中应提出具体要求和内容,监控量测的费用应纳入工程成本。在实施过程中施工单位要有专门结构执行与管理,并由项目技术负责人统一掌握、统一领导。经验证明,拱顶下沉是控制稳定较直观、可靠的判断依据,水平收敛和地表下沉有时也是重要的判断依据。对于地铁隧道而言,地表下沉测量显得尤为重要。

四、施工技术

(一)喷锚暗挖与初期支护

1. 喷锚暗挖与支护加固

(1)浅埋暗挖法施工地下结构需要采用喷锚初期支护,主要包括钢筋网喷射混凝土、锚杆-钢筋网喷射混凝土、钢拱架-钢筋网喷射混凝土等支护结构形式,可根据围岩的稳定状况,采用一种或几种结构组合。

(2)在浅埋软岩地段、自稳定性差的软弱破碎围岩、断层破碎带、砂土层等不良地质条件下施工时,若围岩自稳时间短、不能保证安全完成初期支护,为确保施工安全,加快施工进度,应采用各种辅助技术进行加固处理,使开挖作业面围岩保持稳定。

2. 支护与加固技术措施

(1)暗挖隧道内常用的技术措施:超前锚杆(图7-45)或超前小导管支护(图7-46);超前小导管周边注浆(图7-47)或围岩深孔注浆;设置临时仰拱。

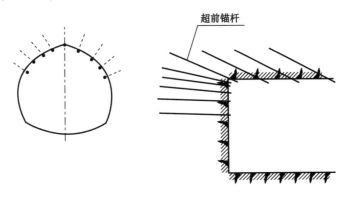

图7-45 超前锚杆预锚固围岩

图7-46 小导管注浆

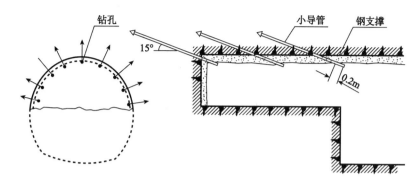

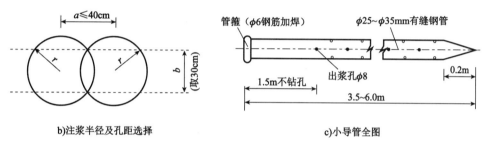

图 7-47　超前小导管注浆预加固围岩

（2）暗挖隧道外常用的技术措施：管棚超前支护（图 7-48）、地表锚杆或地表注浆加固；冻结法固结地层；降低地下水位法。

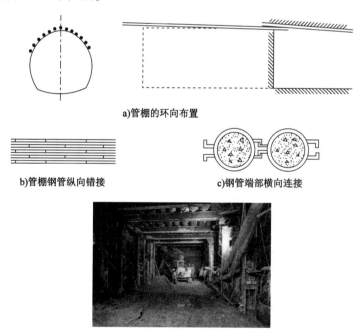

图 7-48　管棚预支护围岩（长管棚）

(二)暗挖隧道内加固支护技术

1. 主要材料

(1)喷射混凝土应采用早强混凝土,其强度必须符合设计要求。严禁选用具有碱活性集料。可根据工程需要掺用外加剂,速凝剂应根据水泥品种、水灰比等,通过不同掺量的混凝土试验选择最佳掺量,使用前应做好凝结时间试验,要求初凝时间不应大于5min,终凝时间不大于10min。

(2)钢筋网材料宜选用Q235钢,钢筋直径宜为6~12m,网格尺寸宜采用150~300mm,搭接长度应符合规范。钢筋网应与锚杆或其他固定装置连接牢固。

(3)钢拱架宜选用钢筋、型钢、钢轨等制成,采用钢筋加工而成格栅拱架的主筋直径不小于18mm。

2. 喷射混凝土前准备工作

(1)应检查开挖断面尺寸,清除开挖面、拱角或墙角处的土块等杂物,设置控制喷层厚度的标志。对基面有滴水、淌水、集中出水点的情况,采用埋管法进行引导疏干。

(2)应根据工程地质及水文地质、喷射量等条件选择喷射方式,宜采用分层湿喷方式,分层喷射厚度宜为50~100mm。

(3)钢拱架应在开挖或喷射混凝土后及时架设;超前锚杆、小导管支护宜与钢拱架、钢筋网配合使用,长度宜为3.0~3.5m,并应大于循环进尺的2倍。

(4)超前锚杆、小导管支护:沿开挖轮廓线,以一定的外插角,向开挖面前方安装锚杆、导管,形成对前方围岩的预加固。

3. 喷射混凝土

(1)喷射混凝土应紧跟开挖工作面,应分段、分片、分层,由下而上顺序进行;当岩面有较大的凹洼时,应先填平。分层喷射时,一次喷射厚度可根据喷射部位和设计厚度确定。

(2)钢拱架应与喷射混凝土形成一体,钢拱架与围岩之间的间隙必须用喷射混凝土充填密实,钢拱架应全部被喷射混凝土覆盖,其保护层厚度不应小于40mm。

(3)临时仰拱应根据围岩情况及量测数据设置区段,可采用型钢或格栅结合喷混凝土修筑。

4. 隧道内锚杆注浆加固

锚杆施工应保证孔位的精度在允许偏差范围内,钻孔不宜平行于岩层层面,宜沿隧道周边径向钻孔。锚杆必须安装垫板,垫板应与喷混凝土面密贴。钻孔安装锚杆前应先进行喷射混凝土施工,孔位、孔径、孔深要符合设计要求,锚杆露出岩面长不大于喷射混凝土的厚度,锚杆施工应符合质量要求。

(三)暗挖隧道外的超前加固技术

1. 降低地下水位法

(1)当浅埋暗挖施工地下结构处于富水地层中,且地层的渗透性较好,应首选降低地下水位法,达到稳定围岩、提高喷锚支护安全的目的。含水的松散破碎地层宜采用降低地下水位法,不宜采用集中宣泄水的方法。

(2)在城市地下工程中采用降低地下水位法时,最主要的决策因素是确保降水引起的沉降不会对已存在的构筑物或拟建构筑物的结构安全造成危害。

(3)降低地下水位通常采用地面降水法或隧道内辅助降水方法。

(4)当采用降水方案不能满足要求时,应在开挖前进行帷幕预注浆,加固地层等堵水处理。根据水文地质钻孔和调查资料,预计有大量涌水或涌水量虽然不大,但是开挖后可能引起大规模塌方时,应在开挖前进行注浆堵水,加固围岩。

2. 地表锚杆(管)

(1)地表锚杆(管)是一种地表预加固地层的措施,适用于浅埋暗挖、进出工作井地段和岩体松软破碎地段。

(2)地表锚杆(管)按矩形或梅花形布置,施作顺序为:钻孔—吹净钻孔—用灌浆管灌浆—垂直插入锚杆杆体—孔口固定杆体。地面锚杆(管)支护,是由普通水泥砂浆和全黏结型锚杆构成地表预加固地层或围岩深孔注浆加固地层。

(3)锚杆类型应根据地质条件、使用要求及锚固特性进行选择,可选用中空注浆锚杆、树脂锚杆、自钻式锚杆、砂浆锚杆和摩擦型锚杆。

3. 冻结法固结地层

(1)冻结法是利用人工制冷技术,用于富水软弱地层的暗挖施工固结地层。通常,当土体的含水率大于2.5%、地下水含盐量不大于3%、地下水流速不大于40m/d时,均可适用常规冻结法,当土层含水率大于10%和地下水流速7~9m/d时,冻土扩展速度和冻结体形成的效果最佳。

(2)在地下结构开挖面周围需加固的含水软弱地层中钻孔敷管,安装冻结器,通过人工制冷将天然岩体变成冻土,形成完整性好、强度高、不透水的临时加固体,从而达到加固地层、隔绝地下水、与拟建构筑物联系的目的。

(3)在冻结体的保护下进行工作井或隧道等地下工程的开挖施工,待衬砌支护完成后,冻结地层逐步解冻,最终恢复到原始状态。

(4)冻结法的主要优点:冻结加固的地层强度高,地下水封闭效果好,地层整体固结性好,对工程环境污染小;主要缺点是,成本较高,有一定的技术难度。

五、施工安全措施

(一)施工准备阶段安全技术管理

1. 技术准备

(1)应依据工程具体情况识别危险源,选择合理的施工方法,编制施工组织设计,明确技术安全措施;对施工场地进行统一规划,做好临时工程和附属辅助设施。

(2)应编制危险性较大的分部分项工程专项施工方案和施工现场临时用电方案;专项施工方案应按规定组织专家论证。

(3)项目部应严格技术管理,做好技术交底工作和安全技术交底工作,并做好记录和考核。

(4)编制监控量测方案,布置监测点。

2. 人员准备

(1)特殊工种应经过安全培训,考试合格后方可持证上岗。

(2)项目负责人、技术人员、管理人员、操作人员都必须学习和遵守安全生产责任制,熟悉安全生产管理制度和操作规程。

(3)项目部全部作业人员必须经过安全培训,通过考核,持证上岗。

(4)建立抢险专业队伍,并进行演练。

3. 物资准备

(1)按施工组织设计中的物资计划组织施工物资和应急物资进场。

(2)各种电力设施、安全防护装置与用品,按规定进行检验和检查,不符合要求的严禁使用。

(3)按规定安装施工现场通风、照明、防尘、降温和治理有害气体的设备,保护施工人员的身心健康。

(二)工作井施工

1. 作业区安全防护

(1)在施工组织设计中应根据设计文件、环境条件选择工作井位置;设计无要求时,应对工作井结构及其底部平面布置进行施工设计,以满足施工安全要求。

(2)施工机具、运输车辆距工作井边缘的距离,应根据土质、井深、支护情况和地面荷载并经验算确定,且其最外着力点与井边距离不得小于1.5m。

(3)井口作业区必须设置围挡,非施工人员禁止入内,并建立人员出入工作井管理制度。

(4)工作井不得设置在低洼处,且井口高程应比周围地面高300mm以上,地面排水系统应完好、畅通。

(5)不设作业平台的工作井周围必须设置栏杆,栏杆底部500mm应采取封闭措施。

(6)井口2m范围内不得堆放材料。

(7)工作井必须设置安全梯或梯道。

2. 工作井土方开挖

(1)工作井临近各类管线、建筑物时,开挖土方前应按施工组织设计对管线、建筑物采取加固措施,并经检查符合规定,形成文件,方可开挖。

(2)采用先开挖后支护的方法时,应按施工组织设计的规定,由上而下分层进行,随开挖随支护。支护结构达到规定要求后,方可开挖下一层土方。

(3)人工开挖土方吊装出土时,必须统一指挥,土方容器升降前,井下人员必须撤离至安全位置;当土方容器下降落稳后,方可靠近作业。

(4)工作井开挖过程中,施工人员应随时观察井壁和支护结构的稳定状态。发现井壁土体出现裂缝、位移或支护结构出现变形等坍塌征兆时,必须立即停止作业,人员撤离至安全地带,经处理确认安全,方可继续作业。

3. 工作井锚喷混凝土支护

(1)在Ⅳ、Ⅴ级围岩中进行锚喷支护时,应遵循以下原则:锚喷支护必须紧跟开挖面;喷射作业过程中应设专人随时观察围岩变化情况,确认安全。

(2)安装钢筋(型钢)拱架和挂网应与挖掘方式紧密结合,每层拱架应及时形成闭合框架结构形式。

(3)锚杆作业过程中应设专人监护支护结构的稳定状态,发现异常必须立即停止作业,人员撤离至安全地带,待采取安全技术措施、确认支护结构稳定后,方可继续作业。

4. 工作井口平台、提升架及井架安装

(1)工作井口平台、提升架及井架必须按照施工中最大荷载进行施工设计。提升架及井架应支搭防护棚。

(2)工作井口平台、提升架及井架支搭完成,必须经过专项检查、负荷能力检验,确认符合施工组织设计要求后并形成文件后,方可投入使用。

5. 工作井垂直运输

(1)提升设备及其索、吊具、轨道、地锚等和各种保险装置,使用前必须按设备管理规定进行检查以及空载、满载和超载试运行,确认合格并形成文件。使用过程中每天应由专职人员检查一次,确认安全,且记录,并应定期检测和保养。检查、检测中发现问题必须立即停机处理,处理后工作井试运行合格方可恢复使用。

(2)工作井运输应设专人指挥,协调井上、井下作业人员的配合关系。

(3)使用电动葫芦运输应设缓冲器,轨道两端应设挡板。

(4)使用卷扬机运输,其安装、操作方法必须符合规程要求。卷扬机地锚应埋设牢固,卷扬机与基础或底架的连接应牢固。钢丝绳在卷筒上的安全圈数不少于3圈,其末端应牢固可靠。

(5)使用吊桶(箱)运输时,严禁人员乘坐吊桶(箱),吊桶(箱)运输速度不超过2m/s。

(6)提升钢丝绳必须有生产企业的产品合格证,新钢丝绳在悬挂前应对每根钢丝绳的钢丝进行试验,确认合格并形成文件后,方可使用。库存超过1年的钢丝绳,使用前应进行检验,确认合格并形成文件后方可使用。

(三)隧道施工

1. 开挖

(1)在城市进行爆破施工,必须事先编制爆破方案,并由专业人员操作,报城市主管部门批准,并经公安部门同意后方可施工。

(2)隧道开挖应连续进行,每次开挖长度应严格按照设计要求、土质情况确定。严格控制超挖量。停止开挖时,对不稳定的围岩应采取临时封堵或支护措施。

(3)同一隧道内相对开挖(非爆破方法)的两开挖面距离为2倍洞跨且不小于10m时,一端应停止掘进,并保持开挖面稳定。

(4)两条平行隧道(含导洞)相距1倍洞跨时,其开挖面前后错开距离不得小于15m。

(5)隧道内应加强通风,在有瓦斯的隧道内进行爆破作业必须遵守《煤矿安全规程》的要求。

2. 喷射混凝土初期支护

(1)隧道在稳定岩体中可先开挖后支护,支护结构距开挖面不宜大于5m,在不稳定岩土体中,支护必须紧跟土方开挖工序。

(2)钢筋钢格栅拱架就位后,必须支撑稳固,及时按设计要求焊(栓)接成稳定整体。

(3)初期支护应预埋注浆管。结构完成后,及时注浆加固,填充注浆之后开挖面距离不得大于5m。

3. 超前小导管与管棚

(1)围岩自稳时间小于支护完成时间的地段,应根据地质条件、开挖方式、进度要求、使用机具(械)情况,对围岩采取锚杆或小导管超前支护,小导管周边注浆等安全技术措施。当围岩整体稳定性难以控制或上部有特殊要求可采用管棚支护。

(2)钻孔中遇到障碍,必须立即停止钻进作业,待采取措施并确认安全后,方可继续钻进,严禁强行钻进。

4. 现浇混凝土二次衬砌

(1)现浇混凝土二次衬砌在隧道初期支护变形稳定后进行。初期支护临时支撑的拆除应严格按照设计要求分段进行。

(2)钢筋绑扎中,钢筋拱架呈不稳定状态时,必须设临时支撑架。钢筋拱架未形成整体且稳定前,严禁拆除临时支撑架。

(3)模板及其支撑体系应进行施工设计。其强度、刚度、稳定性应满足施工阶段荷载要求,并制定支设、移动、拆除作业的安全技术措施。模板及其支撑体系支设完成后,应进行检查、验收,确认合格并形成文件后,方可浇筑混凝土。

(4)使用模板台车和滑模时,应进行专项设计,制定相应的安全操作细则。

(5)浇筑侧墙和拱部混凝土应自两侧拱脚开始,对称进行。每仓端部和浇筑口封堵模板必须安装牢固,不得漏浆。作业中应配备模板工监护模板,发现位移或变形,必须立即停止浇筑,经修理、加固,确认安全后,方可恢复作业。

5. 其他

包括监控量测与施工信息反馈。监测数据超出预警标准或现场出现异常的处理方法:应立即按规定预警并启动应急方案,进行工程抢险。

任务五　沉管施工法

一、概述

(一)沉管法及隧道的断面形式

1. 沉管法概念

沉管法也称为预制管段沉埋法。先在隧址以外的预制场制作管段,两端用封墙密封,制成后拖运到指定位置上,沉放到已预先挖好的基槽上,通过水力压接法进行水下连接,再回填覆土,完成隧道。沉管法是用来修筑穿越江河、港湾、海峡等水底隧道的一种全新的施工方法。

2.沉管隧道的断面形式

(1)圆形断面。圆形管节横断面的内轮廓为圆形,外轮廓有圆形、八角形和花篮形(图7-49),圆形沉管隧道是钢壳与混凝土的组合结构。圆形管节内一般只能设两个车道。

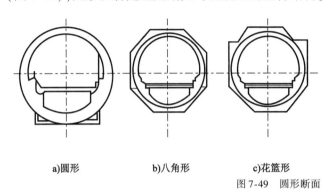

a)圆形　　　b)八角形　　　c)花篮形　　　d)圆形管节

图7-49　圆形断面

(2)矩形断面。钢筋混凝土矩形管节一般在临时干坞中或半潜驳船上制作,管节预制好,将之拖运至隧址沉放。一般来说,一个矩形断面可以同时容纳4~8个车道(图7-50)。

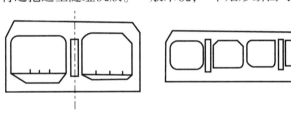

a)6车道断面　　　b)8车道断面　　　c)矩形管节

图7-50　矩形断面

(二)沉管隧道组成

沉管隧道一般由敞开段、暗埋段、沉埋段及岸边竖井等部分组成(图7-51)。

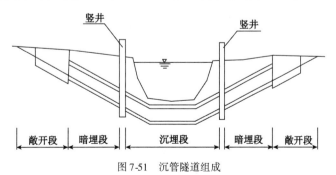

图7-51　沉管隧道组成

(三)沉管隧道的优缺点

1. 沉管隧道的优点

(1)沉管管节在干坞或半潜驳船上浇筑,施工条件好,场地开阔,质量容易保证,并可方便施作外防水层,所以沉管隧道的质量、安全及防水性能均比较好。

(2)沉管隧道的单位体积密度小,有效质量小,隧道总质量比基槽内挖掘出的土体要轻,可有效控制隧道的沉降。

(3)可用于修建大断面水底隧道。

(4)管节长度可达100~185m,且可以整体浇制,水密性好。

(5)沉管隧道位于水下浅滩上,埋深较浅,与两岸道路距离较短,缩短了线路的总体长度,从而减少了工程费及运营维护费用。

(6)综合工期短。

2. 沉管隧道的缺点

(1)一般在河床演变较为稳定的水域才能采用沉管法修建水下隧道。

(2)在水流较急时,管节沉放困难,须用专业作业台施工。

(3)水深超过60m时,难以采用沉管法。

(4)当沉管隧道管节过长,尤其是单节管节过长时,设计和施工存在较大困难。

(5)水上施工时需与航道部门密切配合,采取临时措施,以保证航道畅通。

(6)在淤积严重的水域施作沉管隧道,必须及时充分清淤,避免管节沉放困难。

(7)制作管节时,对混凝土工艺与质量的控制要求比较严格,在一定程度上可能导致造价的提高。

(四)沉管隧道的适用条件

沉管隧道多修建在江河的中下游河床较稳定和浅海(港)湾处。沉管隧道适用于各种软弱的地基条件,需要合适的干坞条件。简单来说,该工法在软弱地层非常适用,而在硬岩地层施工较为困难。

二、沉管法施工

(一)干坞修建

1. 干坞的类型与选址

(1)移动干坞

移动干坞就是修造或租用大型半潜驳船作为沉管管节预制的干坞。在移动干坞上完成管节预制,然后利用拖轮将半潜驳船托运到隧址附近已建好的港池内下潜,实现管节与半潜驳船的分离,再将管节浮运到隧道位置,完成沉放安装工作。优点:节省固定干坞修建时间,场地及费用。缺点:当沉管管节尺寸大、数量多时,移动干坞建造费用增加;且移动干坞水上作业多,施工难度相对较大,施工受天气影响亦较大。

(2)轴线干坞

轴线干坞是指布置在隧道敞开段位置的干坞。管节预制完成后从坞内拖出后,可以直接沿隧道纵向浮运至隧址。优点:减少了航道疏浚的费用,节省了施工场地,同时敞开段和干坞共用基坑,可以减少工程费用。缺点:与敞开段主体结构施工相互干扰,无法实现平行作业,导致施工工期增加。

(3)异地干坞

异地干坞是在隧道轴线以外选择合适的位置建造的干坞。优点:敞开段施工、管节制作以及基槽开挖等关键性工序都可以实现平行作业,有利于节省工期。

(4)干坞选址

①干坞至隧址的航道应具备足够的水深和宽度;②干坞附近应具备浮、存、系泊若干沉管管节的水域;③干坞所在场地的地质条件要好,场地应具有一定的承载力;④交通运输及材料来源要方便,具有良好的外部施工条件;⑤征地拆迁费用较低,具有可重复利用的开发价值;⑥干坞周边应有足够的场地;⑦地理环境良好,场地规模应能满足预制所有管节的工期需要;⑧若已有适当规模的码头或船厂,在对其规模和使用条件做出调查、经过方案比选与论证后,可考虑采用移动干坞方案。

2.干坞的构造

干坞通常由坞基、车道、排水系统、坞口、围堰或坞门等组成(图7-52),通常沿坡面设置两条施工便道,以联络坞底到坡顶。

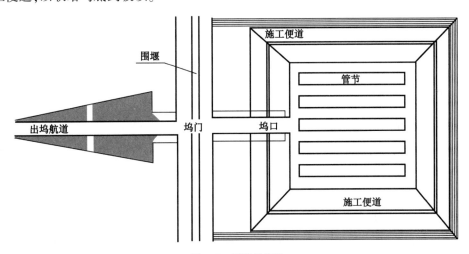

图7-52 干坞的构造

(1)干坞规模:应从需同时预制的管节数量与尺寸、干坞所处地形与地质条件、工期要求、土地使用费和施工设备等情况综合考虑。

(2)干坞深度:是由坞顶面设计高程和坞底设计高程确定的。

(3)坞墙(围堰):应具有足够的稳定性与挡水抗渗性,应能保证在高水压情况下不发生坍塌与渗漏水现象。

(4)坞底:应有足够的承载力,以减少由于地基不均匀沉降导致管节产生裂缝。

(5)坞门:应满足强度、刚度、拆卸方便及起闭自如等要求。

(6)排水系统:是干坞很重要的一个部分。排水系统的好坏,直接影响到干坞的安全性。

3. 干坞施工流程

干坞施工流程见图 7-53。第一步:前期准备工作,包括测量放线,临时便道施工,现场水、电安装等。第二步:基坑周边设置临时截水沟、集水井。第三步:基坑开挖与坡面防护,边开挖边防护。第四步:坞底换填及排水系统施作。

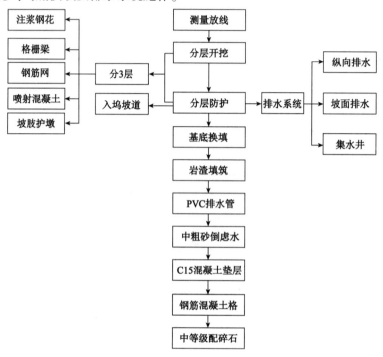

图 7-53 干坞施工流程

(二)管节预制

1. 管节制作

(1)管节施工的分段与分层。为防止和尽量减少管节混凝土表面裂缝,管节应分段分层施工。分段长度应结合模板台车长度、预埋件位置及变形缝设置等因素综合确定,通常可把横向施工缝做成变形缝,每节管节由变形缝分成若干节段,每段长 15~20m。

(2)混凝土浇筑顺序:①预制管节混凝土一般分两层浇筑,施工缝设在侧墙底部倒角上方约 1m 处;②管节底层与顶层混凝土浇筑时,两浇筑部位的间隔时间以温差不超过 20℃ 为限,在保证混凝土强度等质量要求的条件下,间隔时间一般不超过 14d;③后浇带混凝土与先浇混凝土之间的结合缝处,为避免先浇混凝土因收缩不充分而产生收缩裂缝,采用后浇带混凝土滞后浇筑的方法来控制此类裂缝的产生,滞后时间不少于 42d。同时,必须通过监测来观测坞底沉降是否稳定,控制标准为连续 7d 的沉降量小于 2mm/d。

(3)混凝土浇筑工艺:①混凝土下料高度控制;②混凝土浇筑分层;③浇筑顺序及方向。

(4)拆模。模板拆除的时间应根据混凝土已达到的强度及混凝土的内外温差而定,避免在夜间或气温骤降期间拆模。在气温较低的季节,应适当延迟拆模时间,拆模后必须采取保湿、保温措施。混凝土的内外温差应降低到25°C以下方可拆模。

(5)养护。大体积箱形混凝土结构的施工,其养护期间的保湿、保温工作非常重要。

2. 压载水箱施工

(1)压载水箱作用。管节预制好后,根据计算向压载水箱内注入适度水量,使管节起浮时保持纵向、横向平衡,并调节干舷高度。

(2)压载水箱的容量:①保持10~12cm干舷高度所需水量;②保持规定负浮力时所需水量;③施工期间保证负浮力达到1.05安全系数时所需水量。

(3)压载水箱的结构与布置。压载水箱一般为钢结构,骨架由型钢组成,箱体为钢板,采用型钢及钢管支撑。压载水箱对称设置在管节底板外侧,主要采用间隔模板成排安装布置于管节内。压载水箱的进、排水系统和管节间隔舱的排水泵结合使用。

(4)压载水箱的安装。压载水箱面积大,整块制作安装存在困难,因此采取先制成片块,然后现场组装的办法。

3. 封端墙

管节浮运前必须于管节的两端离端面50~100cm处设置封端墙,其作用是使管节成为密闭的箱体,从而满足管节浮运沉放的要求。封端墙可用木料、钢材或钢筋混凝土制成。

4. 检漏与干舷调整

管节预制完成准备出坞之前,必须对管节进行试漏检查。管节在浮运过程中,露出水面以上的高度称为干舷。具有一定干舷高度的管节,在遇到风浪作用时会自动产生反倾覆力矩,使管节保持稳定。在一次制作多节管节的大型干坞中,经检漏和调整好干舷的管节,应再加压载水,使之沉置坞底,待使用时再逐一浮升,拖运出坞。

5. 防锚层施作

防锚层指在管节顶面浇筑的混凝土保护层,其作用主要是防止船舶抛锚对管节结构和防水层造成破坏以及调整干舷值。

6. 管节防水

(1)管节自身防水。主要指借助混凝土材料的密实性特点进行防水。除严格控制混凝土级配、振捣密实、加强养护外,还需采取以下防裂措施:分段浇筑,设后浇带;采用低水化热水泥;设置水冷散热系统;采用预应力混凝土。

(2)外包防水层。主要指采用外包钢板、防水涂料、混凝土防锚层等防水措施。

(3)施工缝防水。纵、横向施工缝通常采用中埋式钢边橡胶止水带进行防水。

(4)管节接头防水。主要采用橡胶止水带,如Gina止水带和Ω止水带等。

(三)基槽开挖

1. 地质、水文及航道资料调查

(1)地质调查:①进行水上钻探,探查沿基槽方向的典型地质纵断面进行;②通过浅震试验,获取必要的地震动参数;③探坑试验:在基槽开挖前,进一步查明有关工程地质资料。

(2)水文及航道要求调查:①河(海)床冲刷情况;②悬浮质及推移质调查;③潮汐、水位、流速和流向调查;④基槽开挖时通航要求,以及对通航影响调查。

2. 基槽断面尺寸

基槽断面尺寸包括基槽底宽、基槽开挖深度、基槽边坡坡率(图7-54)。

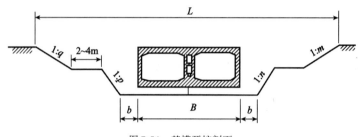

图7-54 基槽开挖剖面

(1)基槽底宽:一般为管节最大外侧宽度 B 加两侧预留量 $2b$。

(2)基槽开挖深度:可由线路纵断面图获得。基槽底部设计高程原则上等于沉管段的底面设计高程,将其加上地基处理所需高度以及基槽(疏浚)的精度。

(3)基槽边坡坡率:直接影响工程水下开挖的土方量和管节沉放之后的回填覆盖量,进一步影响工期与造价。

3. 开挖设备

(1)挖泥船的选用。抓斗式挖泥船:适应性强,不仅可以开挖泥、沙、土地层,还适宜于开挖碎石类地层,而且相对开挖深度较大,但效率较低。铰吸式挖泥船开挖效率高,而且适用于较密实的泥、沙、土地层,但开挖深度一般不大。自航耙吸式挖泥船开挖精度较高,特别是配备水深测量计算机自动成图系统之后,可以使施工过程的定位、测量基本处于全受控状态,能较精确地开挖沟槽。链斗式挖泥船适用于实际开挖地层较深且成形的基槽,效率较高。对大挖深的基槽开挖使用抓斗式挖泥船得较多。

(2)定位、测量仪器。采用差分全球定位系统(Differential Global Positioning System,DGPS)和微波定位系统或 DGPS 和自追式全站仪定位,也可使用双 DGPS 定位系统定位。

(3)其他配套设备。有船舶拖轮、泥驳、锚艇、DGPS、全站仪、水准仪、测深仪等。

4. 开挖施工

(1)土质基槽施工开挖:①对待挖表面的清理,主要是在测量好的待挖范围内清理石块、杂物等障碍物,用抓斗式挖泥船较适合。②基槽切滩,这一阶段要借助定位测量仪器挖除高于水底自然轮廓的浅滩(水中高地)。③基槽粗挖,根据所探明的地质情况,采用相适应的挖泥船进行粗挖。粗挖是指分层开挖基槽时,每层的开挖深度较大,效率高,但精度较低。④基槽精挖,基槽精挖阶段常进行分层开挖,每层的开挖深度较小,速度稍慢,要求精度高。

(2)岩石质基槽开挖:通常需要进行水下爆破。

(四)管节浮运

1. 气象、水文及航运条件观察

(1)气象:包括天气、降雨、雾况、风。

(2)水文:包括潮位/水位、流速及流向、水重度。

(3)航运条件:尽量少占用河道行洪纳潮过水断面,减小对航运交通的影响。

2. 坞内准备工作

(1)在干坞四周设置承力装置,供管节坞内移位及出坞使用。

(2)在坞顶四周合理位置布设电动绞车,负责管节坞内移位及出坞。

(3)管节在干坞内预制完成后,在干坞注水之前,必须向管节压载水箱内注入适量的压载水。在管节起浮之前,将绞车上的钢丝绳连接到管节的缆桩上,并收紧钢丝绳,以防止管节起浮时发生漂移。

(4)在低潮期管面露出水面时,利用抛锚艇将管面的一次舾装件吊放在预定位置,并连接安装。

(5)检查端封墙人孔封门、管顶人孔井处的密封。

(6)检查进气管和进、排水管的口部有无堵塞。

(7)清理导向装置表面,确保无杂物。

(8)清理预制场地,不得留有施工机械施工材料和垃圾杂物。

3. 管节浮运

(1)准备工作:①测量出坞航道、浮运航道及系泊位置的水深及回淤情况;②清除浮运线路上的障碍物;③在坞口设置流速仪,以详细掌握水流速度变化情况。

(2)出坞时机:一般情况下,管节都是通过绞车系泊缆绳系统牵引出坞。管节在坞内移位时,应保证管节不触及临近的坡面结构。

(3)出坞作业:①在管节起浮前,要将坞顶绞车及转向滑轮布置好,并用缆绳连接管面的缆桩,收紧钢丝绳,防止管节起浮时发生漂移;②利用管内水泵,在高潮前将管内压载水箱内的水抽排出管外,使管节起浮;③利用坞顶及工程驳船上的绞车将管节自起浮位缓慢地绞移出坞。

(4)浮运步骤:①拖带半潜驳在预定下沉位置抛锚定位,管节的绞拉及定位的驳船就位,并系好所有缆绳;②选择在当日最低潮时,半潜驳压水下沉,坐落在河床上面;③待潮水涨至管节底部离半潜驳甲板面高约400mm时,起动工程驳船上绞拉管节的卷扬机,将管节缓慢地移出半潜驳;④利用工程驳船,将管节绞移至沉放区,带上管节的系泊缆绳使管节在沉放区系泊定位。

(五)管节沉放与对接

1. 沉放方法

(1)分吊法。管节制作时,预先埋设3~4个吊点,分吊法沉设作业时分别用2~4艘100~200t浮式起重机(即起重船)或浮箱提举各个吊点,逐渐将管节沉放到规定位置(图7-55)。

(2)扛吊法。是以四艘方驳,分前后两组,每组方驳肩负一副"杠棒",即两副"杠棒"由位于沉管中心线左右的两艘方驳作为各自的两个支点;前后两组方驳用钢杆架连接起来,构成一个整体驳船组(图7-56)。"杠棒"实际上是一种型钢梁或是钢板组合梁,其上的吊索一端系于卷扬机上,另一端用来吊放沉管;驳船组由6根锚索定位,沉管管节另用6根锚索定位。

(3)骑吊法。采用水上作业平台"骑"于管节上方,将管节慢慢地吊放沉设(图7-57)。

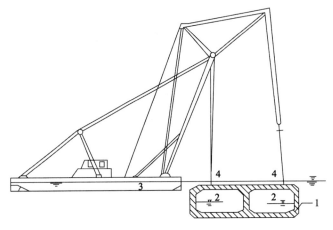

图 7-55 分吊法
1-管节;2-管节内水位;3-起重船;4-吊点

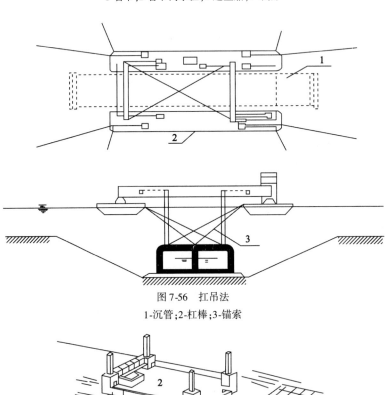

图 7-56 扛吊法
1-沉管;2-扛棒;3-锚索

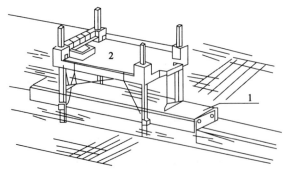

图 7-57 骑吊法
1-管节;2-水上作业平台

(4)拉沉法。利用预先设置在沟槽底面上的水下桩墩作为地垄,依靠安设在管节钢桁架上的卷扬机,通过扣在地垄上的钢索,将管节缓慢地"拉下水",沉设于桩墩上,然后进行水下连接(图 7-58)。

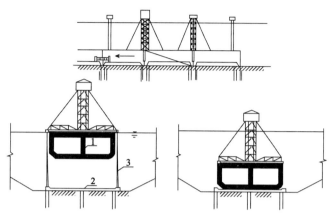

图 7-58 拉沉法
1-管节;2-地垄;3-钢索

2. 沉放作业

(1)沉放前的准备工作。沉放前必须完成航道疏浚清淤,设置临时支座,以保证管节顺利沉放到规定位置。应事先与港务、港监等有关部门商定航道管理事项,并及早通知有关方面。做好水上交通管制准备,需抓紧时间做好封锁线标志(浮标、灯号、球号等)。短暂封锁的范围:上下游方向各 100~200m,沿隧道中线方向的封锁距离视定位锚索的布置方式而定。

(2)管节就位。在高潮平潮之前,将管节浮运到指定位置,此时可距规定沉设位置 10~20m 处,挂好地锚,校正好方向,使管节中线与隧道轴线基本重合,误差不应大于 10cm。管节纵向坡度调至设计坡度。定位完毕后,可开始灌水压载,至消除管节的全部浮力为止。

(3)管节下沉。初次下沉:灌注压载水至下沉力达到规定值的 50%。随即进行位置校正,校正完毕后,再灌水至下沉力规定值的 100%;然后按 40~50cm/min 速度将管节下沉,直到管底距离设计高程 4~5m 止。靠拢下沉:将管节向前平移,至距已设管节 2m 左右处,然后再将管节下沉到管底距离设计高程 0.5~1m,并校正管位。着地下沉:先将管节前移至距已设管节约 50cm 处,校正管位并下沉;着地时先将前端搁在"鼻式"托座上或套上卡式定位托座,然后将后端轻轻地搁置到临时支座上;搁好后,各吊点同时分次卸荷至整个管节的下沉力全部作用在临时支座上为止(图 7-59)。

3. 水下连接

水下连接采用水力压接法。

(1)水力压接法原理。水力压接系利用作用在管节后端(亦称自由端)端面上的巨大水压力,使安装在管节前端(即靠近已设管节或管节的一端)端面周边上的一圈橡胶垫环(Gina 带,在制作管节时安设于管节端面上)发生压缩变形,并构成一个水密性良好,且相当可靠的管节间接头。

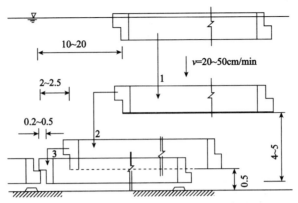

图 7-59 沉放作业尺寸(尺寸单位:m)

注:管节依次按照1、2、3位置下沉(及向前平移)。

(2)水力压接法施工:①对位:着地下沉时必须结合管节连接工作进行对位。②拉合:拉合工序是用较小的机械力量,将刚沉设的管节拉向前节既设管节,使胶垫的尖肋部产生初步变形,起到初步止水作用。③压接:拉合完成之后,打开既设管节后端封墙下部的排水阀,排出前后二节沉管封墙之间被胶垫所包围封闭的水。这时,作用到整环胶垫上的压力,等于作用于新设管节后端封墙和管节周壁端面上的全部水压力。④拆除封端墙:压接完毕后,即可拆除前后两节管节间的封端墙。

(3)水力压接法的优点:①工艺简单,施工方便;②水密性切实可靠;③基本上不用潜水工作;④成本低,施工速度快。

(六)地基处理与基槽回填

1.地基处理

沉管的基础处理方法大体上可归纳为两类(图7-60)。

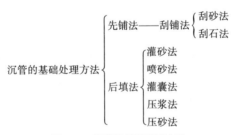

图 7-60 沉管的基础处理方法

1)先铺法

(1)在浚挖沟槽时超挖60~80cm。

(2)在沟槽两侧打数排短桩,安设导轨以控制高程、坡度。

(3)向沟底投放铺垫材料粗砂,或粒径不超过100mm的碎石,铺宽比管节底宽1.5~2.0m,铺长为一节管节长度,在地震区应避免用黄砂作铺垫材料。

(4)按导轨所规定的厚度、高度以及坡度,用刮铺机刮平,刮平后的表面平整度,对于用刮砂法,可在±5cm左右;用刮石法,在±20cm左右。

(5)为使管底和垫层密贴,管节沉设完毕后,可进行"压密"工序。"压密"可采用灌压载水,或加压砂石料的办法,使垫层压紧密贴。

2)后填法

(1)后填法的基本工序

①在浚挖沟槽时,先超挖100cm左右;②在沟底安设临时支座;③管节沉设完毕(在临时支座上搁妥)后,往管底空间回填垫料。

(2)后填法施工

①喷砂法:喷砂作业用一套专用的台架,台架顶部突出在水面上,可沿铺设在管节顶面上的轨道做纵向前后移动。喷砂作业的施工速度约为200m³/h;在喷砂进行的同时,经二根吸管抽吸回水,使管节底面形成一个规则有序的流动场,砂子便能均匀沉淀。

②灌囊法:系在砂、石垫层面上用砂浆囊袋将剩余空隙垫密。沉设管节之前需先铺设一层砂、石垫层。管节沉设时,带着事先系紧扣在管节底面下的空囊袋一起下沉。待管节沉设完毕后,从水面上向囊袋里灌注由黏土、水泥和黄砂配成的混合砂浆,以使管底空隙全部消除。

③压浆法:采用此方法时,沉管沟槽须先超挖1m左右,摊铺一层碎石(厚40~60cm),大致整平后,再设临时支座所需碎石(道砟)堆和临时支座。管节沉设结束后,沿管节两侧边沿及后端底部边缘堆筑砂、石封闭栏,栏高至管底以上1m左右,用来封闭管底周边;然后从隧道内部,用压浆设备通过预埋在管节底板上的压浆孔(直径80mm),向管底空隙压注混合砂浆。

④压砂法:压砂法与压浆法相似,但压入的是砂、水混合料。所用砂的粒径以0.15~0.27mm为宜。注砂压力比静水压力大50~140kPa。压浆法与压砂法的共同特点是:不需水上作业,不干扰航运;无需大型专用的设备;作业不受水深、流速、气候、风浪等影响;工艺较简单,不需潜水作业。

2. 基础加固

(1)加固方法

①以粗砂置换软弱土层;②打砂桩并加载预压;③减轻沉管重量;④采用桩基。

(2)桩基施工

①水下混凝土传力法。基桩打好后,先浇筑一、二层水下混凝土,将桩顶裹住,而后在其上刮砂或刮石,使沉管荷载经砂、石垫层和水下混凝土层传递到桩基上。

②灌囊传力法。在管底与桩群顶部之间,用大型化纤囊袋灌注水泥砂浆加以垫实,使所有基桩均能同时受力。

③活动桩顶法。即在所有基桩上设一小段预制混凝土活动桩顶。活动桩顶与预制混凝土桩之间留有一空腔,空腔周围用尼龙织物裹住,形成一个囊袋。管节沉设完毕后,向空腔与囊袋里灌注水泥砂浆,将活动桩顶顶升,使之与管底密贴,待砂浆强度达到要求后,卸除千斤顶,管节荷载便能均匀地传递到桩群上。

3. 覆土回填

回填工作包括沉管侧面回填和管顶压石回填。沉管外侧下半段,一般采用砂砾、碎石、矿渣等材料回填,上半段则可用普通土砂回填。覆土回填工作应注意以下几点:

(1)全面回填工作必须在相邻的管节沉放完后方能进行,采用喷砂法进行基础处理或采用临时支座时,则要等到管节基础处理完,落到基床上再回填。

(2)采用压注法进行基础处理时,先对管节两侧回填,但要防止过多的岩渣存落在管节顶部。

(3)管节上、下游两侧(即管节左右侧)应对称回填。

(4)在管节顶部和基槽的施工范围内应均匀回填,不能在某些位置投入过量而造成航道障碍,也不得在某些地段投入不足而形成漏洞。

任务六 隧道施工监控量测

一、监控量测概述

监控量测是隧道施工的重要组成部分,是确保隧道施工安全的信息化手段,围岩监控量测对于指导现场施工是必不可少的。通过监控量测,掌握围岩和支护动态变位情况,及时提供围岩稳定程度和支护结构可靠性的安全信息,作为调整和修改支护设计的依据;对已开挖、支护段的力学状态进行评价,预见事故和险情,以及时采取必要补救措施,确保隧道安全、经济、快速施工;通过监控量测确定二次衬砌的施作时间;已有工程的量测结果可以应用到类似工程中,作为设计和施工的依据。

1. 隧道监控量测定义

隧道施工中对围岩、地表、支护结构的变形和稳定状态,以及周边环境动态所进行的经常性观察和量测工作。

2. 监控量测作用

包括风险预警确保施工安全及结构的长期稳定性;分析各项量测数据,确认或修正设计参数;确定二次衬砌施作时间。

3. 监控量测目的

确保施工安全及结构的长期稳定性;验证支护结构效果,确认支护结构参数和施工方法的准确性,或为调整支护参数和施工方法提供依据;确定二次衬砌施作时间;监控工程对周围环境的影响;积累量测数据,为信息化设计和施工提供依据。

4. 监控量测的任务

(1)通过对围岩与支护的观察和动态量测,以达到合理安排隧道施工程序、日常施工管理、确保施工安全、修改设计参数和积累资料的目的。

(2)通过对围岩和支护的变位、应力量测,掌握围岩的支护的动态信息并及时反馈,修改支护系统设计,指导施工作业和管理等。

(3)经监测数据的分析处理与必要的计算和判断后,进行预测和反馈,以保证施工安全和隧道围岩及支护衬砌结构的稳定。

(4)已有的隧道工程的监测结果,可以应用到其他类似工程中,作为指导设计和施工的重要依据。监控量测作业流程见图7-61。

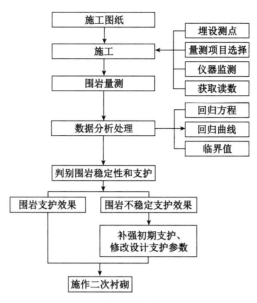

图 7-61 围岩监控量测作业流程图

二、隧道监控量测的项目

隧道施工监控量测旨在收集可反映施工过程中围岩的动态信息,据以判断隧道围岩的稳定状态,以及所设置的支护结构参数和施工的合理性。在工程实际中,常将以上量测内容按其重要性划分为必测项目和选测项目。《公路隧道施工技术规范》(JTG/T 3360—2020)对此作出了较为明确的规定(表7-3)。

(1)必测项目:保证隧道周边环境和围岩的稳定以及施工安全,同时反映设计、施工状态而必须进行的日常监控量测项目。

(2)选测项目:为了满足隧道设计和施工的特殊需要,由设计文件规定的在局部地段进行的监控量测项目。

(3)隧道净空变化:隧道周边上两点间相对位置的变化。

(4)拱顶下沉:隧道拱顶测点的绝对沉降(量)。

(5)地表沉降(或隆起):隧道开挖后地层中的(应力)扰动区延伸至地表而引起的地表沉降(或隆起)。

(6)非接触量测:指在不接触被测目标点的情况下,获取被测点的空间位移信息的方法。

隧道现场监控量测项目及测量方法　　　　　　　　　表 7-3

序号	项目名称	方法和工具	布置	测试精度	量测频率		
					1~15d	16d~1个月	1~3个月	大于3个月
1	洞内、外观察	现场观测、地质罗盘等	开挖后和初期支护后进行	—	—			
2	周边位移	各种类型收敛计	每5~50m一个断面,每断面2~3对测点	0.1m	1~2次/d	1次/2d	1~2次/周	1~3次/月

续上表

序号	项目名称	方法和工具	布置	测试精度	量测频率			
					1~15d	16d~1个月	1~3个月	大于3个月
3	拱顶下沉	水准测量的方法,水准仪、钢尺等	每5~50m一个断面	0.1m	1~2次/d	1次/2d	1~2次/周	1~3次/月
4	地表下沉	水准测量的方法,水准仪、钢钢尺等	洞口段、浅埋段($h_2 \leq 2b$)	0.5mm	开挖面距量测断面前后<2b时,1~2次/d;开挖面距量测断面前后<5b时,1/次(2~3d);开挖面距量测断面前后>5b时,1/次(3~7d)			
5	钢架内力及外力	支柱压力计或其他测力计	每代表性地段1~2个断面,每断面钢支撑内力3~7个测点,或外力1对测力点	0.1MPa	1~2次/d	1次/2d	1~2次/周	1~3次/月
6	围岩体内位移（洞内设点）	洞内钻孔中安设单点、多点杆式或钢丝式位移计	每代表性地段1~2个断面,每断面3~7个钻孔	0.1mm	1~2次/d	1次/2d	1~2次/周	1~3次/月
7	围岩体内位移（地表设点）	地表钻孔中安设各类位移计	每代表性地段1~2个断面,每个断面3~5个钻孔	0.1mm	同地表下沉要求			
8	围岩压力	各种类型岩土压力盒	每代表性地段1~2个断面,每个断面3~7个测点	0.01MPa	1~2次/d	1次/2d	1~2次/周	1~3次/月
9	两层支护间压力	压力盒	每代表性地段1~2个断面,每个断面3~7个测点	0.01MPa	1~2次/d	1次/2d	1~2次/周	1~3次/月
10	锚杆轴力	钢筋计、锚杆测力计	每代表性地段1~2个断面,每个断面3~7锚杆(索),每根锚杆2~4测点	0.01MPa	1~2次/d	1次/2d	1~2次/周	1~3次/月
11	支护、衬砌内应力	各类混凝土内应变计及表面应力解除法	每代表性地段1~2个断面,每个断面3~7个测点	0.01MPa	1~2次/d	1次/2d	1~2次/周	1~3次/月
12	围岩弹性波速度	各种声波仪及配套探头	在有代表性地段设置	—	—			

续上表

序号	项目名称	方法和工具	布置	测试精度	量测频率 1~15d	量测频率 16d~1个月	量测频率 1~3个月	量测频率 大于3个月
13	爆破震动	测振及配套传感器	临近建(构)筑物	—	随爆破进行			
14	渗水压力、水流量	渗压计、流量计	—	0.01MPa	—			
15	地表下沉	水准测量的方法,水准仪、钢钢尺等	洞口段、浅埋段($h_2 > 2b$)	0.5mm	开挖面距量测断面前后 $<2b$ 时,1~2次/d;开挖面距量测断面前后 $<5b$ 时,1次/(2~3)d;开挖面距量测断面前后 $>5b$ 时,1次/(3~7)d			

注:表中的1~4项为必测项目;5~15项为选测项目,应根据围岩地质条件、地表沉降要求、隧道结构、隧道施工及环境条件等确定;b-隧道宽度,h-隧道埋深。

三、隧道监控量测方法

(一)洞内外状态观察

1.目的

弥补隧道开挖前地质勘探工作不能准确提供地质资料而带来的不足;通过预测开挖面前方的地质条件,为判断围岩、隧道的稳定性提供地质依据;根据喷层地面状态及锚杆的工作状态,分析支护结构的可靠程度;利用目测结果修正设计、指导施工。

2.观察内容

(1)开挖后围岩的目测。包括岩石种类和产状;岩性特征(岩石的颜色、成分、结构、构造);地层时代及产状;节理性质、组数、间距、规模,节理裂隙的发育程度和方向性,断面状态特征,填充物的类型和产状等;断层的性质、产状,破碎带宽度、特征;地下水类型,涌水量大小、涌水位置、涌水压力、水的化学成分等;开挖工作面的稳定状态,顶板有无剥落现象。对目测观察到的有关情况和现象,应详细记录并需绘制以下图册:

①绘制隧道开挖工作面及两侧素描剖面图,要求每个监测断面绘制剖面图1张。

②剖面图间距。一般情况下剖面图的间距应随岩性、构造、水文地质条件不同而异。剖面素描图间距:Ⅱ类围岩为10m,Ⅲ类围岩为20m,Ⅳ类围岩为40m,Ⅴ类围岩为50~100m。

③现场绘出草图,室内再绘成正规图件,装订成册。

(2)开挖后支护段的目测。开挖后支护段的目测内容包括:初期支护完成后对喷层表面的观察以及裂缝状况的描述和记录;有无锚杆被拉坏或垫板陷入围岩内部的现象;喷射混凝土是否产生裂隙或剥离,要特别注意喷射混凝土是否发生剪切破坏;有无锚杆和喷射混凝土施工质量问题;钢拱架有无被压曲现象;是否有底鼓现象。观察中,如果发现异常现象,要详细记录发现时间、距开挖工作面的距离以及附近测点的量测数据。

(3)观测时间。隧道开挖工作面爆破后,立即进行观察,按要求及时记录和整理。

3. 目测观察中围岩的破坏形态分析

(1)危险性不大的破坏。构筑仰拱后,在拱肩部出现的剪切破坏,一般都进展缓慢,危险性不大,特别是当拱肩部的剪切破坏面上有锚杆穿过时,因锚杆的抵抗作用,更不会发生急剧破坏。

(2)危险性较大的破坏。在没有构筑仰拱的情况下,当隧道净空围岩速率较大且位移变化量极大时,拱顶喷射混凝土因受弯曲压缩而产生的裂隙常常进展急剧,时常伴有混凝土碎片剥离,隧道内有异常响动,岩尘飞扬,漏水量突然加大等,是一种危险性较大的破坏。

(3)塌方征兆的破坏。拱顶喷射混凝土层出现对称、可能向下滑落的剪切破坏现象时,或侧墙发生向内侧滑动的剪切破坏,并伴有底鼓现象时,这两种情况都会引起塌方事故。

目视观察中围岩的破坏形态如图 7-62 所示。

图 7-62　目测观察中围岩的破坏形态

4. 目测观察成果应用

(1)根据目测结果修正设计,并采取相应措施指导施工。开挖后目测地质情况与开挖前勘测结果有较大不同时,则应根据目测情况重新修改设计方案。变更后的围岩类别、地下水情况以及围岩稳定性状态等,由设计单位和监理单位确认,报主管部门审批后,对原设计进行修改,以便选择可行的施工方法并合理调整有关设计参数。

(2)当出现开挖工作面自稳时间少于 1h 的情况时,则可采取下列措施:采用拱部留核心土环开挖法,先使核心部残留,支护后再开挖核心部;采用分部开挖法;对开挖工作面喷射混凝土或锚杆防护后再开挖;用水平超前锚杆或玻璃纤维束锚杆对开挖工作面加固后再开挖;对围岩进行注浆加固后再开挖。

(3)开挖后没有支护前,发现顶板剥落现象时,可采取下列措施:开挖后尽快施作喷射混凝土层,缩短掘进进尺及作业时间;采用分部开挖法;增设钢拱架加强支护;对围岩进行注浆加固后再开挖。

(4)开挖工作面有涌水时,可根据涌水量大小,由小到大依次选取下列措施中的一项或几项:增加喷射混凝土中的速凝剂含量,加快凝结速度;张挂钢筋网改善喷射混凝土的附着条件;对岩面进行排水处理;打排水孔或设排水导坑;对围岩进行注浆堵水。

(5)发现有锚杆拉断或垫板陷入围岩壁面内的情况时,可采取下列措施:加密铺杆;加大锚杆长度;使用有弹簧垫圈的垫板;使用高强度锚杆。

(6)发现有喷射混凝土与岩面黏结不好的悬空现象时,可采取下列措施:开挖后尽早进行喷射混凝土作业;在喷射混凝土层中加设钢筋网;在喷射混凝土背后注浆;增设短锚杆。

(7)发现钢拱架有压曲现象时,可采取下列措施:适当放松钢拱架的连接螺栓;使用可缩性 U 形钢拱架;喷射混凝土层留出变形缝;加大锚杆长度;适当增加钢拱架的密度。

(8)发现喷射混凝土层有剪切破坏时,可采取下列措施:在喷射混凝土层增设钢筋网;施作喷射混凝土时留出伸缩缝;增加锚杆长度;使用钢拱架或 U 形可缩性钢拱架。

(9)发现有底鼓现象或侧墙有向内滑移现象时,可采取下列措施:在仰拱处打设锚杆;尽快喷射混凝土仰拱,使断面尽早闭合;原设计方案采用全断面开挖时,可用台阶法开挖;原设计方案采用长台阶开挖时,可缩短台阶长度或改用微台阶法开挖,以缩短支护结构形成闭合断面的时间。

5.量测仪器

现场量测项目,有的可以直接量测,有的则需要通过物理量的转换量测。根据转换的物理效应不同,量测仪器可分为以下几种类型:

(1)机械式:如百分表、千分表、挠度计、水准仪、全站仪、地质罗盘(图 7-63、图 7-64)、塔尺、测力计等。

图 7-63 水准仪、全站仪

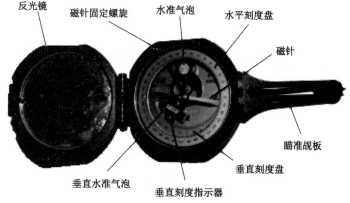

图 7-64 地质罗盘

(2)电测式:电感器、电容器、振弦型、压电型等。

(3)光弹式:光弹应力计、光弹应变计等。

(4)物探式:弹性波法(地震波法、超声波法、红外线法)、形变电阻率法等。

6.填写地质素描卡

地质素描卡见表7-4。

地 质 素 描 卡   表7-4

隧道特征		里程	断面尺寸(m)(宽×高)		开挖方式	埋深(m)	开挖日期		涌水位置	涌水量[L/(min·10m)]		扩泥沙情况	侵蚀类型
围岩地层岩性		围岩级别	设计围岩级别	饱和极限抗压强度	极硬岩	硬岩	较软岩	软岩	极软岩	地下水				
			施工采用级别											
开挖工作面上围岩岩体结构特征	岩层	产状	单层厚度(m)		层面特征		与隧轴夹角(°)			稳定性	稳定	拱部掉快	边墙掉块	拱部坍塌	边墙坍塌
	节理裂隙	组次	产状	间距(m)	长度(m)	填充物		走向与隧轴夹角(°)(顺时针为正)			洞局	塌方>10m²		塌方<10m²	
		1													
		2													
		3										开挖工作面	稳定	拱部坍塌	开挖工作面挤出	挖后至掉块或坍塌的时间
		4													
	断层	产状	破碎带宽度(m)			与隧轴夹角(°)									
掌子面图像及地质素描															

(二)周边位移量测

隧道围岩周边各点趋向隧道中心的变形称为收敛。所谓周边位移量测主要是隧道内壁面两点连线方向的距离的变形量量测。位移(收敛)值为两次量测的距离之差。量测仪器采用电子数显收敛计(图7-65)。

图7-65 电子数显收敛计

(三)净空变化量测

1.测量断面布置

隧道净空变化量测断面间距按表7-5设置。

必测项目量测断面间距　　　　　　　　　　　表 7-5

围岩级别	断面间距(m)
Ⅴ~Ⅵ	5~10
Ⅳ	10~30
Ⅲ	30~50

注:1. 洞口及浅埋地段断面间距取小值。
　2. 各选测项目量测断面数量,宜在每级围岩内选有代表性的1~2个。
　3. 软岩隧道的观测断面适当加密。

2. 测点布置

水平相对净空变化量测线的布置应根据施工方法、地质条件、量测断面等条件确定,每个开挖断面都应布置测线,具体如图 7-66 所示。

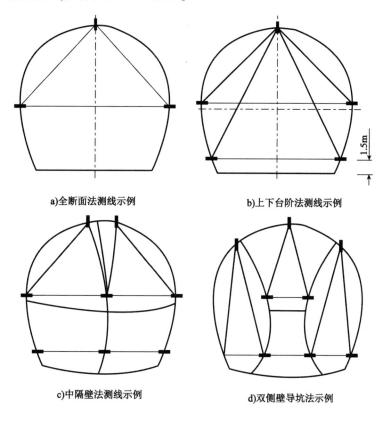

图 7-66　拱顶下沉量测及净空变化量测测线布置示意图

3. 量测方法

在开挖后的洞壁上及时安设测点,用电子数显收敛计进行量测,即通过布设于洞室周边上两固定点,每次测出两点的净长 L,求出两次量测的增量(或减量)ΔL,即为此处净空变化值。读数时应读三次,然后取其平均值,具体记录表格见表 7-6。

隧道净空变化量测记录表   表7-6

测线编号	桩号				施工方法			施工部位		埋设日期			
	量测时间				观测值			平均值	温度修订值	修订后观测值	相对初次变化值	相对上次变化值	时间间隔	变化速率	备注
	年	月	日	时	温度 ℃	第一次 mm	第二次 mm	第三次 mm	mm	mm	mm	mm	mm	d	mm/d	

测读者：　　　　　　　计算者：　　　　　　　复核者：

(四)拱顶下沉量测

1. 测量断面布置

拱顶下沉测点和净空变化测点应布置在同一里程断面上。量测断面间距按表7-5布置。

2. 测点布置

拱顶下沉测点原则上布置在拱顶轴线附近，当跨度较大或拱部采用分部开挖时，应在拱部增设测点。

(1)采用全断面开挖方式时，拱顶下沉测点设在拱顶轴线附近，见图7-66a)。

(2)当采用台阶开挖方式时，拱顶下沉测点设在拱顶轴线附近，见图7-66b)。

(3)当采用CD工法或CRD工法施工时，拱顶轴线左右两侧各设一拱顶下沉测点，见图7-66c)。

(4)当采用侧壁导坑法施工时，在左右侧壁导坑拱顶各设一拱顶下沉测点；在开挖中部核心土部分时，在拱顶设一拱顶下沉测点；见图7-66d)。

3. 量测方法

拱顶下沉量测大多数采用精密水准仪和因瓦挂尺等。拱顶下沉监控量测测点的埋设，一般在隧道拱顶轴线处设1个带钩的测桩(为了保证量测精度，常常在左右各增加一个测点，即埋设三个测点)，吊挂因瓦挂尺，用精密水准仪量测隧道拱顶绝对下沉量，见图7-67。拱顶下沉量的确定比较简单，即通过测点不同时刻相对高程h，求出两次量测的差值Δh，即为该点的下沉值。读数时应该读三次，然后取其平均值，具体记录表格见表7-7。

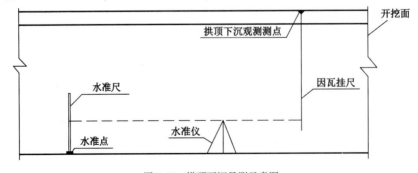

图7-67　拱顶下沉量测示意图

拱顶下沉量测记录表   表 7-7

桩号		施工方法				施工部位			埋设日期				
测线编号	量测时间	第一次	第二次	第三次	平均值	温度修正值	修正后测点高程	相对初次下沉值(Δu)	相对上次下沉值	时间间隔	下沉速度	备注
	年 月 日 时	m	m	m	m	mm	m	mm	mm	d	mm/d	

测读者:　　　　　　计算者:　　　　　　复核者:

4. 非接触量测

近年来,有用全站仪进行隧道净空变化量测和拱顶下沉量测,其方法包括自由设站和固定设站两种。与传统的接触量测的主要区别在于,非接触量测的测点多采用一种反射膜片作为测点靶标,以取代价格昂贵的圆棱镜反射器。具有回复反射性能的膜片形如塑料胶片,这种反射膜片,大小可以任意剪裁,价格低廉。反射模片贴在隧道测点处的预埋件上;在开挖面附近的反射模片,应采取一定的措施对其进行保护,以免施工时反射模片表面被覆盖或污染,同时施工单位应和监控量测单位加强协调工作,保证预埋件不被碰歪和碰掉。

(五)地表下沉量测

浅埋隧道地表沉降测点应在隧道开挖前布设。地表沉降测点和隧道内测点应布置在同一断面里程。地表沉降横向测点布置见图 7-68。当地表有建筑物时,应在建筑物周围增设地表下沉观测点。在隧道纵向(隧道中线方向)至少布置一个纵向断面,在横断面上至少应布置 11 个测点。在隧道中线附近测点应布置密一些,远离隧道中线应疏一些。

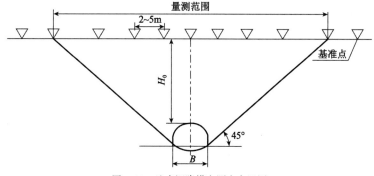

图 7-68　地表沉降横向测点布置图

四、量测数据的处理与应用

(一)量测数据的处理

(1)隧道现场监控量测应成立专门量测小组,负责日常量测、数据处理和仪器保养维修工作,并及时将量测信息反馈给施工部门和设计单位。测点埋设宜在施工部门配合下,由量测小组完成。各预埋测点应牢固可靠,不得任意撤换和破坏。

(2)现场监控量测应按量测方案认真组织实施,并与其他施工环节紧密配合,不得中断工作。

(3)量测数据整理、分析与反馈应符合下列规定:

①对初期的时态曲线应进行回归分析,预测可能出现的最大值和变化速度,掌握位移变化规律。

②数据异常时,应及时分析原因,提出对策和建议,并及时反馈给有关单位。

(4)应根据量测结果,按下列指标判定围岩稳定性:

①实测位移值不应大于隧道的极限位移,并按表7-8位移管理等级施工。一般情况下,宜将隧道设计的预留变形量作为极限位移,而设计变形量应根据监测结果不断修正。

位移管理等级 表7-8

管理等级	管理位移(mm)	施工状态
Ⅲ	$U < U_0/3$	可正常施工
Ⅱ	$U_0/3 \leq U \leq 2U_0/3$	应加强支护
Ⅰ	$U > 2U_0/3$	应采取特殊措施

注:U—实测位移值;U_0—设计极限位移值。

②根据位移速率判断:速率大于1mm/d时,围岩处于急剧变形状态,应加强初期支护;速率变化在0.2~1.0mm/d时,应加强观测,做好加固准备;速率小于0.2mm/d时,围岩达到基本稳定。在高地应力、岩溶地层和挤压地层等不良地质中,应根据具体情况制定判断标准。

③根据位移速率变化趋势判断:当围岩位移速率不断下降时,围岩处于稳定状态;当围岩位移速率变化保持不变时,围岩尚不稳定,应加强支护;当围岩位移速率变化上升时,围岩处于危险状态,必须立即停止掘进,采取应急措施。

④初期支护承受的应力、应变、压力实测值与允许值之比大于或等于0.8时,围岩不稳定,应加强初期支护;初期支护承受的应力、应变、压力实测值与允许值之比小于0.8时,围岩处于稳定状态。

(5)竣工文件中应包括下列量测资料:

①现场监控量测计划。②实际测点布置图。③围岩和支护的位移-时间曲线图、空间关系曲线图,以及量测记录汇总表。④量测变更设计和改变施工方法地段的信息反馈记录。⑤现场监控量测说明。⑥已竣工并交付运营的隧道,经批准后应进行长期运营量测时,运营量测点应在施工期间埋设并移交运营管理单位。运营量测由运营管理单位设专人进行,或委托第三方进行。

(二)量测数据的应用

1. 周边位移分析与反馈

周边位移是围岩动态的最显著表现,所以隧道工程现场量测主要以围岩周边位移作为围岩稳定性评价及围岩稳定状态判断的指标。

(1)判断标准。用围岩的位移来判断其稳定状态,关键是要确定一个"判断标准"(或称为"收敛标准"),即判断围岩稳定与否的界限。它包括3个方面:位移量(绝对或相对)、位移速率、位移加速度。

(2)根据以上判断标准,如果围岩位移速度不超过允许值,且不出现蠕变趋势,则可以认为围岩是稳定的,初期支护是成功的。若围岩表现出稳定性较好,则可以考虑适当加大循环进尺。如果位移值超过允许值不多,且初期支护中的喷射混凝土未出现明显开裂,一般可不予补强;如果位移与上述情况相反,则应采取处理措施。

(3)二次衬砌(内层衬砌)的施作时间。按新奥法施工原则,当围岩或围岩加初期支护基本达到稳定后,就可以施作二次衬砌。应当特别指出的是,在流变性和膨胀性强烈的地层中,单靠初期支护不能使围岩位移收敛时,宜于在位移收敛以前施作模筑混凝土二次衬砌,做到有效约束围岩位移。

2. 围岩内位移及松动区分析与反馈

与净空位移同理,如果实测围岩的松动区超过允许的最大松动区(该允许松动区半径与允许位移量相对应),则表明围岩已出现松动破坏,此时必须加强支护或调整施工措施,以控制松动范围。

3. 锚杆轴力分析与反馈

锚杆轴力是检验锚杆效果与锚杆强度的依据。根据锚杆极限强度与锚杆应力的比值 K(安全系数)就能做出判断:锚杆轴应力越大,则 K 值越小。一般认为,锚杆局部段的 K 值稍小于1是允许的,因为钢材有一定的延性。根据实际调查发现,锚杆轴应力在洞室断面各部位是不同的,表现为:

(1)同一断面内,锚杆轴应力最大者多数在拱部45°附近到起拱线之间。

(2)拱顶锚杆不管净空位移值大小如何,出现压应力的情况是不少的。

(3)锚杆轴应力超过屈服强度时,净空变位值一般超过50mm。

锚杆的局部段 K 值稍小于1的允许程度应该是不超过锚杆的屈服强度。若锚杆轴应力超过屈服强度时,则应优先考虑改变锚杆材料,采用高强钢材。当然,增加锚杆数量或锚杆直径也可获得降低锚杆轴应力的效果。

4. 围岩压力分析与反馈

由围岩压力分布曲线可知围岩压力的大小及分布状况。围岩压力的大小与围岩位移量及支护刚度密切相关。围岩压力大,即作用于初期支护的压力大,这可能有三种情况:一是围岩压力大但变形量小,这表明支护时机,尤其是支护的封底时间可能过早或支护刚度太大,可做适当调整,让围岩释放较多的应力;二是围岩压力大且变形量也很大,此时应加强支护,限制围岩变形,控制围岩压力的增长;三是当测得的围岩压力很小但变形量很大时,则应考虑可能会出现围岩失稳。

5. 喷层应力分析与反馈

喷层应力是指切向应力,因为喷层的径向应力总是不大。喷层应力与围岩压力及位移有密切关系。喷层应力大的原因有两个方面:一是围岩压力和位移大,二是支护不足。在实际工程中,一般允许喷层有少量局部裂纹,但不能有明显的裂损,或剥落、起鼓等。如果喷层应力过大,或出现明显裂损,则应适当增加初始喷层厚度。如果喷层厚度已较厚时,则不应再增加喷层厚度,而应增强锚杆或调整施工措施、改变封底时间等。

6. 地表下沉分析与反馈

对于浅埋隧道,可能由于隧道的开挖而引起上覆岩体的下沉,致使地面建筑的破坏和地面环境的改变。因此,地表下沉的量测监控对于地面有建筑物的浅埋隧道和城市地下通道尤为重要。如果量测结果表明地表下沉量不大,能满足限制性要求,则说明支护参数和施工措施是适当的;如果地表下沉量大或出现增加的趋势,则应加强支护和调整施工措施,如适当加喷混凝土、增设锚杆、加钢筋网、加钢支撑、超前支护等,或缩短开挖循环进尺,提前封闭仰拱,甚至预注浆加固围岩等。

7. 声波速度分析与反馈

围岩声波速度量测得 V_p-ρ 关系曲线,其既可以反映围岩动态变化和物理力学特征,还可以确定围岩松动区的范围。量测数据分析时应将声波速度量测数据分析结果与围岩内位移量测数据分析结果相互对照、相互验证,综合分析和判断围岩的松弛情况,并反馈与修正支护设计参数和指导调整施工措施。

(三)监控量测信息化

1. 定义

利用网络平台,依靠现代通信设备和测量仪器,实现集现场量测数据采集上传、软件自动分析处理、及时预警、及时分析处理、远程监控于一体的隧道围岩监控测量管理系统,以满足各级监管人员和监测人员的不同需求。

2. 资源配置

监控量测组由 3~5 人组成,负责外业工作。信息化量测,是通过全站仪数据测设、手机采集传输,服务器自行处理的方式来完成的(图7-69)。

(1)全站仪 + 蓝牙:以建站测量的方式,量测现场将控量测点,获取绝对坐标值。

(2)手机:Android2.3 以上系统,屏幕 4.0in(1in≈2.54cm)以上的智能手机。用于安装监测软件,记录、传输监测数据,查看量测结果、预警信息。

(3)通信信号基站:每个隧道口设一个,使信号覆盖至隧道掌子面。即时传输采集的监控量测数据至服务器。当隧道施工长度超过 1000m 时,信号会减弱,需要增加信号放大器。

(4)电脑(即计算机) + 网络:进行监控量测基础信息建设,处理预警,报表输出。

(5)服务器(为整个系统的中枢):处理手机发送来的监控量测数据,对数据进行处理,发布预警等。

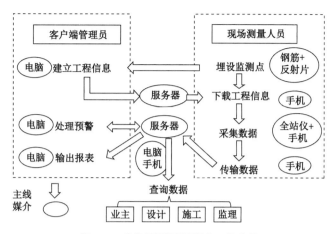

图 7-69 监控量测资源配置与工作流程

3. 工作流程

监控量测工作由布点开始,通过信息管理员在服务器网络平台上为测点设置属性(基础工程信息),量测人员下载工程信息后,用全站仪测设监控量测点,监测手机采集并通过手机信号将量测数据发送至服务器,服务器自行处理数据、自动输出量测数据成果、自动发出预警。有预警时,相关人员进行预警处理。各级管理人员通过手机或网络进行数据查询或报表输出(图 7-69)。

4. 信息化优点

(1)量测数据的真实性与可靠性。传统测量方法是人工采集、手工录入数据,容易出现差错,甚至出现人为修改量测数据和结果的情况,测量数据的真实性无法保证,监控量测数据失去作为设计变更依据的权威性。监控量测信息平台的应用完全杜绝这种现象的发生,由它获取的原始数据及时、可靠、真实、准确。

(2)数据上传的及时性与共享性。传统的测量方法想获得监控量测数据、了解隧道围岩变形情况基本上以日为单位,而从现场数据采集到成果分析却以分钟为单位,数据采集上传到信息管理平台后,建设单位、设计单位、施工单位、监理单位均可在第一时间内浏览所有数据。

(3)量测工作高效性与低成本。监控量测信息化管理平台对采集的数据由系统服务器自动分析处理,决策者可以通过终端设备获取相关信息。充分利用既有设备和公共通信系统等社会资源,通过软件平台整合,达到微投入,降低了成本,提高了效率,从而使其性价比高。

五、超前地质预报

1. 超前地质预报定义

用钻探和现代物探等手段,探测隧道、隧洞、地下厂房等地下工程的岩土体开挖面前方的地质情况,力图在施工前掌握前方的岩土体结构、性质、状态,以及地下水、瓦斯等的赋存情况、地应力情况等地质信息,为进一步施工提供指导,以避免施工及运营过程中发生涌水、瓦斯突出、岩爆、大变形等地质灾害,保证施工安全和顺利进行。

2. 超前地质预报目的

(1)进一步查清隧道开挖工作面前方的工程地质和水文地质条件,指导工程施工的顺利进行。

(2) 降低地质灾害发生的概率和危害程度。

(3) 为优化工程设计提供地质依据。

(4) 为编制竣工文件提供地质资料。

3. 超前地质预报主要内容

隧道施工超前地质预报的主要内容：

(1) 断层及断层影响带的位置、规模及其性质。

(2) 软弱夹层的位置、规模及其性质。

(3) 岩溶的位置、规模及其性质。

(4) 不同岩性、围岩级别变化界面的位置。

(5) 工程地质灾害可能发生的位置和规模。

(6) 含水构造的位置、规模及其性质。

4. 超前地质预报主要方法和适用条件

隧道地质超前预报方法主要有地质调查法、物探法、超前钻探法、超前导洞法、水力联测法、隧道地震预报（Tunnel Seismic Prediction, TSP）、隧道地质预报（Tunnel Geologic Prediction, TGP）。主要方法的适用条件如下：

(1) 地质调查法适用于各种地质条件隧道超前地质预报，调查内容应包括隧道地表补充地质调查和隧道内地质调查。

(2) 物探法适用于长、特长隧道或地质复杂隧道的超前地质预报，主要方法包括有弹性波反射法、地质雷达法、红外探测法、瞬变电磁法、高分辨直流电法。

(3) 富水构造破碎带、富水岩溶发育地段、煤系或油气地层、瓦斯发育区、采空区以及重大物探异常地段等地质复杂隧道和水下隧道必须采用超前钻探法预报，评价前方地质情况。

(4) 超前导洞法可采用平行超前导洞法和隧道内超前导洞法，两座并行隧道可根据先行开挖的隧道预测后开挖隧道的地质条件。

5. 几种常见隧道地质超前预报方法介绍

(1) 地质雷达法

地质雷达法是一种利用电磁波在不同介质中产生透射、反射的特性来进行超前地质预报的方法（图7-70）。电磁波通过天线发射，遇到不同阻抗界面时，将产生反射波和透射波。接收机利用分时采样原理和数据组合方式，把天线接收的信号转化为数字信号，主机系统再将数字信号转化为模拟信号或彩色线迹信号，并以时间剖面的形式显示出来。探测距离一般小于30m，在潮湿含水层中探测距离小于10m。

(2) 隧道地震波法

TSP/TGP法是基于地震波的反射原理，利用地震波在不均匀地质构造中产生的反射波特性来预报隧道施工前方的地质条件和岩石特性变化的一种方法。TSP/TGP法一般过程为，在洞内指定的震源点用少量炸药激发，产生的地震波在岩石中以球面波的形式向前传播，当地震波遇到岩石物性界面（即波阻抗界面，如断层、岩石破碎带、岩性突变等）时，一部分地震信号反射回来，另一部分地震信号透射进入前方介质，反射的地震信号将被两个三维高灵敏度的地震检波器接收。通过对接收信号的运动学和动力学特征进行分析,可推断断层和岩石破碎带等不良地质体的位置、规模、产状及岩石动力参数。其探测原理如图7-71所示。

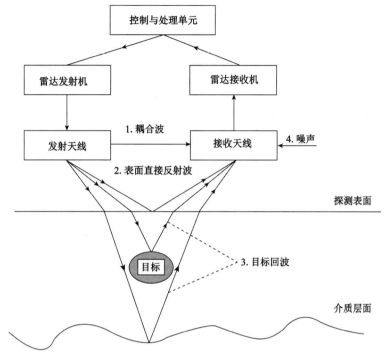

图7-70　地质雷达法预报原理

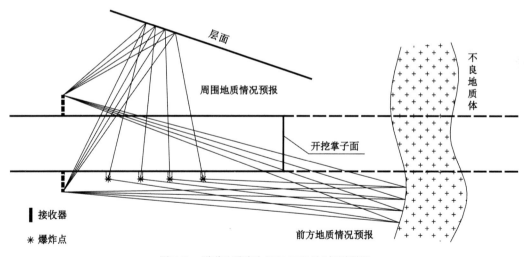

图7-71　隧道地震波法(TSP/TGP法)探测原理

(3)超前钻探法

超前钻探法是在掌子面布设探孔,采用水平钻机进行超前钻探,根据钻机在钻进过程中的推力、扭矩、钻速、成孔难易及钻孔出水情况(必要时提取岩芯进行分析)来确定前方的地层和岩性,同时进行涌水量、水压测试及水质分析,判定掌子面前方地层含水情况及性质的一种超前地质预报方法(图7-72)。

a)超前水平钻机　　　　　　　　b)现场作业

图7-72　超前水平钻机及其现场作业

(4) 红外探测法

红外探测法是由分子震动和转动形成的,构成地质体的分子每时每刻都在不停地振动和转动,它所产生的能量在不间断地由内向外传播,从而形成红外线波段的电磁辐射,并形成红外线辐射场。场有能量、动量、方向和信息。地质体由内向外发射红外线辐射时,必然会把地质信息传递出来。当隧道前方和外围介质相对均匀时,经探测所获得的辐射曲线具有正常场特征。

学习任务单

项目七　隧道施工监控量测方法	姓名：	
	班级：	
	自评	师评
思考与练习	掌握： 未掌握：	合格： 不合格：
1. 简述隧道施工方法的特点及使用条件。		
2. 简述隧道开挖方法的工艺流程和要点。		
3. 简述隧道洞口土石方施工要求。		
4. 简述明洞开挖方法和施工要求。		
5. 简述山岭隧道传统矿山法与新奥法的施工工艺和施工原则。		
6. 简述山岭隧道初期支护、二次衬砌施工工序与施工方法。		
7. 简述超前支护的措施。		
8. 简述隧道洞口地段浅埋暗挖施工原则与施工要点。		
9. 简述沉管法施工特点。		
10. 简述沉管隧道的预制、管节浮运与沉设方法。		
11. 简述沉管隧道关键工序及技术措施。		
12. 简述监控量测内容与方法。		
13. 简述隧道超前地质预报方法及数据图像处理分析。		
14. 绘制各种开挖方法的工序图。		

项目八
掘进机与盾构

学习目标

1. 知识目标
(1) 了解隧道掘进机的类型、结构组成和适用范围。
(2) 明确隧道掘进机的施工技术特点。
(3) 掌握隧道掘进机施工工序及技术措施。
(4) 了解盾构的类型、结构组成、适用范围。
(5) 明确盾构的施工技术特点,理解土压平衡盾构机的原理和实施方法。
(6) 掌握盾构法施工的工序及技术措施。

2. 能力目标
(1) 具备组织隧道掘进机施工能力。
(2) 具备分析硬岩掘进机施工的主要技术问题,并提出相应解决方法的能力。
(3) 具备组织盾构施工和盾构施工的技术管理能力。

3. 素质目标
(1) 培养学生的实际应用能力。
(2) 培养学生踏实、细致、认真的工作态度和作风。

学习重点

隧道掘进机的类型、结构组成和适用范围;隧道掘进机的施工技术特点;隧道掘进机施工工序及技术措施;盾构的类型、结构组成、适用范围;盾构的施工技术特点;土压平衡盾构机的原理和实施方法;盾构法施工工序及技术措施。

学习难点

隧道掘进机施工;掘进机施工的主要技术问题;盾构施工;盾构施工技术管理。

任务一　隧道掘进机

一、隧道掘进机概述

隧道掘进机,英文名称为 Tunnel Boring Machine,简称 TBM,是一种机械化的隧道掘进设备。掘进机法是利用掘进机切削破岩,开凿隧道的施工方法(图8-1)。掘进机施工具有钻爆法施工不可比拟的优点。世界上采用掘进机施工的隧道已有 1000 余座,总长度在 4000km 左右。

图 8-1　TB880E 修建的秦岭 18.4km 铁路隧道

1. 隧道掘进机的优点

采用隧道掘进机开挖隧道优点:一次成洞,洞壁光滑;施工质量好,速度快;劳动条件好;对围岩的损伤小,几乎不产生松弛,掉块、崩塌的危险小,支护工作量小;超挖小,节省衬砌;震动、噪声小,对周围的居民和结构物的影响小等。

2. 隧道掘进机的缺点

隧道掘进机虽然机械化设备较高,作业效率快,安全性高,但也存在一些不足,诸如:①机械的购置费和运输、组装解体等费用高;②机械的设计制造时间长,初期投资高;③施工途中不能改变开挖直径;④硬岩掘进机械施工方式一经确定,就不可能像钻爆法施工那样自由变更,难以适应复杂的地质变化情况,在断层、破碎带和软弱层掘进困难;⑤开挖断面的大小、形状变更困难。

二、隧道掘进机的类型

开敞式 TBM:配置钢拱架安装器与喷锚等辅助设备。常用于硬岩,采取有效支护手段后也可应用于软岩隧道。

双护盾 TBM:适用于各种地质,既能适应软岩,也能适应硬岩或软硬岩交互地层。

单护盾 TBM:常用于劣质地层。单护盾 TBM 推进时利用管片作支撑,其原理类似于盾构。与双护盾 TBM 相比,掘进与安装管片不能同时进行。

微型 TBM:$\phi 0.25 \sim 3.0m$。中型 TBM:$\phi 3.0 \sim 8.0m$。巨型 TBM:大于 $\phi 8.0m$。

（一）开敞式掘进机

开敞式掘进机,也称为支撑式掘进机,是指利用支撑机构撑紧洞壁以承受向前推进的反作用力及反扭矩的全断面岩石掘进机(图 8-2),适用于岩石整体性较好的隧洞。掘进机支撑板撑紧洞壁以承受刀盘掘进时传来的反作用力、反扭矩;刀盘旋转,推进液压缸推压刀盘,一组盘形滚刀切入岩石,在岩石面上做同心圆轨迹滚动破岩,岩渣靠自重掉入洞底,由铲斗铲起岩渣靠岩渣自重经溜槽落入皮带机出渣,这样连续掘进成洞。开敞式掘进机有单支撑和双支撑两种形式。

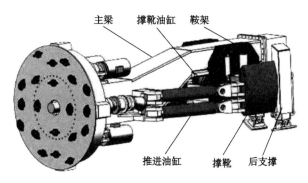

图 8-2 开敞式掘进机

1. 单支撑式掘进机

单支撑式掘进机在刀盘支架的前部安装主轴承和大内齿圈,它的四周安装刀盘护盾,利用可调式顶盾、侧盾和下支撑保持与开挖洞面的浮动支承,从而保证刀盘的稳定。主梁上安装推力千斤顶和支撑系统,如图 8-3 所示。由于采用了一对水平支撑,因此它在掘进过程中,方向调整是随时进行的,掘进的轨迹是曲线。

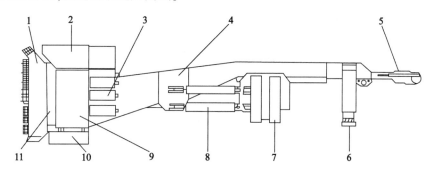

图 8-3 单支撑式掘进机示意图
1-刀盘;2-拱顶护盾;3-驱动组件;4-主梁;5-出渣输送机;6-后下支撑;7-撑靴;8-推进千斤顶;9-侧护盾;10-下支撑;11-刀盘支撑

2. 双支撑式掘进机

双支撑式掘进机在主机架中间有两对水平支撑,它可以沿着镶着铜滑板的主机架前后移动(图 8-4)。主机架的前端与刀盘、轴承、大内齿圈相连接,后端与后下支撑连接,推进千斤顶借助水平支撑推动主机架及刀盘向前,布置在水平支撑后部的驱动装置通过传动轴将扭矩传到刀盘。双支撑式掘进机在掘进中由两对水平支撑撑紧洞壁,因此掘进方向一经定位,只能沿着直线掘进。只有在重新定位时,才能调整方向,所以掘进机轨迹是折线。

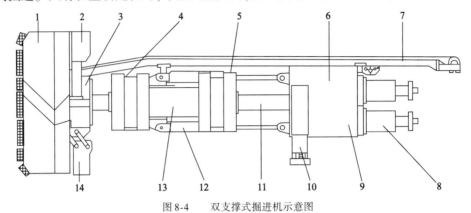

图 8-4　双支撑式掘进机示意图

1-刀盘;2-顶护盾;3-轴承外壳;4、5-水平支撑(前、后);6-齿轮箱;7-出渣输送机;8-驱动电机;9-星形变速箱;10-后下支撑;11-扭矩筒;12-推进千斤顶;13-主机架;14-仰拱刮板(前下支撑)

(二)护盾式掘进机

护盾式掘进机是在整机外围设置一个与机器直径相一致的圆筒形保护结构,以利于掘进破碎或复杂岩层的全断面岩石掘进机(图 8-5)。护盾式掘进机在掘进中利用尾部已安装的衬砌管片作为推进支撑,围岩由于有护盾防护,在护盾长度范围内不暴露,因此护盾掘进机更适用于软岩。护盾式掘进机又分为单护盾和双护盾两种类型。

图 8-5　护盾式掘进机

1. 单护盾掘进机

单护盾掘进机在掘进和安装衬砌管片时是依次顺序进行的,即不能同时作业。掘进中,它依靠后部的推进千斤顶顶推已安装好的衬砌管片得以向前掘进,掘进停止后,利用管片安装机将分成若干块的一环管片安装到隧道上,如图 8-6 所示。单护盾掘进机适用于软岩地层以及自稳时间相对较短的地质条件较差的地层。

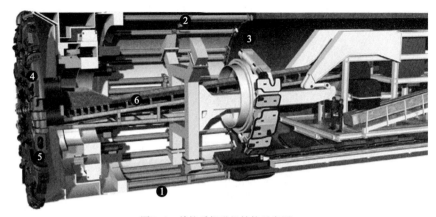

图 8-6　单护盾掘进机结构示意图
①-护盾；②-液压推进油缸；③-管片；④-刀盘；⑤-装渣斗；⑥-皮带输送机

2. 双护盾掘进机

双护盾掘进机在软岩及硬岩中都可以使用。当它在自稳条件不良的地层中施工时，其优越性更突出。它与单护盾掘进机的区别在于增加了一个护盾，如图 8-7 所示。在硬岩中施工时利用水平支撑，支撑洞壁传递反力，所以它既可利用尾部的推力千斤顶顶推尾部安装好的衬砌管片，也可以在利用水平支撑进行开挖时，同时安装衬砌管片，因此双护盾掘进机开挖和安装衬砌管片的停机换步时间大大缩短。

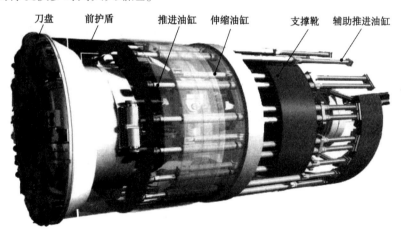

图 8-7　双护盾掘进机

三、全断面隧道掘进机基本构造

全断面隧道掘进机基本构造有刀盘、支撑与推进系统、后配套设备等三大部分。

（一）刀盘

刀盘是钢结构焊接件（图 8-8），其前端是已加强的双层壁，通过溜渣槽与后隔板相连接，刀盘后隔板用螺栓与刀盘轴承连接。刀盘上装有若干个盘形滚刀，用于挤压切削岩石；同时在前端还装有径向带齿的石渣铲斗，用于软岩开挖。刀座是刀盘的一部分，做成凹形，使盘形刀刀圈凸出刀盘,这样可以防止破碎围岩中大块岩石阻塞刀盘。

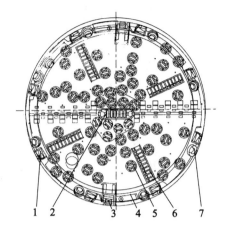

图 8-8 刀盘示意图
1-铲斗;2-中心刀;3-扩孔边刀;4-扩孔刮渣器;5-面刀;6-铲齿;7-边刀

(二)支撑与推进系统

1. 支撑系统

支撑系统(图 8-9)是掘进机的固定部分。当掘进时,它支承掘进机的重量并将开挖推力和扭矩传递给岩壁形成反力。不同结构形式的掘进机,支撑系统对掘进方向的控制不同。双水平支撑的开敞式掘进机在换步时用后下支撑来调整机器的方位,方位一经确定,刀盘只能按预定方向掘进。

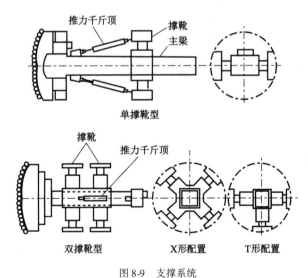

图 8-9 支撑系统

2. 掘进机的推进方式

隧道掘进机的推进是通过交叉换步来实现循环掘进的,开敞式 TBM 循环掘进如图 8-10 所示。

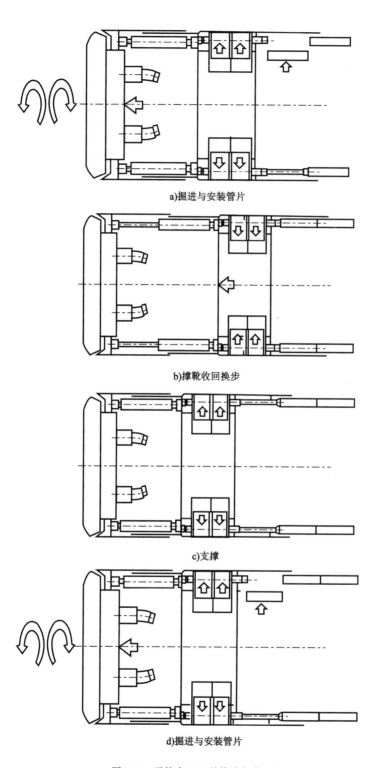

图 8-10 开敞式 TBM 的推进方式

(1) 扩张支撑靴,固定掘进机的机体在隧道壁上。
(2) 回转刀盘,开动千斤顶前进。
(3) 推进一行程后,缩回支撑靴,把支撑靴移置到前方,返回(1)的状态。

双护盾式 TBM 在围岩稳定性较好的地层中掘进时,位于后护盾的撑靴紧撑在洞壁上,为刀盘掘进提供反力,在主推进油缸的作用下,使 TBM 向前推进。此时 TBM 作业循环为:掘进与安装管片→撑靴收回换步→支撑→掘进与安装管片。双护盾掘进模式适用于稳定性较好的硬岩地层施工,在此模式下,掘进与安装管片同时进行,施工速度快。

(三) 后配套设备

后配套设备包括液压传动站、变电设备、开关柜、主驾驶室、通信系统、备用发电机、空压机、通风系统、喷射混凝土设备、围岩加固堵水注浆设备以及供水系统。

四、隧道掘进机施工

(一) 掘进

岩石隧道掘进机法是利用岩石隧道掘进机在岩石地层中暗挖隧道的一种施工方法。掘进时盘形刀沿岩石开挖面滚动,同时通过刀盘均匀地在每个盘形刀上对岩面施加压力,形成滚动挤压切削而实现破岩。刀盘每转动一圈,将贯入岩面一定深度,在盘形刀刀刃与岩石接触处,岩石被挤压成粉末,从这个区域开始,裂缝向相邻的切割槽扩展,进而形成片状石渣。

(二) 衬砌施工

掘进机施工的隧道,其衬砌结构一般是由初期支护和二次衬砌组成。初期支护是隧道开挖中保证掘进期围岩稳定和掘进机顺利掘进所不可缺少的。掘进开挖成洞后,视地质情况采用二次喷射混凝土或二次混凝土作为永久衬砌。

1. 管片式衬砌

使用护盾掘进机,一般采用圆形全周管片式衬砌,如图 8-11 所示。其优点:适合软弱围岩,特别是当围岩允许承载力很低,支撑靴不能支撑岩面时,可利用尾部推力千斤顶,顶推已安装的管片获得推力反力;当支撑靴可以支撑岩面时,双护盾掘进机可以使掘进和换步同时进行,提高循环速度;管片安装机安装管片具有速度快、支护效果好、安全性强的特点,但是它的造价高。为了防水的需要,每片之间要安装止水条,并需在管片外圆和洞壁压入豆砾石和注浆。

2. 二次混凝土衬砌

二次混凝土衬砌:根据地质条件可用喷射混凝土作为永久衬砌(图 8-12),如欧洲多数隧道即是以喷射混凝土作为永久支护的;亦可采取二次模筑混凝土衬砌,使用穿行式模板台车进行永久衬砌。

图 8-11 管片式衬砌

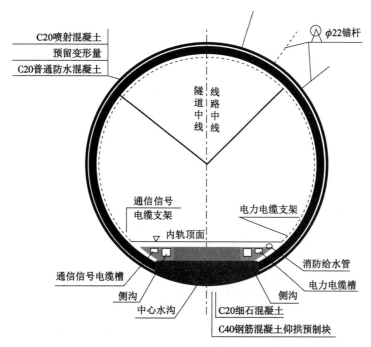

图 8-12 二次混凝土衬砌

使用开敞式掘进机,一般是随开挖先施作初期支护,然后进行二次模筑混凝土永久性衬砌,以保证掘进机的高速度掘进,而不可能使开挖作业与模混凝土衬砌作业同时进行。此外,在机械上部进行混凝土衬砌作业,会给掘进机设备带来严重的混凝土污染,因此在刀盘后部只进行必要的初期支护,如打锚杆、喷射混凝土、架钢拱架。

(三)不良地质地段施工

全断面岩石掘进机最好用于地质条件较好的隧道,通常适用于中硬岩层,岩石单轴抗压强度介于 20~250MPa,尤以 50~100MPa 为最佳。但任何一座隧道,不可能不出现一些局部地质较差地段,因此掘进机必须具备通过不良地质的能力。为了满足不良地质施工要求,掘进机可安装一些设备进行特殊功能作业。

任务二　盾构机施工

一、盾构机概述

(一)基本概念

盾构,英文名称为 Shield Machine,它是一种具有金属外壳的筒状机械,主要用于软土隧道暗挖施工,在金属外壳的掩护下盾构可以同步完成土体开挖、土渣排运、整机推进和管片安装等作业,将隧道一次开挖成形。盾构施工法简称盾构法,就是用盾构修建隧道的方法,是地下暗挖隧道的一种施工方法。

盾构施工法是:使用盾构机在地下掘进,在护盾的保护下,在机内安全地进行开挖和衬砌作业,从而构筑成隧道的施工方法。按照这个定义,盾构施工法是由稳定开挖面、盾构机挖掘和衬砌三大部分组成。

盾构法施工概貌如图8-13、图8-14所示。在隧道的一端建造竖井或基坑,将盾构安装就位,盾构从竖井或基坑的墙壁开孔出发,在地层中沿着设计轴线,向另一竖井或基坑的孔壁推进。盾构推进过程中所受到的地层阻力,通过盾构千斤顶传至盾构尾部已经拼装好的衬砌管片上。盾构机是这种施工方法中主要的施工机具。

图8-13　盾构法施工概貌(1)

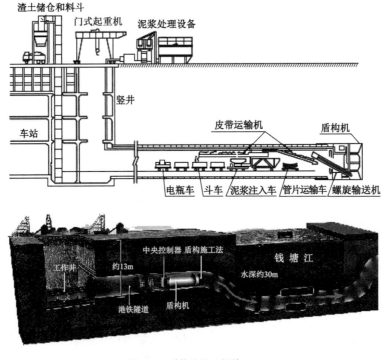

图8-14　盾构法施工概貌(2)

(二)盾构施工特点

1. 盾构施工优点

(1)在松软含水地层、地面构筑物不允许拆迁、施工条件困难地段,采用盾构法施工隧道能显示其优越性。

(2)振动小、噪声低、施工速度快、安全可靠,对沿线居民生活、地下和地面构筑物及建筑物的影响小等。

(3)除竖井施工外,施工作业均在地下进行,既不影响地面交通,又可减少对附近居民的噪声和振动影响。

(4)盾构的推进、出土、拼装衬砌等主要工序循环进行,施工易于管理,施工人员也较少。

(5)隧道的施工费用不受覆土厚度多少的影响,适宜于建造覆土厚度较大的隧道。

(6)施工不受风雨等气候条件影响。

(7)当隧道穿过河底或其他建筑物时,不影响交通。

(8)与明挖法施工相比,只要能使盾构开挖面稳定,则隧道越深、地基越差、土中影响施工的埋设物等越多,经济上、施工速度上越有利。

2. 盾构法施工存在问题

(1)当隧道曲线半径过小时,施工较为困难。

(2)在陆地上建造隧道时,若隧道覆土太浅,则盾构施工困难很大,而在水下时,如果覆土深度太浅则盾构法施工不够安全。

(3)盾构施工中采用全气压方法以疏干和稳定地层时,对劳动保护要求较高,施工条件较差。

(4)盾构法隧道上方一定范围内的地表沉降尚难完全防止,特别在饱和含水松软的土层中,要采取严密的技术措施才能把沉陷控制在很小的限度内。

(5)在饱和含水地层中,盾构法施工所用的拼装衬砌,对达到整体结构防水的技术要求较高。

二、盾构法隧道的发展历史、技术现状

(一)盾构法隧道的发展历史

18世纪末英国人提出在伦敦地下修建横贯通泰晤士河隧道的设想,并于1798年开始着手工作希望实现这个构想,但由于竖井挖不到预定深度,计划受挫;4年后Torevix决定在另一个地方建造连接两岸的隧道,随后工程再次开工,当掘进到最后30m时,开挖面激剧浸水,工程再次受阻。工程从开工到被迫终止用了5年时间,此后修建横贯泰晤士河隧道的计划在以后10年内没有任何进展。1818年,Brunel观察小虫腐蚀木船底板成洞的经过,从而得到启发,在此基础上提出了盾构工法,并得到专利。这就是所谓开放型手掘式盾构的原型,Brunel对自己的新工法非常自信,于1823年拟定了修建另一条泰晤士河隧道的计划,随后这个计划得到英国国会批准,于1825年动工;初期,工程进展顺利,但后来由于地层下沉,工程被迫中

止。但 Brunel 并没有灰心，总结了失败的教训后，对盾构做了 7 年的改进，于 1834 年再次开工，又经过 7 年施工，终于在 1841 年贯通隧道。自 Brunel 向泰晤士河隧道发起挑战到胜利，前后经历了 20 个春秋，此时，他已是 72 岁的老人。Brunel 对盾构工法的贡献极为卓著，这是后人的一致评价。自 Brunel 的方形盾构后，盾构技术经过 23 年的改进，到 1869 年修建横贯泰晤士河的第二条隧道，这个项目由 Great 负责，从起初 Torevix 的反复失败，到 Brunel 的盾构工法，进而改进为 Great 的盾构工法，前后经历了 80 年的漫长岁月。19 世纪到 20 世纪中叶，盾构工法相继传入美国、法国、德国、日本、苏联等国家，并得到不同程度的发展。在这一段时期，盾构工法虽然有一定进步，但只是盾构工法在世界各国的推广与普及。20 世纪 60—80 年代盾构工法继续发展完善，成绩显著。这一时期出现了多种盾构工法，以泥水式、土压式盾构工法为主。1990—2003 年，这段时间盾构工法的技术进步极为显著，归纳起来有以下几个特点：

（1）盾构隧道长距离化、大直径化。这一时期英法两国修建了长达 48km 的英吉利海峡隧道，隧道断面直径达 8.8m，采用的是土压盾构工法。

（2）盾构多样化。出现了矩形、椭圆形、多圆搭接形等多种异圆断面盾构。

（3）施工自动化。盾构掘进中和方向、姿态自动控制系统，施工信息化、自动化的管理系统及施工故障自诊断系统。

（二）盾构法隧道的技术现状

当前是泥水盾构、土压盾构技术的普及与推广时期，但有些技术细节还有待完善及改进。多种特种盾构的相继问世，极大地扩展了盾构工法的应用范围，使用盾构工法的前景更加宽广。但由于这些特种工法问世时间不长，施工实例还不够多，有些细节仍有待改进。近年来交通工程、下水道工程、共同沟工程存在大直径盾构隧道的建设需求，所以大直径、长距离、高速施工等施工措施、施工设备的研发与成功应用也较为迫切。

三、盾构法隧道的基本原理

（一）概述

盾构法隧道的基本原理是用一件有形钢质组件沿隧道设计轴线开挖土体而向前推进。盾构机由通用机构与专用机构组成。通用机构一般由外壳、掘土机构、推进机构、挡土机构、管片组装机构、附属机构等组成。专用机构因机种而异，如对于土压盾构机而言，专用机构即排土机构、搅拌机构、添加材注入装置；而对于泥水盾构机而言，专用机构是指送排泥机构、搅拌机构。盾构机的主要部件有刀盘、切口环、支撑环、盾尾、拼装机、螺旋机（图 8-15）。

1. 外壳

设置盾构机外壳的目的是保护掘削、排土、推进、做衬砌等所有作业设备、装置的安全，故整个外壳用钢板制作，并用环形梁加固支承。一台盾构机的外壳沿纵向从前到后分为前、中、后三段，通常又将这三段称为切口环、支承环、盾尾三部分（图 8-16）。

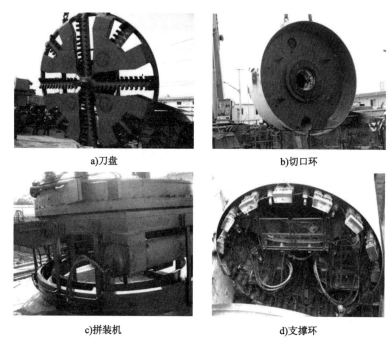

图 8-15 盾构机的主要部件

2. 切口

该部位装有掘削机械和挡土设备,故又称为掘削挡土部。

3. 支承

支承部即盾构的中央部位,是盾构的主体构造部。因为要支承盾构的全部荷载,所以该部位的前檐和后方均设有环状梁和支柱,由梁和柱支承其全部荷载。

4. 盾尾

盾尾部即盾构的后部。盾尾部为管片拼装空间,该空间内装有拼装管片的举重臂。为了防止周围地层的土、地下水及背后注入的填充浆液窜入该部位,设置尾封装置。

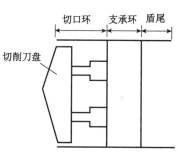

图 8-16 封闭式盾构机外壳

5. 盾尾密封(简称"尾封")

盾尾密封是为了防止周围地层的土砂、地下水、背后注入浆液、开挖面上的泥水、泥土从盾尾间隙流向盾构而设置的封装措施(图 8-17)。尾封通常使用钢丝刷、尿烷橡胶或者两者的组合。

6. 中折装置

在小曲率半径曲线段施工时,可以把盾构机做成可以折成 2 节、3 节的中折形式。中折装置的设置不仅可以减少曲线部位的超挖量,而且由于弯曲容易,使盾构千斤顶的负担得以减轻,推进时作用在管片上的偏压减小,故使施工性得以提高。

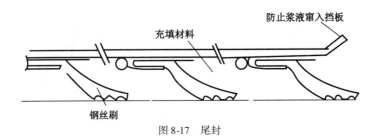

图 8-17 尾封

7. 推进机构

盾构机的推进是靠设置在支承环内侧的盾构千斤顶的推力作用在管片上,进而通过管片产生的反推动力使盾构前进。

8. 挡土机构

挡土机构是为了防止掘削时,掘削面地层坍塌和变形,确保掘削面稳定而设置的机构。该机构因盾构种类的不同而不同。对泥水盾构而言,挡土机构是泥水舱内的加压泥水和刀盘面板。对土压盾构而言,挡土机构是土仓内的掘削加压土和刀盘面板。

9. 掘削机构

对机械式盾构、封闭式(土压式、泥水式)盾构而言,掘削机构即掘削刀盘。

10. 刀盘的构成及功能

掘削刀盘即做转动或摇动的盘状掘削器,由掘削地层的刀具、稳定掘削面的面板、出土槽口、转动或摇动的驱动机构、轴承机构等构成。刀盘设置在盾构机的最前方,其既能掘削地层土体,又能对掘削面起一定支承作用,从而保证掘削面的稳定。

11. 排土机构

就土压盾构而言,排土机构由螺旋输送机、排土控制器及盾构机以外的泥土运出设备构成。螺旋输送机的功能是把土仓内的掘削土运出、经排土控制器送给盾构机外的泥土运出设备(至地表)(图 8-18)。

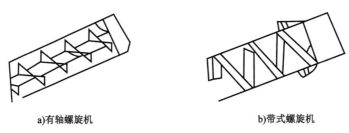

a) 有轴螺旋机   b) 带式螺旋机

图 8-18 螺旋输送机种类

(二)土压平衡盾构机工作原理

盾构推进时,其前端刀盘旋转掘削地层土体,切削下来的土体进入土仓。当土体充满土仓时,其被动土压与掘削面上的土、水压基本相同,故掘削面实现平衡(即稳定)。这类盾构靠螺旋输送机将渣土(即掘削弃土)排送至土箱,运至地表。由装在螺旋输送机排土口处的滑动闸门或旋转漏斗控制出土量,确保掘削面稳定。

泥土在土压平衡盾构机压力舱中的增减受到有效控制,推进压力与土层压力和地下水压力相平衡,使得掘进工作面保持稳定(图8-19)。

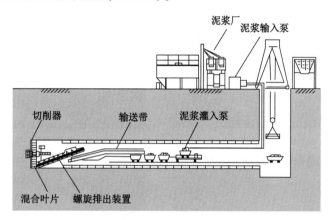

图8-19 土压平衡盾构机工法示意图

（三）泥水平衡盾构机工作原理

泥水盾构系靠盾构机的推进力使泥水(水、黏土及添加剂的混合物)充满封闭式盾构的密封舱(也称为泥水舱),并对掘削面上的土体施加一定的压力,该压力称为泥水压力。通常取泥水压力大于地层的地下水压+土压,所以尽管盾构刀盘掘削地层,但地层不会坍落,即处于稳态。刀盘掘削下来的土砂进入泥水舱,经设置在舱内的搅拌装置拌和后成为含掘削土砂的高浓度泥水,再经泥浆泵将其泵送到地表的泥水分离系统,待土、水分离后,再把滤除掘削土砂的泥水重新压送回泥水舱。如此不断循环实现掘削、排土、推进。因靠泥水压力使掘削面稳定故得名泥水加压盾构,简称泥水盾构。

泥水盾构掘进机适用于应对各种困难地层和控制地表沉降。挖出的土以泥水形式由管道运输,而砾石可压碎后被管道运输或在管道输送中途被移走。

四、盾构机的分类

盾构机是盾构法施工的主要施工机械,盾构机类型主要按照不同的分类方法进行分类。

（一）按断面形状分类

盾构机根据其断面形状可分为单圆盾构机、复圆盾构机(多圆盾构机)、非圆盾构机。其中,复圆盾构机可分为双圆盾构机和三圆盾构机;非圆盾构机可分为椭圆形盾构机、矩形盾构机、马蹄形盾构机、半圆形盾构机。复圆盾构机和非圆盾构机统称为异形盾构机(图8-20)。

（二）按支撑条件分类

盾构机按支护地层的形式分类,主要分为自然支护式、机械支护式、压缩空气支护式、泥浆支护式、土压平衡支护式五种类型(图8-21)。

a)单圆盾构机   b)多圆盾构机

c)非圆盾构机   d)球形盾构机

e)异形盾构机

图 8-20 盾构机按断面形状分类

另外,盾构机按开挖面与作业室之间的隔墙构造,可分为全开敞式、半开敞式及密封式(闭胸式)三种(图8-22)。

1. 全开敞式盾构机

全开敞式盾构机是指没有隔墙、开挖面敞露状态的盾构机(图8-23)。根据开挖方式的不同,又分为手掘式、半机械化式及机械式三种。这种盾构机适用于开挖面自稳性好的围岩。在遇到开挖面不能自稳的地层时,则需采取地层超前加固等辅助施工方法,以防止开挖面坍塌。

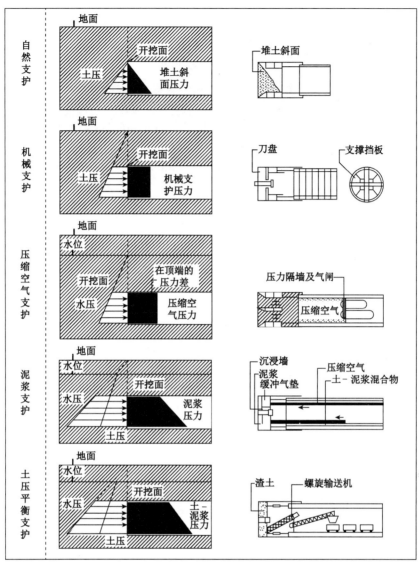

图 8-21 按支撑条件分类

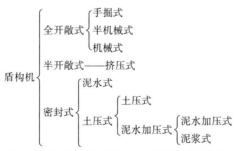

图 8-22 按开挖面与作业室之间的隔墙构造分类

(1) 手掘式盾构机。如图 8-24 所示，手掘式盾构机的正面是开敞的，通常设置防止开挖顶面塌陷的活动前檐及上承千斤顶、工作面千斤顶及防止开挖面塌陷的挡土千斤顶。开挖采用铁锹、镐、碎石机等工具，人工进行。

图 8-23　全开敞式盾构机(日本新干线隧道)

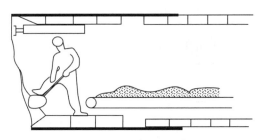

图 8-24　手掘式盾构机构造

这种盾构机适应的土质是自稳性强的洪积层压实的砂、砂砾,固结粉砂和黏土。对于开挖面不能自稳的冲积软弱砂层、粉砂和黏土,施工时必须采用稳定开挖面的辅助施工方法,如气压施工法、改良地基、降低地下水位等。目前手掘式盾构机一般用于开挖断面有障碍物、巨砾石等特殊场合,而且应用逐渐减少。

(2)半机械式盾构机。如图 8-25 所示,半机械式盾构机进行开挖及装运石渣都采用专用机械,配备液压铲土机、臂式刀盘等挖掘机械和皮带运输机等出渣机械,或配备具有开挖与出渣双重功能的机械,以图省力。

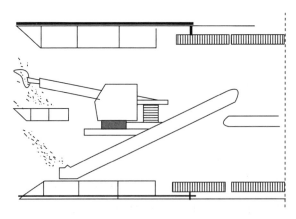

图 8-25　半机械式盾构机构造

为防止开挖面顶面塌陷,盾构机内装备活动前檐和半月形千斤顶。由于安装了挖掘机,再设置工作面千斤顶等支挡设备是较困难的。与手掘式盾构机一样,应有确保开挖面稳定的措施。适应土质以洪积层的砂、砂砾、固结粉砂和黏土为主,也可用于软弱冲积层,但须同时采用超前加固,或采取降低地下水位、改良地基等辅助措施。

(3)机械式盾构机。如图8-26所示,机械式盾构机前面装备有旋转式刀盘,增大了盾构机的挖掘能力,开挖的土砂通过旋转铲斗和斜槽装入皮带输送机。由于围岩开挖和排土可以连续进行,缩短了工期,减少了作业人员。在开挖自稳性好的围岩时,机械式盾构机适应的土质与手掘式盾构机、半机械式盾构机一样,须采用辅助施工方法。

2.半开敞式盾构机

半开敞式盾构机是指挤压式盾构机,它是在开放型盾构的切口环与支撑环之间设置胸板,以支挡正面土体,但在胸板上有一些开口,当盾构机向前推进时,需要排出的土体将从开口处挤入盾构内,然后装车外运,见图8-27。这种盾构机适用于软弱黏土层,在推进过程中要引起较大的地面隆起。

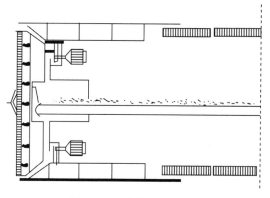

图8-26 机械式盾构机构造

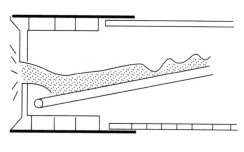

图8-27 半开敞式盾构机构造

3.密封式盾构机

密封式盾构机是指在机械开挖式盾构机内设置隔墙,进入刀盘与隔墙土仓的土体,由泥水压力或土压提供足以使开挖面保持稳定的压力(图8-28)。密封式盾构机又分成局部气压式、土压平衡式和泥水加压式等。

(1)局部气压式盾构机。在机械式盾构支承环的前边装上隔板,使切口环成为一个密封舱,其中充满压缩空气,达到疏干和稳定开挖面土体的作用,见图8-29。

压缩空气的压力值可根据工作面下1/3点的地下静水压力确定。由于这种盾构机是靠压缩空气对开挖面进行密封,故要求地层透水性小,渗透系数K小于1×10^{-5} m/s,静水压力不大于0.1MPa。另外,这种盾构机在密封舱、盾尾及管片接缝处易产生漏气,引起工作面土体坍塌,造成地面降陷。

(2)土压平衡式盾构机。土压平衡式盾构又称为削土密封式或泥土加压式盾构机。它的前端有一个全断面切削刀盘,在它后面有一个储留切削土体的密封舱,在其中心处或下方装有长筒形的螺旋输送机,在密封舱和螺旋输送机,以及在盾壳四周装设的土压传感装置,根据需要还可装设改善切削土体流动性的塑流化材料的注入设备。

图 8-28　密封式盾构机(闭胸式)

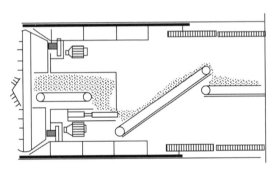

图 8-29　局部气压式盾构机构造

(3)泥水加压式盾构机。泥水加压式盾构机的总体构造与土压平衡式盾构机相似,仅支护开挖面方法和排渣方式有所不同。在泥水加压式盾构机的密封舱内充满特殊配制的压力泥浆,刀盘(花板型)浸没在泥浆中工作。开挖面支护,通常由泥浆压力和刀盘面板共同承担,前者主要是在掘进中起支护作用,后者主要是在停止掘进时起支护作用。

对于不透水的黏性土,泥浆压力应保持大于围岩主动土压力。对透水性大的砂性土,泥浆会渗入土层内一定深度,并在很短时间内,于土层表面形成一层泥膜,有助于改善围岩的自承能力,并使泥浆压力能在全开挖面上发挥有效的支护作用。此时,泥浆压力一般以保持高于地下水压 0.2MPa 为宜。而刀盘切削下的渣土在密封舱内与泥浆混合后,用排泥泵及管道输送至地面处理,处理后的泥浆再由供泥泵和管道送回盾构重复使用,所以,在采用泥水加压式盾构时,还需配备一套泥浆处理系统。

(4)混合盾构机。混合盾构机是近几年在欧洲发展起来的一种新型盾构机。这种盾构机本机可以构成一台泥水加压式盾构机、气压式盾构机或土压平衡式盾构机,当地层条件变化时,盾构机的机型可以随地层变化而相应改变。

(5)多圆盾构机。多圆盾构机是近年日本开发的新型盾构机,其中的双圆盾构机可用来修建区间隧道,一次开挖完成双线区间隧道,可以比两个单独的圆形隧道降低工程成本 10%,减少开挖面积 15%。三圆盾构机既可用来修建地铁车站隧道,拆下中间盾构后又成为两个单独盾构机,可以修建区间隧道。

五、盾构机选型

(一)选型目的

(1)盾构机选型是保障工程项目安全顺利实施的前提条件与设备保障。

(2)盾构机选型除满足隧道断面形状与外形尺寸外,还应包括类型、性能、配套设备、辅助工法等。

(二)选型依据

主要有工程地质与水文地质条件、隧道断面形状、隧道外形尺寸、隧道挖深、地下障碍物、地下管线及构筑物、地面建筑物、地表隆沉要求等,经过技术、经济比较后确定。

(三)选型的主要原则

(1)适用性原则:盾构机的断面形状与外形尺寸适用于隧道断面形状与外形尺寸,种类与性能要适用于工程地质与水文地质条件、隧道埋深、地下障碍物、地下构筑物与地面建筑物安全需要、地表隆沉要求等使用条件。若选盾构机不能充分满足上述使用条件,应增加相应的辅助工法,如压气工法、注浆工法等。由于盾构机具有较长的使用寿命,可用于多项施工工程,因此根据使用寿命期内预计的常用使用条件或最不利使用条件选择,以便具有广泛的使用性。

(2)技术先进性原则:技术先进性有两方面的含义,一是不同种类盾构技术先进性不同,二是同一种类盾构由于设备配置的差异与功能的差异而技术先进性不同。选择技术先进的盾构机,一方面为了更好地适应建设单位当前及今后的工程施工要求,以提高施工单位的市场竞争力;另一方面在合理使用期内保持技术先进性。技术先进性要以可靠性为前提,要选择经过实践验证、可靠性高的先进技术。

(3)经济合理性原则:所选择的盾构机辅助工法用于工程项目施工,在满足施工安全、质量标准、环境保护要求和工期要求的前提下,其综合施工成本合理。

另外,选型要考虑地层的适应性、地下水处理、沉降、施工适宜性、安全性、辅助工法、环境及公害等因素。

六、盾构机的构造

(一)概述

盾构机按结构分主体结构和后配套设备。主体结构包括盾体(前盾、中盾、尾盾)、刀盘、人闸。后配套设备包括台车、连接桥、管片运输设备、出土设备、液压系统、电气系统、注浆系统、监控系统等。

盾构机按功能分为控制系统、主驱动系统、推进系统、出渣系统、管片运输及拼装系统、注浆系统、注脂系统、渣土改良系统、供电系统等。

(二)刀盘

刀盘(图 8-30)主要作用：

(1)开挖功能：切削掌子面土体,渣土通过刀盘开口进入土仓。

(2)稳定功能：支撑掌子面,稳定掌子面。

(3)搅拌功能：刀盘上搅拌器对土仓内渣土进行搅拌,使渣土具有一定的塑性,然后通过螺旋输送机将渣土排出。

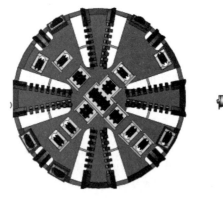

图 8-30 刀盘

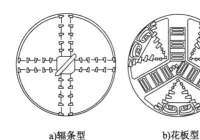

a)辐条型　　b)花板型

图 8-31 切削刀盘的形式

通过主轴承支撑和液压电机驱动旋转的刀盘,正面安装土体切削刀并带有渣土进料口,背面安装渣土搅拌桨。刀盘侧面还装有可伸缩的超挖刀。刀盘的形式有花板型和辐条型(图 8-31)。根据地层性质、所需要安装刀具大小与数量不同以及进料口面积大小与数量不同,有不同的开口率。一般硬岩刀盘开口率小,软土刀盘开口率大。

刀具的类型有齿刀、刮刀和滚刀等,齿刀、刮刀用于软土质地层,滚刀用于岩石地层。刀盘上可仅为一种类型的刀具,也可为多种刀具的组合,以适应不同形式的地层。现代盾构机刀盘设计可进行刀具的更换,可在刀盘背面换刀。

(三)前盾(切口环)

前盾又称为切口环(图 8-32),是开挖土仓和挡土的主要部分,位于盾构机的前端,结构为圆筒形,里面主要装有刀盘驱动、人员舱、各种传感器及部件等。

(四)中盾

中盾紧接于前盾,位于盾构中部,通常为一个刚性很好的圆形结构(图 8-33)。支承环是盾构机的主体,承受着作用于盾构机上的全部载荷。中盾内外沿布置推进油缸,内部布设有刀盘驱动装置、排渣装置、管片安装机及人行加压与减压闸室等,中盾的长度应根据上述设备的空间确定,其结构应有足够的刚度。

图 8-32 前盾(切口环)

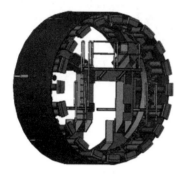

图 8-33 中盾

(五)盾尾

盾尾一般由盾构外壳钢板延伸构成,主要用于掩护隧道管片衬砌的安装工作(图 8-34)。其内部设置管片拼装机,尾部有盾尾密封刷、同步压浆管及密封油膏注入管等。盾尾的长度应根据管片宽度、形状、拼装方式及盾尾密封刷的道数来确定,有时还需考虑施工过程中更换密封刷所需的空间。

图 8-34 盾尾

(六)主驱动系统

主驱动与刀盘连接,为刀盘旋转与开挖提供动力。主驱动主要包括法兰盘、主轴承、变速箱、减速机及驱动电机等(图8-35)。

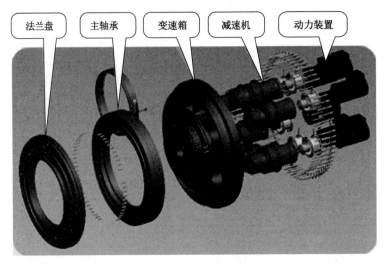

图8-35 主驱动系统

(七)推进系统

推进系统主要由液压设备和千斤顶组成,为盾构掘进提供动力(图8-36)。

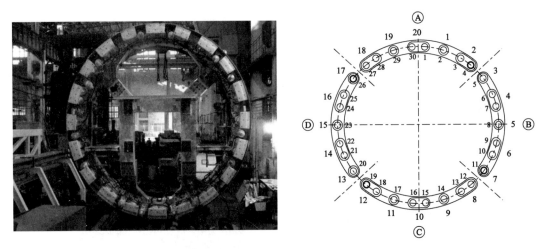

图8-36 推进系统

(八)导向系统

导向系统(图8-37)用以掌握与控制盾构机掘进过程中的各种参数,由经纬仪、ELS靶、后视棱镜、计算机及数据传输电缆等组成,能连续不断地提供盾构姿态的动态信息,并可将盾构机控制在设计隧道线路允许的公差范围内。目前较先进的导向系统是VMT导向系统和PPS导向系统。

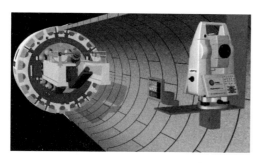 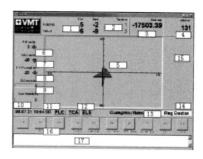

图 8-37　导向系统

(九)管片装运系统

主要由管片拼装机、管片输送车及真圆保持器等组成,其功能是完成管片的输送,并按照设计轴线、位置与形状将管片拼装成环(图 8-38)。管片安装机由以下构件组成:悬臂梁、移动机架、回转机架、安装头。操作员通过可移动的控制器来操作管片安装机。

 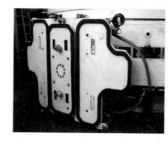 

图 8-38　管片装运系统

(十)壁后注浆系统

主要由注浆泵与注浆管等组成。在管片拼装后向管片背后注入浆液,以填充管片背后空隙,固结地层,确保管片的位置与稳定(图 8-39)。

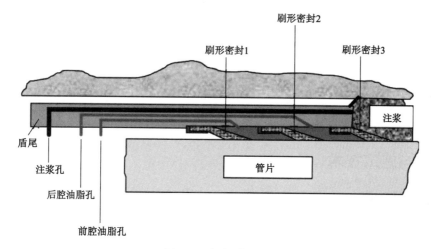

图 8-39　壁后注浆系统

(十一)出渣系统

对于土压平衡式盾构机,出渣系统主要包括螺旋输送机(图8-40)、皮带输送机(图8-41)及运输小车等。螺旋输送机是土压平衡式盾构机的专用排土装置,其前端与渣土仓底部相连,后端延伸到盾尾末端与输送带相连接,其主要作用是将渣土连续输送给后部的渣土运输设备,同时可以通过调整转速控制出渣速度和出渣量,以保持排土量与切削量的平衡,从而保证土仓内土压的稳定。

图8-40 螺旋输送机　　　　图8-41 皮带输送机

对于泥水平衡式盾构机,其出渣依靠泥浆循环系统,所以泥水平衡式盾构机的出渣系统主要有送泥管、排泥管、泥浆泵及地面的泥浆处理系统(图8-42、图8-43)。

图8-42 泥水输送管路　　　　图8-43 泥浆处理系统

(十二)后配套系统

后配套系统包括渣土改良系统、盾尾密封系统、润滑系统、液压控制系统、电气控制系统、工业风系统、水循环系统、物料运输、注浆系统、泡沫发生系统、测量系统等。后配套系统与前述各系统共同保证盾构正常掘进与隧道成型。

七、盾构施工技术

(一)盾构施工概述

1.盾构施工的特点

(1)对周围环境的影响很小,包括占用的施工场地小,对邻近建筑物的影响小。盾构机是根据每一施工区段设计的专用设备。

(2)盾构机是根据隧道施工对象"量身定做"的。

(3)对施工精度的要求高。

(4)盾构施工是不可以倒退的。

2. 盾构施工适用条件

(1)适用于除岩石外的相对均质的地质条件。

(2)隧道应有足够的埋深,覆土厚度不宜小于 $1D$(D-洞径)。隧道开挖太浅,盾构法施工难度较大;在水下修建隧道时,覆土太浅盾构施工安全风险较大。

(3)地面上必须有修建用于盾构始发、接收的工作井位置。

(4)隧道之间或隧道与其他建筑物之间所夹土(岩)体加固的最小厚度为水平方向1m,竖直方向为1.5m。

(5)从经济角度讲,连续的盾构施工长度不宜小于300m。

3. 盾构施工注意事项

(1)工作井位置选择:盾构法施工,除了工作井外,作业均在地下进行。因此工作井位置选择要考虑不影响地面社会交通,对附近的噪声和振动影响较少,且能满足施工生产组织的需要。

(2)工作井的断面尺寸确定:始发工作井平面尺寸应根据盾构机装拆的施工要求来确定。井壁上设有盾构始发洞口,井内设有盾构机基座和反力架。井的宽度一般比盾构机直径大1.6~2.0m,以满足操作的空间要求。井的长度,除了满足盾构机内安装设备的需求外,还要考虑盾构始发时,拆除洞口围护结构和在盾构机后面设置反力架及垂直运输所需的空间。

(3)施工环境条件限制。在城镇内选择盾构法施工前提条件:①必须掌握隧道穿过区域地上及地下建筑物的地下管线详细资料,并制定防护方案;②必须采取严密的技术措施,把地表隆沉限制在允许的限度内;③选择泥水式盾构机必须设置封闭式泥水储存和处理设施。

(二)盾构施工现场布置

1. 施工现场布置基本要求

(1)施工现场布置:应根据合同工期和施工进度的要求,在规定的施工区域内正确处理施工期间所需的各项设施之间的空间关系。

(2)在施工用地范围内,对施工现场的道路交通、材料仓库、材料堆场、临时房屋、大型施工设备、集土(泥)坑、拌浆系统、临时水电管线、消防器材等做出合理的规划布置。

2. 施工现场平面布置与施工现场设置

(1)施工现场平面布置对象主要包括工作井、工作井雨棚及防淹墙、垂直运输设备、管片堆场、管片防水处理场、拌浆站、料具间及机修间、两回路的交配电间等设施以及进出通道等。

(2)施工现场设置:工作井施工需要采取降水措施时,应设相当规模的降水系统(水泵房)。①采用气压法盾构机施工时,施工现场应设置空压机房,以供给足够的压缩空气。②采用泥水平衡盾构机施工时,施工现场应设置泥浆处理系统(中央控制室)、混浆池。③采用土压平衡盾构机施工时,应设置电机车电瓶充电间等设施。

(三)盾构法施工程序

盾构法施工概貌如图8-44所示,其主要施工步骤:①在盾构法隧道的起始端和终端各建一个工作井;②盾构机在起始端工作井内安装就位;③依靠盾构机千斤顶推力(作用在已拼装好的衬砌环和工作井后壁上)将盾构机从起始工作井的墙壁开孔处推出;④盾构机在地层中沿着设计轴线推进,在推进的同时不断出土和安装衬砌管片;⑤及时向衬砌背后的空隙注浆,防止地层移动和固定衬砌环位置;⑥盾构机进入终端工作井并被拆除,如施工需要,也可穿越工作井再向前推进。

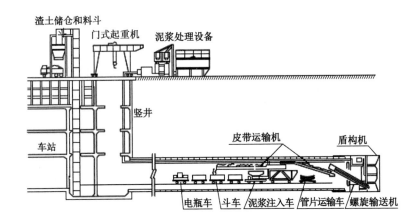

图8-44 盾构法施工概貌

(四)盾构机掘进

(1)盾构机密封装置和盾构机出洞顺序。为了增加开挖面的稳定性,需要适当向开挖面注水或注入泥浆,因此洞口要有妥善的密封止水装置,以防开挖面泥浆流失。

(2)土体开挖与推进(图8-45)。土体开挖方式根据土质的稳定状况和选用的盾构机类型确定。具体开挖方式有以下几种。

①敞开式开挖。在地质条件好,开挖面在掘进中能维持稳定或采取措施后能维持稳定,用手掘式及半机械式盾构机时,均为敞开式开挖。开挖程序一般是从顶部开始逐层向下挖掘。

②机械切削开挖。利用与盾构机直径相当的全断面旋转切削刀盘开挖,配合运土机械,可使土方从开挖到装运均实现机械化。

③网格式开挖。开挖面用盾构机正面的隔板与横撑梁分成格子,盾构机推进时,土体从格子呈条状挤入盾构机中。这种出土方式效率高,是我国大、中型盾构机常用的方式。

④挤压式和局部挤压式开挖。挤压式和局部挤压式开挖,由于不出土或部分出土,对地层有较大的扰动,施工中应精心控制出土量,以减小地表变形。

(五)衬砌施工与衬砌防水

1. 衬砌施工

盾构法修筑隧道常用的衬砌方式有预制管片衬砌、模筑混凝土衬砌、挤压混凝土衬砌、先拼装管片后现浇模筑模筑混凝土的复合式衬砌等。管片借助拼装机实现拼装成环。管片拼装可通缝拼装,亦可错缝拼装。通缝拼装是每环管片的纵向缝环环对齐,错缝拼装是每环管片的纵向缝环环错开 1/3~1/2 宽度。盾构隧道衬砌通常采用错缝拼装管片,接头则以螺栓连接(图8-46)。

2. 衬砌防水

(1)管片防水

管片外防水涂层需根据管片材质而定,对钢筋混凝土管片而言,一般要求:①涂层应能在盾尾密封钢丝刷与钢板的挤压摩擦下不损伤;②当管片弧面的裂缝宽度达 0.3mm 时,仍能抵抗

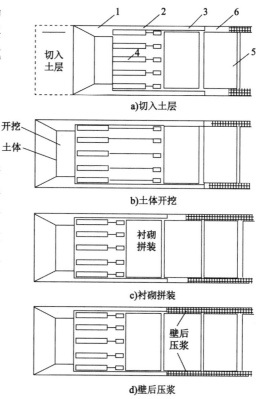

图8-45 土体开挖与推进
1-切口环;2-支撑环;3-盾尾;4-推进千斤顶;5-管片;6-盾尾空隙

0.6MPa的水压,长期不渗漏;③涂层应具有良好的抗化学腐蚀性能、抗微生物侵蚀性能和耐久性;④涂层应具有防迷流功能,其体积电阻率、表面电阻率要高;⑤涂层要有良好的施工季节适应性,施工简便,成本低廉。

(2)管片接缝防水

管片接缝防水包括管片间的弹性密封垫防水,隧道内侧相邻管片间的嵌缝防水以及必要时向接缝内注入聚氨酯药液等。其中,弹性密封垫防水最可靠,是接缝防水重点。当然,管片制作精度对接缝防水的影响不可忽视,一般要求接缝宽度不应大于1.5cm。

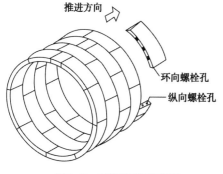

图8-46 盾构隧道衬砌施工

(六)盾构注浆

为了防止隧道周围土体变形,有效控制地面沉降,在盾构施工中应及时对盾尾和管片间的空隙进行压注浆液,以增强隧道结构的整体防水性能,并改善隧道衬砌的受力状态。目前,衬砌背部注浆,一般都采用在衬砌脱出盾尾及盾构机掘进时的盾尾同步注浆,且在 60min 内完成。盾尾注浆装置在盾尾的表面设置了若干块凸板,每个凸板内装有一根同步注浆管,一根备用管,一根为盾

尾密封刷的密封油脂注入管。

(七)盾构法施工地面沉降机理和防治

采用盾构法施工时,一般在地表均会有变形,尤其在松软含水地层或其他不稳定地层中尤为显著,即使采用目前先进的盾构技术,要完全消除地面沉降也是不太可能的。地表变形的程度与隧道的埋深及直径、地层特性、盾构施工方法、地面建筑物基础形式等有关。

1. 地表变形规律

盾构法施工时,沿隧道纵向轴线所产生的地表变形,一般在盾构机前方约与盾构机埋深相等的距离内地表开始产生隆起,在盾构机通过以后地表逐渐下沉,其下沉量随着时间的推移由增加而最终趋于稳定,地表变形规律如图8-47所示。

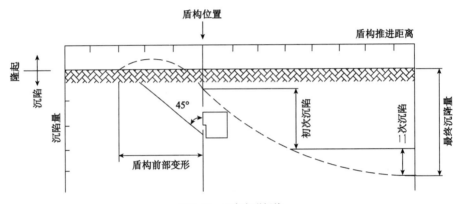

图8-47 地表变形规律

2. 导致地面沉降因素

盾构法施工中,导致地面沉降的主要因素有以下几种:

(1)盾构机掘进时,开挖面土体的松动和崩塌,破坏了地层平衡状态,造成土体变形而引起地表变形。

(2)盾构法施工中应采用降水疏干措施时,因地下水浮力消失,土体自重压力增加,地层固结沉降加速,引起地表下沉。

(3)盾构尾部建筑空隙充填不实导致地表下沉。施工纠偏及弯道掘进的局部超挖,均会造成盾构与衬砌间建筑空隙的不规则扩大,而这些扩大量有时难以估计或无法及时充填,给地表下沉带来影响。

3. 地表变形及隧道沉降控制

盾构法施工做不到完全防止地表变形,但能够设法减少地表变形并使地表下沉得以控制,可以采取如下措施:

(1)采用灵活合理的正面支撑结构或适当压力的压缩空气来疏干开挖面土层,以此保持开挖面土体的稳定。

(2)采用技术上较先进的盾构机,如土压平衡式盾构机、泥水平衡式盾构机、复合式盾构机等。基本不改变地下水位,严格控制开挖面的挖土量,防止超挖。

(3)及时、有效、足量地充填衬砌背后的建筑间隙,必要时还可通过在管片上的注浆孔进行二次加固注浆。要严格控制浆液材料稠度、含水量和浆液中的黏粒含量,要根据盾构机注入和拌浆设备的具体条件,优选浆液的材料和配比。同时要控制注浆压力,防止影响管片衬砌环的正常使用。

(4)提高隧道施工速度,减少盾构在地下的停搁时间,尤其要避免长时间的停搁。

(5)严格控制盾构施工中的偏差量,盾构施工偏差增大,不但影响地下铁道线路、限界等使用要求,还会过多扰动地层而导致地面沉降量的增加。为了减少纠偏推进对土层的扰动,应限制盾构推进时每环的纠偏量。

任务三 地铁车站盾构机掘进技术案例

一、盾构法施工步骤与掘进控制内容

(一)主要施工步骤

(1)在一段隧道的起始端和终止端各建一个工作井(城市地铁一般利用车站的端头)作为始发工作井或接收工作井。

(2)盾构在始发工作井内安装就位。

(3)依靠盾构千斤顶推力(作用在工作井后壁或新拼装好的衬砌上),将盾构机从始发工作井的洞口推入地层。

(4)盾构机在地层中沿着设计轴线推进,在推进的同时不断出土(泥)和安装衬砌管片。

(5)及时向衬砌后的空隙注浆,防止地层变形过大并固定衬砌环位置。

(6)盾构机进入接收工作井并被吊移,如施工需要,也可穿越工作井继续掘进。

(二)掘进控制内容

盾构机掘进控制的目的是确保开挖面稳定的同时,构筑隧道结构、维持隧道线形、及早填充盾尾空隙,因此,开挖控制、一次衬砌、线形控制和注浆构成盾构掘进的四要素。施工前必须根据地质条件、隧道条件、环境条件、设计要求等,在试验的基础上,确定具体控制内容预参数;施工中根据监控量测的各项数据调整控制参数,才能确保实现施工安全、施工质量、施工工期与施工成本的预期目标。盾构机掘进控制的具体内容见表8-1。

盾构机掘进控制要素与内容 表8-1

控制要素		内 容	
开挖	泥水式	开挖面稳定	泥水压、泥水性能
		排土量	排土量
	土压式	开挖面稳定	土压、塑流化改良
		排土量	排土量
		盾构参数	总推力、推进速度、刀盘扭矩、千斤顶压力等

续上表

控制要素	内 容	
线形	盾构姿态、位置	倾角、方向、旋转
		铰接角度、超挖量、蛇形量
注浆	注浆状况	注浆压力、注浆量
	注浆材料	稠度、泌水、凝胶时间、强度、配比
一次衬砌	管片拼装	错台量、椭圆度、螺栓紧固扭矩
	防水	漏水、密封条压缩量、裂缝
	隧道中心位置	偏差量、直角度

二、开挖控制

开挖控制根本目的是保持开挖面稳定。土压式盾构机与泥水式盾构机的开挖控制内容略有不同。

（一）土压（泥水压）控制

（1）土压式盾构机（图8-48），以土压和塑流性改良控制为主，辅以排土量、盾构参数控制。泥水式盾构机，以泥水压和泥浆性能控制为主，辅以排土量控制。

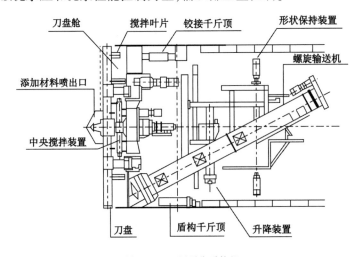

图8-48 土压平衡盾构机

（2）开挖面的土压（泥水压）控制值，按"地下水压（间隙水压）+土压+预备压"设定。

①地下水压可从钻孔数据正确掌握，但要考虑季节性变动。靠近河流等场合，要考虑水面水位变动的影响。

②土压有静止土压、主动土压和松弛土压，要根据地层条件区别使用。按静止土压设定控制土压，是开挖面不变形的最理想土压值，但控制土压相当大，必须加大盾构装备的能力。主动土压是开挖面不发生坍塌的临界压力，控制土压最小。地质条件良好、覆土深、能形成土拱的场合，可采用松弛土压。

③预备压:用来补偿施工中的压力损失,土压式盾构机通常取 10~20kN/m², 泥水式盾构机通常取 20~50kN/m²。

(3)计算土压(泥水压)控制值时,一般沿隧道轴线取适当间隔(例如20m),按各断面的土质条件,计算出上限值和下限值,并根据施工条件在其范围内设定。土体稳定性好的场合取低值,地层变形小的场合取高值。上限值:P = 地下水压 + 静止土压 + 预备压。下限值:P = 地下水压 + (主动土压或松弛土压) + 预备压。为使开挖面稳定,实测的土压(泥水压)变动要小。

(二)土压式盾构机泥土的塑流化改良控制

(1)土压式盾构机掘进时,理想地层的土特性是塑性变形好、流塑至软塑状、内摩擦小、渗透性低。细颗粒(75μm以下的粉土与黏土)含量30%以上的土砂,塑性流动性满足要求;在细颗粒土含量低于30%或砂卵石地层,必须加泥或泡沫等改良材料,以提高塑性流动性和止水性。改良材料必须具有流动性、易与开挖土砂混合、不离析、无污染等特性。一般使用的改良材料有矿物系(如膨润土泥浆)、界面活性系(如泡沫)、高吸水树脂系和水溶性高分子系四类(我国目前常用前两类),可单独或组合使用。

(2)选用改良材料要依据以下条件:土质(粒度分布、砾石含量、黏性土含量、均匀度系数等)、透水系数、地下水压、水离子电性、是否泵送排土、加泥(泡沫)设备空间(地面、隧道内)、掘进长度、弃土处理条件、费用(材料价格、注入量、材料消耗、用电量、设备费等)。

(3)塑流化改良是土压式盾构机施工控制的最重要要素之一,要随时把握土仓内土砂的塑性流动性,一般按以下方法掌握塑流性状态:

①根据排土性状,取样测定(或根据经验目视)土砂的坍落度,以把握土压仓内土砂的流动状态。采用的坍落度控制取决于土质、改良材料性状与土的输送方式。

②根据土砂输送效率,将按螺旋输送机转数计算的排土量与按盾构推进速度计算的排土量进行比较,以判断开挖土砂的流动状态。一般情况下,土压仓内土砂的塑性流动性好,盾构机掘进就正常,二者密切相关。

③根据盾构机械负荷,如根据刀盘油压(或电压)、刀盘扭矩、螺旋输送机扭矩、千斤顶推力等机械负荷变化,判断土砂的流动状态。一般根据初始掘进时的机械负荷状况和地层变化结果等因素,确定开挖土砂的最适性状和控制值容许范围。

(三)泥水式盾构机的泥浆性能控制

泥水式盾构机掘进时(图8-49),泥浆起着两方面的重要作用:一是依靠泥浆压力在开挖面形成泥膜或渗透区域,开挖面土体强度提高,同时泥浆压力平衡了开挖面的土压和水压,达到开挖面稳定的目的;二是泥浆作为输送介质,担负着将所有挖出土砂运送到工作井外的任务。因此,泥浆性能控制是泥水式盾构机施工的重要因素。泥浆的性能包括:比重、黏度、pH值、过滤特性和含砂率。

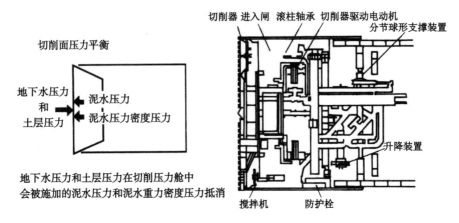

图 8-49 泥水加压平衡盾构机结构示意图

(四)排土量控制

1. 开挖土量计算

单位掘进循环(一般按一环管片宽度为一个掘进循环)开挖土量 Q,一般按下式计算:

$$Q = \pi/4 \cdot D^2 \cdot S_t \tag{8-1}$$

式中:Q——开挖土计算体积(m^3);

D——盾构外径(m);

S_t——掘进环长度(m)。

当使用仿形刀或超挖刀时,应计算开挖土体积增加量。

2. 土压式盾构机出土运输方法与排土量控制

土压式盾构机的出土运输(二次运输)一般采用轨道运输方式。土压式盾构机排土量的控制方法分为重量控制与容积控制两种。重量控制有检测运土车重量、用计量漏斗检测排土量等控制方法;容积控制一般采用比较单位掘进距离开挖土砂运土车台数的方法和根据螺旋输送机转数推算的方法。我国目前多采用容积控制方法。

三、管片拼装控制

(一)拼装方法

1. 拼装成环方式

盾构机掘进结束后,迅速拼装管片成环,除特殊场合外,大都采用错缝拼装。在纠偏或急曲线施工的情况下,有时采用通缝拼装。

2. 拼装顺序

一般从下部的标准管片(A型)开始,依次左右两侧交替安装标准管片,然后拼装邻接管片(B型),最后安装楔形管片(K型)(图 8-50)。

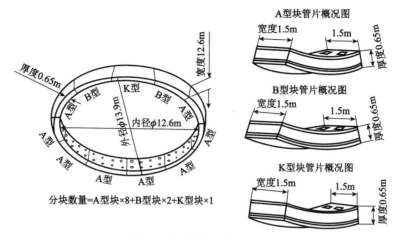

图 8-50 钢筋混凝土管片概况图

3. 盾构千斤顶操作

拼装时,若盾构千斤顶同时全部缩回,则在开挖面土压的作用下盾构会全部后退,开挖面将不稳定,管片拼装空间也将难以保证。因此,随管片拼装顺序分别缩回千斤顶非常重要。

4. 紧固连接螺栓

先紧固环向(管片之间的)连接螺栓,后紧固轴向(环与环之间)连接螺栓。采用扭矩扳手紧固,紧固力取决于螺栓的直径与强度。

5. 楔形管片的安装方法

楔形管片安装在邻接管片之间,为了不发生管片损伤、密封条剥离,必须充分注意正确地插入楔形管片。为了方便插入楔形管片,可装备能将相邻管片沿径向外顶出的千斤顶,以增大插入空间。拼装径向插入型楔形管片时,楔形管片有向内的趋势,在千斤顶推力作用下,其向内的趋势加剧;拼装轴向插入型楔形管片时,管片后端有向内的趋势,而前端有向外的趋势。

6. 复紧连接螺栓

一环管片拼装后,利用全部盾构千斤顶均匀施加压力,充分紧固轴向连接螺栓。盾构继续掘进后,在盾构千斤顶推力、脱出盾尾后土(水)压力的作用下衬砌产生变形,拼装时紧固的连接螺栓会松弛。为此,待推进到千斤顶推力影响不到的位置后,用扭矩扳手再次紧固连接螺栓,再次紧固的位置随隧道外径、隧道变形、管片种类、地质条件等而不同。

(二)真圆保持

管片拼装成真圆,并保持真圆状态,对于确保隧道尺寸精度、加快施工进度与止水性及减少地层沉降非常重要。管片从盾尾脱出后,至注浆浆体硬化到某种程度的过程中,多采用真圆保持装置。

(三)管片拼装误差及其控制

管片拼装时,若管片连接面不平行,导致环间连接面不平,则拼装中的管片与已拼管片的角部呈点接触或线接触,在盾构千斤顶推力作用下,发生破损。为此拼装管片时,各管片连接面要拼装整齐,连接螺栓要充分紧固。另外,盾构机掘进方向与管片环方向不一致时,盾构机与管片发生干涉,预先要根据曲线半径与管片对适宜的盾构机方向控制方法进行详细研究,施工中对每环管片的盾尾间隙认真监测,并对隧道线形与盾构机方向严格控制,在盾构机与管片发生干涉的场合,必须迅速改变盾构机方向、消除干涉。盾构机纠偏应及时连续,过大的纠偏量不能采取一次纠偏的方法,纠偏时不得损害管片,并保证后一环管片的顺利拼装。

(四)楔形环的使用

除盾构机沿曲线掘进必须使用楔形环外,在盾构机与管片有产生干涉趋势的情况下也使用楔形环。

四、注浆控制

注浆是向管片与围岩之间的空隙注入填充浆液。在管片外压浆的工艺,应根据所建工程对隧道变形及地层沉降的控制要求选择同步注浆或壁后注浆,一次压浆或多层压浆。由计划到施工流程如下:①计划:整理施工条件,确认施工要求;选定注浆材料,确定注浆方式;决定注浆方法;计算注浆数量。②施工:决定注浆材料(配合比设计、试验),决定注浆压力和注浆量,决定盾构施工参数,决定注浆设备(浆液制备设备、浆液注入设备)。

(一)注浆目的

每环管片拼装完成后,随着盾构机的推进,衬砌与洞体之间出现空隙。如不及时充填,地层应力释放后,会产生变形。其结果是发生地表沉降、邻近建筑物沉降、变形或破坏等。注浆的主要目的是防止地层变形,还有其他目的,具体如下:①抑制隧道周边的地层松弛,防止地层变形。②及早使衬砌环安定,千斤顶推力平滑向地层传递。使作用于衬砌上的土压力平均分布,能减少作用于管片上的应力和管片变形,盾构的方向控制容易。③形成有效的防水层。

(二)注浆材料的性能

一般对注浆材料的性能有如下要求:流动性好;注入时不发生离析;具有均匀的高于地层土压的早期强度;良好的填充性;注入后体积收缩小;阻水性高;适当的黏性;防止从盾尾漏浆或向开挖面的回流;不污染环境。

(三)一次注浆

分为同步注浆、即时注浆和后方注浆三种形式,要根据地质条件、盾构机直径、环境条件、注浆设备的维护控制、开挖断面的制约与盾尾构造等充分研究确定。

1. 同步注浆

在空隙出现的同时进行注浆、填充空隙的方式,分为从设在盾构机的注浆管注入和从管片注浆孔注入两种方式。前者,其注浆管安装在盾构机外侧,存在影响盾构机姿态控制的可能性,每次注入若不充分洗净注浆管,则可能发生阻塞,但能从实现真正意义上实现同步注浆。后者,管片从盾尾脱出后才能注浆,为与前者区别,可称作半同步注浆。

2. 即时注浆

一环掘进结束后从管片注浆孔压注浆液的方式。

3. 后方注浆

掘进数环后从管片注浆孔注入浆液的方式。一般盾构直径大,或在冲积黏性土和砂质土中掘进,多采用同步注浆;而在自稳性好的软岩中,多采用后方注浆的方式。

(四)二次注浆

以弥补一次注浆缺陷为目的的注浆,具体作用如下:①补足一次注浆未充填的部分;②补充浆体收缩引起的体积变小;③防止周围地层松弛范围扩大。

以上述①、②为目的的二次注浆,多采用与一次注浆相同的浆液;若以③为目的的二次注浆,多采用化学浆液。

(五)注浆量与注浆压力

注浆控制分为压力控制与注浆量控制两种。压力控制是保持设定压力不变,注浆量变化的方法。注浆量控制是注浆量一定,压力变化的方法。一般仅采用一种控制方法都不充分,应同时进行注浆压力和注浆量控制。

1. 注浆量

注浆量除受浆液向地层渗透和泄漏影响外,还受曲线掘进、超挖和浆液种类等因素影响,不能准确确定,一般采用以下方法确定:

按下式计算注浆量 Q:

$$Q = V \times \alpha \\ V = \pi(D_s^2 - D_0^2) \times U/4 \tag{8-2}$$

式中:V——计算空隙量;

α——注入率;

D_s——开挖外径;

D_0——管片内径;

U——掘进速度。

注入率根据浆液特性(体积变化)、土质及施工损耗考虑的比例系数,基于经验确定。

2. 注浆压力

注浆压力应根据土压、水压、管片强度、盾构形式与浆液特性综合判断决定,但施工中通常基于施工经验确定。从管片注浆孔注浆,注浆压力一般取 $100 \sim 300 kN/m^2$,或间隙水压加 $200 kN/m^2$ 左右。注浆压力和注浆量要经过一定的反复试验,确认注浆效果、对周围地层和建筑物的影响等,并在施工中进行一定范围的效果确认,反馈其结果,以指导施工。

五、隧道线形控制

主要任务是通过控制盾构姿态,使构建的衬砌结构几何中心线线形顺滑,且位于偏离设计中心线的容许误差范围内。

1. 掘进控制测量

随着盾构机的掘进,对盾构机及衬砌的位置进行测量,以把握偏离设计中心线的程度。测量项目包括盾构的位置、倾角、偏转角、转角及盾构千斤顶的行程、盾尾间隙和衬砌位置等。基于上述测量结果,作图画出盾构机及衬砌与设计中心线的位置关系,直接预测下一环盾构机掘进偏差十分重要。

2. 方向控制

掘进过程中,主要对盾构机倾斜度及其位置以及拼装管片的位置进行控制。

盾构机方向(偏转角和倾角)修正依靠调整千斤顶使用数量进行。若遇到硬地层或曲线掘进,要进行大的方向修正的场合,需采用仿形刀向调整方向超挖。此时,盾尾间隙减小,管片拼装困难,为确保盾尾间隙,必须进行方向修正。盾尾间隙大大减小的情况下,要拼装楔形管片,以确保盾尾间隙。盾构机转角的修正,可采取刀盘向盾构机偏转同一方向旋转的方法,利用产生的回转反力进行修正。

六、盾构法施工安全措施

盾构施工的安全控制要点主要涉及盾构机组装、调试、解体与吊装、盾构始发与接收、障碍物处理、掘进过程中换刀以及特殊地段及特殊地质条件下施工。

(一)盾构机组装、调试、解体与吊装

由于盾构机体积庞大、重量重,且一般工作井内空间狭窄,因此,盾构机的组装、调试、解体与吊装时盾构施工安全控制重点之一,要制定专项施工方案,这项工作的安全控制重点是人员安全与设备安全。使用轮式起重机向工作井内吊放或从工作井内吊出盾构机前,要仔细确认起重机支腿处支撑点的承载能力满足最大起重量要求,并确认起重机吊装时工作井围护结构的安全。起重机在吊装过程中,要随时监测工作井围护结构的变形情况,若超过预测值,立即停止吊装作业,采取可靠措施。采取措施,严防重物、操作人员坠落。使用电、气焊作业时,严防发生火灾。

(二)盾构始发与接收

盾构始发与接受施工时,须拆除洞口临时维护结构,若洞口土体失去稳定,则易发生坍塌而引起事故,或者地下水携带土砂从衬砌外围与洞体之间的间隙涌入工作井,造成洞口周围地层变形增大;拆除洞口临时围护结构前,必须确认洞口土体加固效果,以确保拆除后洞口土体稳定;施作好洞口密封,并设置注浆孔,作为洞口防水堵漏的应急措施,以防止盾构始发间土砂随衬砌外围与洞体之间的间隙涌入工作井。

(三)障碍物处理

盾构机掘进前方遇有障碍物必须在地下处理时,应采取必要措施,确保操作人员安全。地下障碍物处理前,必须查明障碍物,并制定处理方案。在开挖面拆除障碍物时,可选择带压作业或地层加固施工方法,控制地层开挖量,确保开挖面稳定。

（四）掘进过程中换刀

换刀作业尽量选择地质条件较好、地层较稳定的地段进行。在不稳定地层换刀时，必须采用地层加固或气压法等措施，确保开挖面稳定。

带压进仓换刀前必须完成下列准备工作：

(1)作业设备进行全面检查和试运行。

(2)采用两种不同动力装置，保证不间断供气。

(3)带压作业严禁采用明火。确定使用电焊、气割时，应对所用设备加强安全检查，必须加强通风并增加消防设备。

带压换刀作业安全规定：

(1)通过计算和试验确定合理气压，稳定开挖面并防止地下水渗漏。

(2)专业技术人员对开挖面稳定状态和刀盘、刀具磨损情况进行检查，确定换刀专项方案和安全操作规定。

(3)刀盘前方地层和土仓满足气密性要求。

(4)作业人员按换刀专项方案和安全操作规定作业。

(5)保持开挖面和土仓空气新鲜。

(6)作业人员进仓工作时间符合《盾构法隧道施工及验收规范》(GB 50446—2017)的规定。

（五）特殊地段及特殊地质条件下施工

在以下特殊地段和特殊地质条件下施工时，必须采取施工措施，确保施工安全。

特殊地段和特殊地质条件包括：

(1)覆土厚度不大于盾构直径的浅覆土层地段。

(2)小曲线半径地段。

(3)大坡度地段。

(4)地下管线地段和地下障碍物地段。

(5)建筑物、构筑物地段。

(6)平行盾构隧道净间距小于盾构直径70%的小净距地段。

(7)江河地段。

(8)地质条件复杂(软硬不均互层)地段和砂卵石地段。

确保施工安全采取的施工措施包括：

(1)必须详细查明和分析工程的地质状况与隧道周边环境状况，制订专项施工方案。

(2)根据隧道所处的位置与地层条件，合理设定开挖面压力，控制地层变形。

(3)根据隧道所处的位置与工程地质、水文地质条件，确定同步注浆的材料、压力和流量，在施工过程中根据监测结果，及时进行调整；必要时加密监测测点，提高监测频率，并根据监测结果及时调整掘进参数。

(4)地下管线区段施工前，应详细查明地下管线类型、允许变形值等。

(5)评估施工对点管线的影响，对受施工影响可能产生较大变形的管线应根据具体情况进行加固或改移。

（6）穿越或邻近建筑物施工前应对建筑物进行详细调查，评估施工对建筑物的影响，并采取相应的保护措施。根据建筑物基础与结构类型、现状、可采取加固或托换措施。

（7）穿越江河段施工应详细查明工程地质、水文地质条件及河床状况，设定适当的开挖面压力，加强开挖面管理与掘进参数控制，防止冒浆和地层坍塌；并对盾构密封系统进行全面检查和清理，配备足够的排水设备与设施；穿越过程中，采用快凝早强注浆材料，加强同步注浆和二次补充注浆。

背景资料：某地铁隧道采用盾构法施工，采用土压平衡盾构机施工。隧道穿越粉细砂层，含有上层滞水，覆土厚度10～12m，拟建隧道上方6m位置有地下管线，经监测评估给出保证管线运行安全允许变形(不均匀沉降)值为10mm。施工项目部将始发和接收工作井作为安全控制的重点：在确认洞口土体加固效果符合设计要求，拆除洞口围护结构后开始始发施工；通过初始掘进摸索，确定了各项掘进参数。盾构机接近地下管线时，监测数据显示管线隆起2mm，盾构机尾部刚刚通过地下管线时，管线沉降已达10mm，监测方依据有关规定发出红色预警。

问题1：在本案例中，如何确定洞口土体加固方法和范围？

问题2：盾构机接近地下管线时，管线隆起的原因是什么？

问题3：盾构机尾部刚刚通过地下管线时，管线沉降的主要原因是什么？应采取哪些措施，以减少沉降消除报警？

问题4：盾构机穿越地下管线后，管线是否还将发生后续沉降？为什么？

学习任务单

项目八　掘进机与盾构	姓名：	
	班级：	
	自评	师评
思考与练习	掌握： 未掌握：	合格： 不合格：
1. 简述隧道掘进机的类型、结构组成和适用范围。		
2. 简述隧道掘进机的施工技术特点。		
3. 简述隧道掘进机施工工序及技术措施。		
4. 简述盾构的类型、结构组成、适用范围。		
5. 简述盾构的施工技术特点。		
6. 简述土压平衡盾构机的原理和实施方法。		
7. 简述盾构法施工的工序及技术措施。		

项目九

隧道施工辅助作业

学习目标

1. 知识目标

(1) 掌握隧道施工通风及通风方式。
(2) 掌握施工照明及照明安全控制要点。
(3) 掌握施工防排水技术及防排水的措施。
(4) 掌握隧道内装、顶棚和路面结构。
(5) 了解隧道紧急停车带、车行(人行)横通道施工控制要点。
(6) 了解隧道设备洞室、电缆管沟及桥架施工控制要点。

2. 能力目标

(1) 学会隧道施工通风方式及应用。
(2) 会分析防排水一般案例。
(3) 学会施工照明安全控制要点。
(4) 学会隧道内装、顶棚、路面施工控制要点。
(5) 能识读隧道附属结构构造图纸。
(6) 会根据地质条件合理选择其他附属构造物,学会其他附属构造物施工控制要点。

3. 素质目标

(1) 培养学生的实际应用能力。
(2) 培养学生踏实、细致、认真的工作态度和作风。

学习重点

施工通风;通风方式及其应用;施工照明基本概念;照明亮度;照明安全控制要点;施工防排水技术;防排水的措施;隧道内装结构;隧道顶棚;隧道路面;紧急停车带;车行横通道;人行横通道;设备洞室;电缆管沟及桥架。

学习难点

施工通风应用;照明安全控制要点;防排水案例分析;隧道内装结构;其他附属构造物施工控制要点。

任务一　施 工 通 风

道路隧道的通风设计是隧道总体设计的重要环节之一,应综合考虑交通条件、地形、地质条件、通风要求、环境保护要求、火灾时的通风控制、维护与管理水平、分期实施的可能性、建设与运营费用等。通风设计需要考虑的主要具体问题有隧道内空气中有害物质的容许浓度、需风量的确定、判断自然通风的能力等。

一、隧道通风概述

隧道通风是指在隧道施工、运营期间,按一定的方式不断地向隧道内送入新鲜空气。

隧道通风的必要性:①隧道内运行的车辆会产生 CO、烟尘、氮化物、硫化物等有害气体,②隧道是个相对封闭的空间,③有害气体浓度达到一定值后,行人、司乘人员会感到不适甚至中毒,造成行车事故(图 9-1)。

图 9-1　隧道内运行的汽车产生有害气体

隧道通风目的:一是通过改变隧道内空气的化学组成和气候条件,使之满足人员工作、车辆运行的卫生和安全要求,保证隧道正常运营。隧道通风主要是对一氧化碳、烟雾和异味等进行稀释。二是在隧道的掘进施工过程中,为了稀释和排出爆破产生的炮烟、粉尘和有毒有害气体,保持良好的工作条件,必须对隧道掘进掌子面或其他工作面通风(即送入新鲜风流)。尤其对于瓦斯隧道,做好施工通风工作对施工过程中防止瓦斯相关的重大安全事故起着极其重要的作用。但目前,在隧道掘进施工中,隧道施工通风量、通风设备的选配等施工通风方面,大多根据经验施工。

二、通风方式及其应用

通风方式根据隧道长度、施工方法和设备条件确定,分为自然通风和机械通风两种。

(一)自然通风

无需任何人工机械设备,只是利用洞口两端气压差在洞内形成的自然风流和车辆运行所引起的活塞风流就能达到通风换气的目的。自然通风通常仅用于长度较短及交通量很小的隧道中。

自然通风与机械通风的限界公式：

$$L \cdot N \geqslant 6 \times 10^5 \quad 双向交通$$
$$L \cdot N \geqslant 20 \times 10^5 \quad 单向交通$$

式中：L——隧道长度(m)；

N——混合车高峰小时交通量(辆/h)。

(二)机械通风

机械通风是采用风机为动力，配以风筒送、排风的通风方式。

隧道施工机械通风分为压入式通风和抽出式通风两种基本方式。混合式通风是两种基本通风方式配合使用(表9-1)。

隧道施工常用通风方式适用性及优缺点对照　　　表9-1

通风方式	适用隧道类型	优缺点比较
自然通风	长度小于300m，且穿过的岩层不产生有害气体的隧道或贯通后的隧道通风	优点：无需机械设备，不耗能源，无投入。缺点：只适用于短隧道或贯通后的隧道通风
机械通风（压入式通风）	适用于中、短隧道	优点：风筒出口风速和有效射程较大，排烟能力强，工作面通风时间短，主要使用柔性风筒，成本较低，隧道施工中常用。缺点：回风风流污染整个隧道，且排出较慢，恶化劳动环境
机械通风（抽出式通风）	适用于中、短隧道	优点：粉尘、有毒有害气体直接被吸入风机，经风筒排出隧道，不污染其他部位，隧道内空气状况和工作环境保持良好。缺点：风筒采用带钢骨架的柔性风筒或硬质风筒，成本较高
机械通风（混合式通风）	长、特长隧道可采用	以抽出、压入相结合的通风方式，通风效果较佳，但需设两套风机和风筒。其他优缺点同压入式、抽出式通风

隧道运营期间，机械通风又分为如表9-2所示方式。

机械通风分类　　　表9-2

纵向通风方式	半横向通风方式	全横向通风方式
全射流 集中送入式 竖(斜)井送排风式 竖(斜)井排出式	送风式 排风式	顶送顶排式 底送顶排式 顶送底排式 侧送侧排式

1.纵向式通风

纵向式通风是从一个洞口直接引入新鲜空气，由另一洞口把污染空气排出的方式。

(1)全射流式纵向通风

在车道空间上方直接吊设射流风机，用以升压，进行通风的方式。射流风机安装简单，具有体积小、风量大、噪声大的特点(图9-2)。

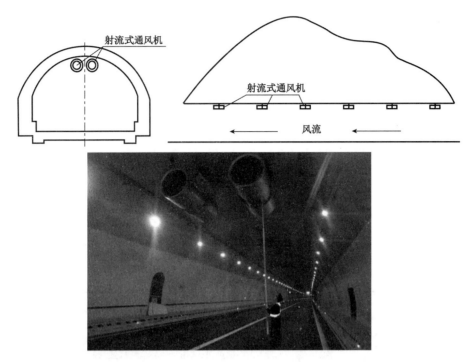

图 9-2　射流式通风机布置示意图和照片

(2) 竖(斜)井排出式纵向通风

通风所需的动力与隧道的长度的立方成正比,隧道越长,消耗的功率越大,隧道过长则不经济。长度大于 5000m 的隧道普遍采用"通风井 + 射流风机"组合通风方式。排出式纵向通风设置竖(斜)井排出污染空气,有烟囱作用,效果良好(图 9-3)。

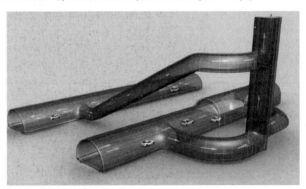

图 9-3　竖(斜)井排出式纵向通风

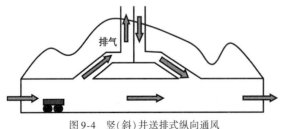

图 9-4　竖(斜)井送排式纵向通风

(3) 竖(斜)井送排式纵向通风

通过排风井排出隧道内污染空气,并通过送风井送入新鲜空气的纵向通风方式(图 9-4)。通风井数量和隧道分段长度,应根据隧道长度、防灾要求、建设与运营费用等综合考虑。

终南山隧道共设置三座通风竖井(图9-5),最大井深为661m,最大竖井直径达11.5m,竖井下方均设大型地下风机厂房,工程规模和通风控制理论属国内首创,世界罕见,其隧道通风竖井被形象地形容为地球上最大的"烟囱"。

图9-5 终南山隧道

2. 半横向式通风

半横向通风是介于"纵向通风"与"全横向通风"间的通风方式,分为送风型与排风型。两者均于车行隧管的一侧设置通风管道。送风型的新鲜空气由送风管道输入车行隧管,经与车道中的污浊空气混合后,在车道空间中作纵向流动,最后从隧道洞口排向外界。排风型的新鲜空气由隧道洞口进入,并沿车道作纵向流动,经与车道中的污浊空气混合后,通过排风管道吸出,排向高空。

半横向通风在车道中送风与排风产生的气流横越车道而过,基本上不产生沿车道方向纵向气流的通风方式。半横向通风方式,需要隔离较大的隧道断面空间作为风道,需要大功率的轴流风机通过斜(竖)井排出洞内废气,因此需要花费较大的工程费用和运营费用。

3. 全横向通风方式

美国纽约市的荷兰隧道,采用盾构法施工,圆形断面,所以车道下面作为送风道,上部作为排风道,气流从下往上横向流动。这是世界上首次采用全横向通风方式。

全横向通风方式,在车道中送风与排风产生的气流横越车道而过,基本上不产生沿车道方向纵向气流的通风方式。上海的黄浦江打浦路隧道与延安东路隧道都采用这种通风方式。该通风方式供风均匀,污染空气滞留时间短,隧道内可见度好,有利于运营管理和防止火灾,从保证行车安全和舒适性角度来说,是非常理想的隧道通风方式,被称为全横向通风。这种通风方式在以后的很多公路隧道中都被采用。

三、竖井与斜井

当特长隧道需采用分段送排风等特殊通风方式时,应设置竖井(斜井)、横洞、联络风道、风机房等通风构造物。通风构造物也可兼作逃生通道或作为施工期间增加工作面的辅助通道。

1. 竖井

竖井(图9-6)应设置在隧道埋深较浅处,以节约工程造价,减小后期的通风运营费用;竖井应设置在地质较好地段;井口地形应尽量选择开阔平坦区域,以利于施工场地和竖井建筑物的布置及污染空气的排放。井口严禁设在可能被洪水淹没处。

图9-6　竖井

2. 斜井

斜井(图9-7)洞口尽量选择在地形简单、地质条件良好的位置;斜井与主坑道连接要合适,长度尽可能短,有适合运输方式的坡度;在规划坡度和断面时,要注意不给主坑道的作业造成障碍和制约。

图9-7　斜井

任务二　隧道照明

一、隧道照明基本概念

隧道的照明,是为了把必要的视觉信息传递给驾驶员,防止因视觉信息不足而出现交通事故,提高驾驶的安全性和舒适性。

隧道照明与道路照明的显著不同是昼间需要照明,而且昼间照明问题比夜间更加复杂。从理论上讲,隧道照明与明线道路照明的共同点是需要考虑路面应具有一定的亮度水平,然而隧道照明还应进一步考虑设计车速、交通量、线形等影响因素,并从驾驶的安全性和舒适性等方面,综合确定照明水平。主要的困难问题是,在隧道出入口段及洞内相邻区段需要考虑人的视觉适应过程(图9-8)。

图9-8　隧道照明

二、隧道照明亮度

1. 照明区段的划分

单向隧道照明可分为入口段照明、过渡段照明、中间段照明、出口段照明、洞外引道照明以及洞口接近段减光设施(图9-9)。

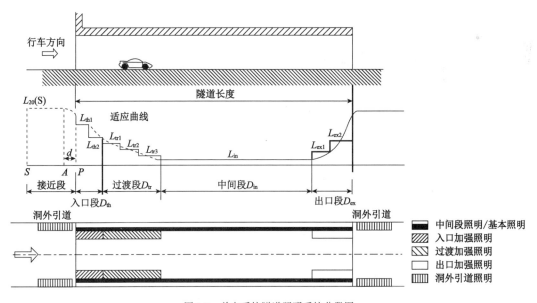

图9-9　单向系统隧道照明系统分段图

双向隧道照明可分为入口段照明、过渡段照明、中间段照明、洞外引道照明以及洞口接近段减光设施(图9-10)。

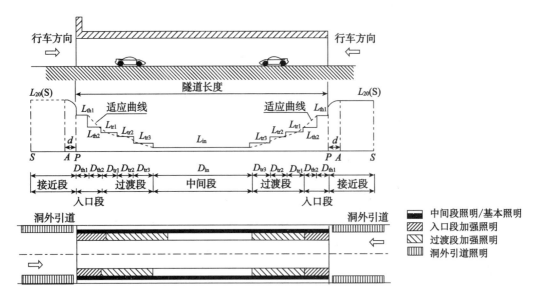

图 9-10 双向系统隧道照明系统分段图

2. 洞外接近段的减光措施

(1) 遮光棚

遮光棚一般为棚状构造，一般比较长，造价昂贵。遮光棚是一种景观建筑物，一般结合隧道景观设计，在城市隧道较常采用(图 9-11、图 9-12)。

图 9-11 隧道洞口的遮光棚减光

图 9-12　厦门翔安隧道

(2) 植被的减光作用

种植常绿植被是较为简便、经济的降低洞口亮度的方法(图 9-13)。

图 9-13　植被的减光作用

三、照明安全控制要点

(1) 隧道内的照明灯光应保证亮度充足、均匀及不闪烁,应根据开挖断面的大小、施工工作面的位置选用不同的照明高度。

(2) 隧道内用电线路均应使用防潮绝缘导线,并按规定的高度用瓷瓶悬挂牢固。不得将电线挂在铁钉和其他铁件上,或捆扎在一起。开关外应加盖,采用封闭式漏电开关,如使用电缆亦应牢固地悬挂在高处,不得放在地上。

(3) 隧道内各部的照明电压应为:

①开挖、支撑及衬砌作业地段,为 12~36V;

②成洞地段,为 110~220V;

③手提作业灯,为 12~36V。

(4) 隧道内的用电线路和照明设备必须设专人负责检修管理,检修电路与照明设备时亦应切断电源。

(5) 在潮湿及漏水隧道中的电灯应使用防水灯口。

任务三 隧道防排水技术

截至2021年底,我国正式投入运营的铁路隧道有17532座,总长度21055km,其中渗漏水病害在运营隧道中发生较为频繁,隧道防水问题一直是困扰铁路建设的难题。高速铁路对隧道防水要求非常严格,防水等级为《地下工程防水技术规范》(GB 50108—2008)规定的一级防水标准。即二次衬砌不允许渗水、二次衬砌表面无湿渍,否则无法交验,即使交验了,鉴于质量终身制,运营后施工单位要投入大量人力、物力和财力进行防水治理,得不偿失。

一、隧道防排水概述

水不仅是影响隧道施工的因素,也是影响隧道正常运营的重要因素;施工期间,地下水不仅降低围岩的稳定性,增加开挖难度,还增加了支护难度和费用(图9-14、图9-15);运营期间,地下水常从衬砌的施工缝、变形缝等渗漏进隧道中,降低隧道的使用功能和寿命(图9-16、图9-17);隧道工程中,地下水的存在是必然的,但对工程的危害却是可以避免和减少的。

图9-14 施工中的隧道防排水

图9-15 施工中的隧道积水

图9-16 隧道运营中渗水

图9-17 隧道运营中漏水

对地表水、地下水要进行妥善处理,纵、横、环向排水系统排水通畅,使洞内外形成一个通畅的防排水系统;隧道拱部、边墙、设备箱洞不渗水(图9-18);路面不积水;隧道冻害地段的衬砌背后不积水,排水沟内水流不冻结。

图 9-18　隧道设备箱洞渗水

二、隧道防排水措施

隧道防排水施工应遵循"防、排、截、堵相结合,因地制宜,综合治理"的原则进行施工,对地表水、地下水妥善处理,达到防水可靠、排水通畅、经济合理、不留后患的目的。在施工中严格按设计图纸及操作规范施工,以确保施工质量。

洞内施工排水,与永久排水系统相结合,建立完整通畅的排水系统,确保工程结构安全和施工人员生产安全。

1. 截水措施

在隧道以外的地方将地表水和地下水疏导截流,使之不进入隧道的工程范围内。常见的截水措施有截水沟、降水井等。

(1)截水沟。截流地表流水,以免进入隧道范围(图 9-19)。

图 9-19　截水沟

(2)降水井。解决浅埋隧道在施工期间的降水问题,也用于解决洞内局部区域的降水问题,需用水泵抽水(图 9-20)。

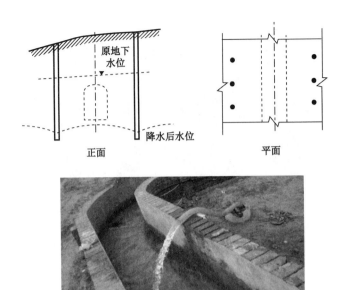

图 9-20 降水井

2. 防水措施

要求隧道衬砌、防水层具有一定的防水能力,能防止地下水透过防水层、衬砌结构渗入洞内。常用的防水措施有喷射混凝土防水、防水板防水、模筑混凝土衬砌防水。

(1)喷射混凝土防水

当围岩有大面积裂隙渗水,且水量、压力较小时,可结合初期支护采用喷射混凝土防水(堵水)(图 9-21)。需加大速凝剂用量,达到防水(堵水)效果。

图 9-21 喷射混凝土防水

(2)防水板防水

在喷射混凝土等初期支护施作完毕后,二次衬砌施作前,全断面铺设防水卷材(防水板)防水(图 9-22、图 9-23)。防水板具有优良的防水和耐腐蚀性能,在隧道和地下工程中得到广泛应用。

图 9-22　防水卷材（防水板）

图 9-23　在初期支护和二次衬砌之间铺设防水卷材

（3）模筑混凝土衬砌防水

模筑混凝土本身具有一定的抗渗防水性能；混凝土的抗渗等级和抗压强度应满足设计要求；施工缝、沉降缝及伸缩缝可以采用中埋式止水带（或止水条）或背贴塑料或橡胶止水带（或止水条）止水（图 9-24 ~ 图 9-26）。

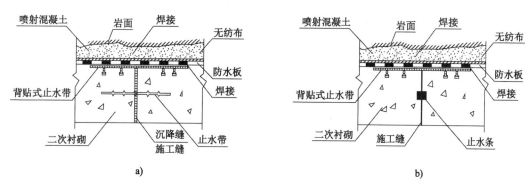

图 9-24　止水带、止水条构造

图 9-25　橡胶止水带

图 9-26　橡胶止水条

3. 排水设施

将衬砌背后、路面结构层以下的水引入隧道内，再由洞内水沟排出洞外。常见的排水设施有排水沟、盲沟、泄水管等。

（1）排水沟

排水沟承接泄水孔泄出的水，并将其排出隧道。隧道内纵向应设排水沟，有单侧、双侧、中心式三种形式（图 9-27、图 9-28）。

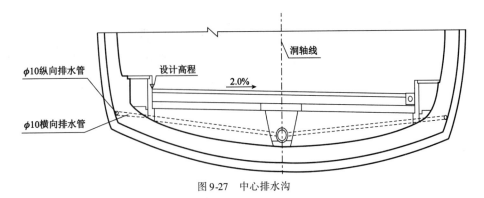

图 9-27 中心排水沟

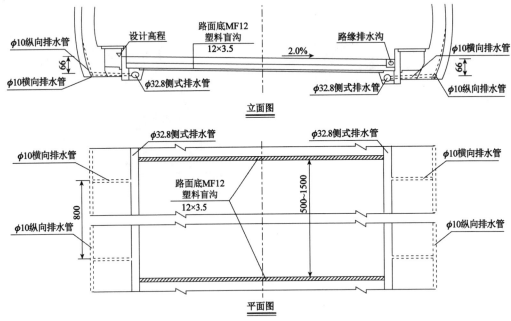

图 9-28 施工中的中央排水沟

(2) 盲沟

盲沟的作用是在衬砌与围岩之间提供过水通道,并使之汇入泄水孔。衬砌设环向盲沟、纵向盲沟和隧底排水盲沟,组成完整的排水系统(图9-29)。

图 9-29 纵向盲沟、横向盲沟(尺寸单位:cm)

4. 堵水措施

当水量大、压力大时,可采用堵水措施。常用的堵水措施为注浆堵水。注浆堵水:采用超前小导管等将适宜的胶结材料(水泥砂浆、化学浆)压注到地层节理、裂隙中,必要时可采用地表注浆堵水的措施。注浆既可以堵水,也可以起到加固围岩的作用(图9-30、图9-31)。

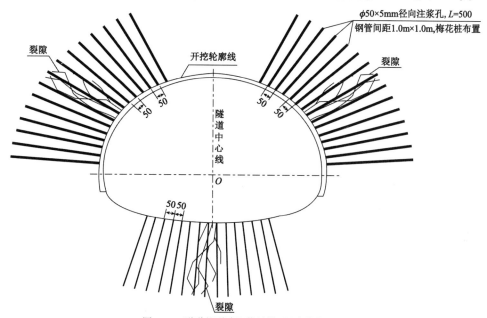

图 9-30　隧道的裂隙注浆封堵(尺寸单位:cm)

图 9-31　用来注浆的小导管

三、隧道防排水案例(课外阅读)

案例 1　隧道防排水技术施工

针对隧道的水文地质情况和岩性特点,分别采用相应的分区防排水原则。采用"以堵为主、以防为辅,防排结合,限量排放,刚柔并济,多道防线,因地制宜,综合治理"的原则,力求达到保护环境、排水通畅、防水可靠、经济合理、不留后患的目的。

(一)结构防排水施工

隧道结构自防水采用抗渗等级不小于 P8 的防水混凝土。隧道模筑混凝土衬砌前,先做好各种防排水设施的布置,在隧道初期支护与二次衬砌拱墙之间铺设隧道专用防水板,防水板在洞外按一次衬砌长度制作成型。洞内采用多功能台架铺设,防水层铺设时做好环向及纵向排水盲管的施作。

隧道防排水措施:

(1)普通地段二次衬砌混凝土抗渗等级不小于 P8。在初期支护与二次衬砌之间设置土工布和 EVA 防水板❶防水。

(2)初期支护拱部背后如有渗漏水情况,采取封堵加强措施,预埋注浆管,初期支护封闭成环后,注水泥浆液。

(3)在二次衬砌模筑混凝土拱顶部位预埋注浆管,以回填注浆的方式填补拱顶部二次衬砌混凝土与防水层之间的空隙。

(4)严格控制混凝土的配合比,在满足强度、密实性、耐久性、抗渗等级和泵送混凝土的和易性(即坍落度及其损失)要求的条件下,最大限度地控制混凝土的水泥用量,并选用低水热化水泥。

(5)在变形缝部位的模筑混凝土迎水面设置外贴式止水带,利用外贴式止水带表面突起的齿条与模筑防水混凝土之间的密实咬合进行密封止水。

(6)隧道拱墙二次衬砌背后环向设 ϕ50mm HDPE❷ 打孔波纹管,墙角处纵向设 ϕ100mm HDPE 排水管,并每隔 25m 设置横向导水管将衬砌背后积水引至中央排水管。所有隧道排水及底板水均排至隧道洞外地表。隧道防排水结构见图 9-32。

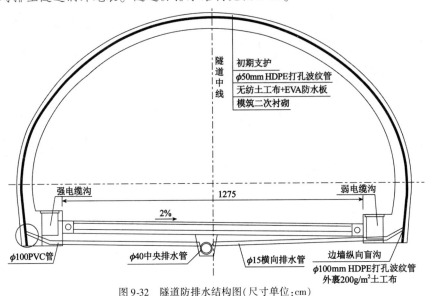

图 9-32　隧道防排水结构图(尺寸单位:cm)

❶　EVA 防水板是由乙烯-乙酸乙烯共聚物(EVA)为主要原材料,加入专用助剂和抗老化剂,经熔融、塑化、挤出、三辊压延、成型、卷曲等工序制成的具有一定厚度的片状防水材料。

❷　HDPE 对应英文全称 High Density Polyethylene,即高密度聚乙烯。

(二)防水层施工

1.防水板施工工艺流程

防水层施工工艺流程见图9-33。

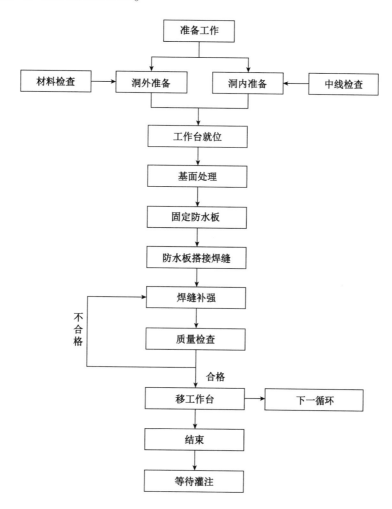

图9-33 防水板施工工艺流程图

2.防水层的铺设

隧道防水卷材施作前,进行隧道断面超欠挖测量,拱部不允许出现欠挖,边墙局部可以突出侵入衬砌,每$1m^2$不大于$0.1m^2$,当欠挖超过允许范围必须进行处理。防水卷材铺设之前要对喷混凝土基层的不平整、尖锐物体进行处理,确保基层平整度。同时将锚头、钉头、钢筋头、钢支护凸出者切至与基面平,并用砂浆抹盖。清除隧道衬砌表面钢筋头、突出碎石等硬物,采用砂浆找平衬砌外表面。

加工吊挂防水卷材专用台架,台架长度6m,台架加工要求轻便、灵活、方便施工。防水板铺挂见图9-34。防排水板沿隧道纵向一次铺挂长度要比本次灌注混凝土长度多1m左右,便于与下一循环的防排水板相接。对预留部分边缘部位进行有效保护。绑扎或焊接钢筋时,采取措施,尽量避免破坏卷材。混凝土振捣时,振捣棒避免接触防水层,以防振动棒破坏防水层。

环向铺挂时先拱后墙,低侧防水卷材应压住高侧防水卷材。固定防水卷材时不得紧绷,并保证板面与喷射混凝土表面能密贴。焊接机具主要有爬焊机、焊塑枪等。防水卷材施工:施工时采用无钉铺设施工工艺,环向留有20cm的富余量,卷材间搭接宽度不小于10cm(图9-35);预留甩头的卷材应保留隔离膜,并采取保护措施,后续施工时掀除。防水板搭接采用自动爬焊机进行双缝焊接,焊缝应进行气密性检查,充气压力至0.15MPa并保持恒压时间不少于2min,焊缝强度不小于母材强度的70%。

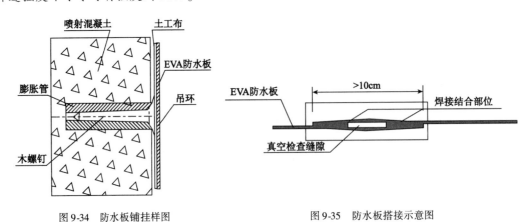

图9-34 防水板铺挂样图　　　　图9-35 防水板搭接示意图

3. 防水层检查

目视检查:根据目视,判定防水卷材表面有无损伤和焊接不良点,发现异常时,应进行修补。焊缝质量检查:为切实保证质量,每天每台热合焊机焊接均应取一个试样;每灌注段长度中,检查一次以上;注明取样位置、焊接操作者及日期。压缩空气检查:首先封闭检查接头的两端,把检查针插入检查沟,另一端用工具闭塞,用气泵以与防水卷材相适应的压力压入空气,保持压力稳定15min,压力降低10%以下为合格;插入检查针的地点应进行修补。负压检查:在检查处涂上能够发泡的检查液,并安装真空半圆盖,用真空泵形成一定的负压,如果不产生气泡就说明没有漏气。

4. 防水层的保护

防水层施作好后,及时灌筑混凝土或采取保护措施进行保护。在进行其他工作时不破坏防水层,焊接钢筋时必须采取保护措施,以免溅出火花烧坏防水层。在灌注二次衬砌模筑混凝土时,泵送输送管口不正对防水卷材。振捣棒不触碰防水层,以免破坏防水层。对现场施工人员加强防水层保护意识教育,严禁破坏防水层。

(三)施工缝、变形缝处理

1. 施工缝防水处理

纵向施工缝设置一道背贴式塑料止水带(270mm×6mm)、一道带注浆管的遇水膨胀止水条(30mm×14mm),见图9-36。

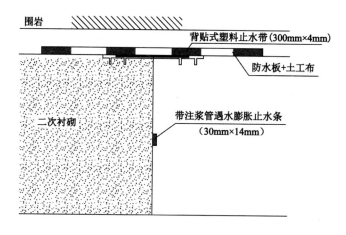

图9-36 施工缝防水处理图

2. 变形缝防水处理

在变形缝部位的模筑混凝土迎水面设置背贴式塑料止水带,利用背贴式塑料止水带表面突起的齿条与模筑防水混凝土之间的密实咬合进行密封止水,在变形缝部位设置中埋式橡胶止水带外加2cm厚松木板,用钢筋卡固定,见图9-37。

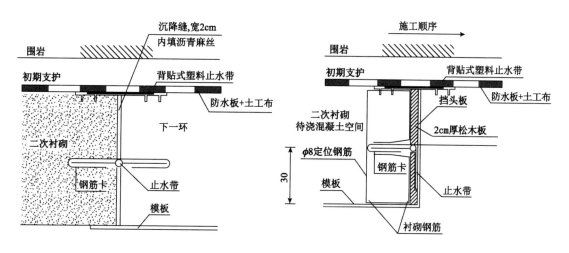

图9-37 变形缝施工构造图(尺寸单位:cm)

(四)排水管施工

隧道拱墙二次衬砌背后沿纵向每隔10m或每个施工缝附近环向设置φ50mm HDPE单壁打孔波纹管,富水区段或拱部局部渗水较大形成径流区段加密至1~3m一道。墙角处纵向设φ100mm HDPE排水管,环向盲沟下伸到边墙脚与φ100mm纵向排水管连通,然后将φ100mm HDPE排水管直接弯入水沟,将水引入路面边缘的水沟内排出隧道外。

1. 环向盲管安装

先在喷射混凝土面上定位划线，线位布设原则上按设计进行，但根据洞壁实际渗水情况做适当调整，尽可能通过喷射层面的低凹处和有出水点的地方。沿线用聚乙烯（PE）板窄条（8cm×20cm）和水泥钢钉将环向盲管钉于初喷混凝土表面，钢钉间距 30~50cm。集中出水点在水源方向钻孔，然后将单根引水盲管插入其中，并用速凝砂浆将周围封堵，以便地下水从管中集中流出。环向排水管与纵向排水管连接（图 9-38），纵向排水管与横向排水管连接均采用三通接头管，接头处裹无纺布。横向排水管尽量设在环向透水管处，以便环向排水管里的水能迅速排入排水沟。

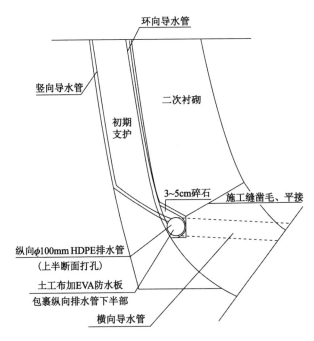

图 9-38　环纵向排水管连接示意图

2. 纵向盲管安装

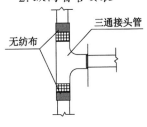

图 9-39　纵、横向排水管连接图

按设计位置在边墙底部测放盲管设置线，沿线钻孔，打入膨胀螺栓，安设纵向盲管，用卡子卡住盲管，固定在膨胀螺栓上。纵向排水管采用 ϕ100mm HDPE 排水管（上半断面打孔），土工布+EVA 防水板包裹纵向排水管下部。纵向盲沟及环向盲沟通过 DN100 UPVC 排水管接入隧道中心水沟内。与纵向排水管连接的横向排水管穿过防水层时，加强套层与管间粘贴，并采用无纺布包裹处理，见图 9-39。

（五）注浆防水

根据地质超前预测、预报及地表、地下水文检测综合成果，得到地下水的平衡基准，按地下水平衡排放原理，可采用超前预注浆、开挖后注浆、局部注浆、补注浆四种堵水方式。

案例2 隧道防排水质量通病及保证措施

(一)隧道防排水质量通病

1. 施工排水不畅

表现形式:

洞内场地积水、现场泥泞突出,基底长期被水浸泡。

防治措施:

(1)做好洞内临时排水,做到人、机、水三路分离。

(2)顺坡排水修建的临时排水沟加强维护,确保排水通畅。

(3)反坡排水时,根据洞内出水总量及集中出水点情况,分级设置集水坑(井),并及时采用管路进行抽排。

(4)抽水设备的功率、数量应满足排水要求,并有充足的储备;对土质地层、松软地段的排水沟和集水坑进行硬化处理。

2. 防水层铺挂不规范

表现形式:

(1)随意采用钢筋或射钉刺穿防水板进行铺挂,防水板补丁过多。

(2)防水板搭接长度不够,或搭接不平顺,焊缝不严密。

(3)防水层未嵌入设备洞室铺设。

(4)钢筋焊接时烧坏防水板。

(5)防水板未铺设无纺布。

(6)防水板背后处理欠挖后没有复喷,没有切除露头锚杆。

(7)防水板铺挂松弛度过大。

防治措施:

(1)防水板尽量采用无钉铺挂。防水层固定点间距:拱部不大于0.8m,边墙部位不大于1.2m,拱脚圆弧部位不大于0.3m。

(2)严格按照设计要求铺挂防水板,搭接宽度不小于10cm,采用热合双缝焊接,铺挂过程中出现破损及时修补。

(3)在焊接钢筋时,在防水层侧加设隔板,防止烧伤防水层。

(4)铺挂防水层前,对铺挂岩面进行修补,确保大面平顺,并及时切除裸露的钢筋头。

(5)根据初期支护表面平整情况,合理选取防水层松铺系数。

(6)加强防水层铺挂和检查。

3. 止水带安装方式不正确

表现形式:

(1)安装位置不准确。

(2)背贴式止水带反向安装。

防治措施:

(1)中埋式止水带采用钢筋卡固定在挡头模板上,钢筋卡的间距与强度应能确保止水带在混凝土浇筑过程中不发生位移。

(2)背贴式止水带应正确安装。

4. 中心水管安设不规范

表现形式：

中心水管接头错位、破损,不连续铺设,安装高程不正确;中心水管周边用土石回填;中心水管在安设过程中被堵塞。

防治措施：

(1)管节安装前,应先按设计浇筑水管基座。基座顶面平顺,坡度符合要求,在基座强度达到5MPa后,再安装中心管。

(2)对中心排水管接头进行包裹,并逐节检查,保证管内无杂物。回填必须采用碎石等滤水材料。

(二)保证措施

1. 管理措施

(1)严把原材料质量控制关

①施工中用到的所有原材料均需经过项目部工地试验室自检合格并经过监理代表处中心试验室抽检合格后方可在施工中采用。

②施工中所有的原材料均实行材料准入制度,所有的原材料的供货厂家均为业主经过考查并认证合格的准入厂家,同时不降低对原材料的检验频次,以保证原材料质量。

③对于在自检或抽检过程中发现的不合格材料,一经发现,对该批次的材料坚决予以清除出场,从源头上控制工程质量。

(2)坚持"三检"制度

严格工序交接制度,对工程质量实行"自检、互检、工序交接检",本工序不合格不下转,上道工序不合格不接收。隐蔽工程由施工单位、监理单位共同验收,验收各方均需现场认可。

(3)工程质量终身责任制

项目经理部将与各施工队伍签订工程质量责任书,项目经理对工程质量全面负责,是工程质量的第一责任人,对工程本身负责。项目质检工程师代表项目经理对质量工作进行全面管理,对技术交底、工序交接等严格签字手续,以促使各级管理人员及施工人员增强责任心,提高工程质量管理水平。

2. 质量保证措施

(1)组织精干的质量管理人员,现场管理人员必须具备一定的施工经验并熟悉图纸、标准化和规范要求。项目针对防排水施工成立专门质量管理组织结构,明确分工,各负其责,形成严密的质量管理体系,科学有效指导施工。

(2)建立质量检查机构,制定严格的工程质量内部监理制度,严格执行自检、互检与专业检查相结合的质量"三检"制度和工前试验、工中检查、工后检测的试验工作制度。质量工程师行使质量一票否决权,项目经理对质量工作全权负责。

(3)施工前进行施工技术交底,对施工内容的设计、规范要求,以及各道工序施工注意事项及检查情况进行详细交底。

(4) 建立现场试验室,确保原材料质量;坚持先试验后使用,不合格材料不进场。所有使用的原材料都需要经过试验、分析并写出材质鉴定报告,送监理工程师审查合格后,才能使用。材料供应由材料部门和试验部门紧密配合,保证进场材料符合质量要求。

(5) 做好每道工序的检验工作。每道工序要先自检,然后由监理人员检查验收,才能进入下道工序施工。

(6) 在施工中,对每道工序、每个工种、每名操作工人,做到质量工作"三个落实",即:

① 施工前,施工管理人员必须对施工班组进行书面技术交底,每名操作人员,明确操作要点及质量要求。

② 施工过程中施工管理人员必须随时检查指导施工,制订工序流程图,确定关键工序和特殊工序的关键点,进行连续监控,对比分析质量偏差,及时纠正质量问题,把质量隐患消灭在施工过程中。

③ 每道工序施工结束后,要及时组织质量检查评比,进行工序交接,上道工序质量不合格,下道工序不得开始,并根据检查结果对施工班组及操作人员进行相应奖罚,强化施工人员的质量意识。

3. 安全技术措施及控制要点

(1) 在有地下水排出的隧道必须开凿排水沟;当下坡开挖时根据涌水量,设置大于20%涌水量的抽水机具排水。抽水机械应在导坑的一侧或另开偏洞安装,并用栅栏与隧道隔离。

(2) 断层破碎带是地下水运移和储存的场所,可能会产生突然涌水现象,对隧道围岩稳定性极为不利。施工中除采用超前地质预报、超前钻探、超前注浆堵水和正确的施工方法外,必须配备足够数量的抽水机和备用电源来保证充足的抽水能力。抽水设备宜采用电力机械,不得在隧道内使用内燃抽水机。抽水机械应有一定的备用台数。

(3) 隧道开挖中如预计要穿过涌水地层,宜采用超前钻孔探水,查清含水层厚度、岩性、水量、水压等,为防治涌水提供依据。如发现工作面有大量涌水时,即令工人停止工作,撤至安全地点。

任务四 隧道内装结构

一、隧道内装

1. 功能与作用

改善隧道内环境,起诱导作用;提高墙面的反射率,增强照明效果;吸收噪声;满足防火要求。

2. 常用的内装材料

常用的内装材料有块状混凝土材料、饰面板等质地致密材料、瓷砖、油漆、防火涂料等(表9-3、图9-40)。

常用的内装材料及其优缺点 表9-3

材　料	优　点	缺　点
块状混凝土	衬砌表面不需特殊处理	表面粗糙,易污染,不易清洗,光线反射效果较差
饰面板、镶板等致密材料	不易污染,清洗效果好,板后空间有利于吸收噪声,光线反射效果好	要求衬砌平整
瓷砖	表面光滑易清洗,光线反射效果好	没有吸声降噪作用,要求衬砌平整
油漆	比混凝土易清洗	对衬砌表面要求很高,需压光、平整,浸湿的油漆损坏很快,没有吸声降噪作用
防火涂料	具有较好的耐高温和耐火性	表面粗糙,易污染,不易清洗,光线反射效果差

a) 瓷砖内装　　　　　　　　b) 面板内装　　　　　　　　c) 涂料内装

图 9-40　常用的内装材料

3. 内装要求

内壁装饰材料不得侵入建筑限界。内壁装饰材料应具有无毒、耐火、耐腐蚀、反光率高、便于清洗等特点,并符合建筑材料相关规范的要求。

二、隧道顶棚

顶棚的反射率对提高照明效果有利;顶棚用漫反射材料可以避免产生眩光;顶棚美化隧道,特别是与整齐排列的灯具相互衬托,并且起到视觉诱导作用(图 9-41);顶棚是背景的一部分,特别是在变坡点附近对识别障碍物有帮助;顶棚可做成平顶或者拱顶。

图 9-41　特殊效果

三、隧道路面

1. 隧道路面的特殊性

隧道路面处于山体中,地下水对隧道路面影响比洞外大。隧道空间狭小,车辆排放废气积聚使路面抗滑性能变差。洞内发生火灾时,温度对路面的影响比洞外严重。雨天会降低隧道路面的抗滑性能。

2. 隧道路面材料的类型

主要有混凝土路面(白色路面)、沥青混凝土路面(黑色路面)(图9-42)。

a)白色路面　　　　　　　　　　　　b)黑色路面

图9-42　混凝土路面(白色路面)和沥青混凝土路面(黑色路面)

3. 隧道路面的设计要求

应具有抵御水的冲刷和含有化学物质的水的浸蚀能力；应具有较高的抗侧滑的能力；洞内交通组织困难，要求隧道路面容易修补；隧道路面与交通标志亮度对比和颜色对比明显(图9-43)。

图9-43　隧道路面与交通标志亮度对比和颜色对比

任务五　其他附属构造物

其他附属构造物主要包括紧急停车带、车行横通道、人行横通道、设备洞室、电缆管沟及桥架等(图9-44)。

一、紧急停车带

长、特长隧道应在行车方向的右侧设置紧急停车带；双向行车隧道，紧急停车带应双侧交错设置(图9-45)。紧急停车带宽度包含右侧侧向宽度应不小于3.5m，长度应不小于40m，其中有效长度不得小于30m，间隔750~1000m。

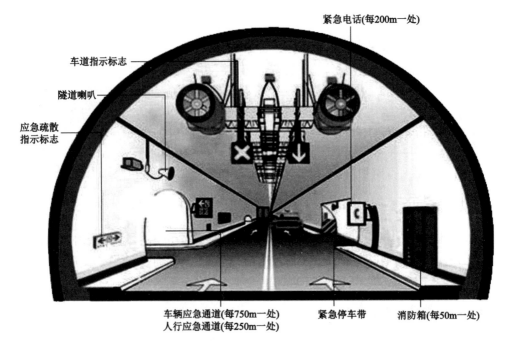

图 9-44 其他附属构造物

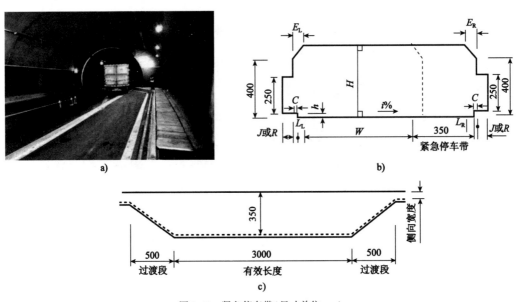

图 9-45 紧急停车带(尺寸单位:cm)

二、车行横通道

上、下行分离的双洞公路隧道之间应设置车辆绕行的横向通道,即车行横通道(图 9-46)。设置间距为 750~1000m。车行横通道应与紧急停车带紧邻布置(图 9-47);车行横通道宜设置在地质条件较好的地段;车行横通道的两端洞口应设置防火防护门,且便于开启和关闭。

图 9-46 车行横通道

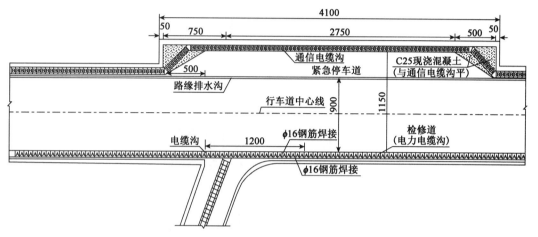

图 9-47 车行横通道应与紧急停车带紧邻布置(尺寸单位:cm)

三、人行横通道

上、下行分离的双洞公路隧道之间应设置满足人行的横向通道,即人行横通道(图 9-48)。设置间隔为 250～500m;人行横通道的两端要设置甲级防火门,防火门具有双向开启和自动关闭的功能。

图 9-48 人行横通道标志

四、设备洞室

隧道中应设置一定数量的设备洞室,用来放置各种设备,以保障隧道运营的顺畅和安全;设备洞室(图 9-49)主要有配电洞室、变压器洞室、灭火洞室(图 9-50)及紧急电话洞室(图 9-51)等;

在设计设备洞室时,应考虑预留足够的放置空间、操作空间及防护等级要求等。

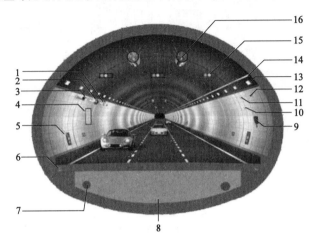

图 9-49　设备洞室图

1-风速计;2-有限广播;3-摄像机;4-交通电子情报板;5-灭火器;6-边水沟;7-预埋管;8-回填;9-紧急电话;10-CO 浓度计;11-烟尘浓度计;12-火灾探测;13-灯;14-水喷头;15-红绿灯;16-风机

图 9-50　灭火洞室

图 9-51　紧急电话洞室

五、电缆管沟及桥架

通信电缆和电力电缆要分槽敷设;隧道内若未预埋电缆管沟,可在衬砌墙壁上架设电缆桥架(图 9-52)。电缆管沟应设盖板;电缆沟与水沟并行时,宜分设盖板(图 9-53)。

图 9-52　电缆管沟及桥架

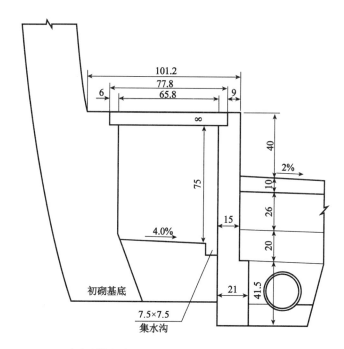

电力电缆沟（内侧沟）设计图（紧急停车带处无仰拱）

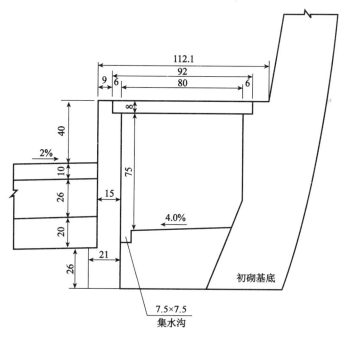

通信电缆沟（外侧沟）设计图（紧急停车带处无仰拱）

图 9-53　电力电缆沟、通信电缆沟设计图（尺寸单位：cm）

学习任务单

项目九 隧道施工辅助作业	姓名：	
	班级：	
	自评	师评
思考与练习	掌握： 未掌握：	合格： 不合格：
1. 简述隧道施工通风及通风方式。		
2. 简述施工照明及照明安全控制要点。		
3. 简述施工防排水技术及防排水措施。		
4. 简述隧道内装、顶棚和路面结构。		
5. 简述隧道紧急停车带、车行(人行)横通道施工控制要点。		
6. 简述隧道设备洞室、电缆管沟及桥架施工控制要点。		

项目十

特殊地质地段隧道施工

学习目标

1. 知识目标
(1) 熟悉膨胀性围岩特点和膨胀性围岩危害。
(2) 掌握膨胀性围岩施工方法。
(3) 了解黄土特性和黄土危害。
(4) 掌握黄土隧道的施工方法。
(5) 掌握溶洞的概念和溶洞地区隧道的施工方法。
(6) 了解风积沙的概念和风积沙对隧道的危害。
(7) 掌握风积沙地层隧道的施工方法。
(8) 熟悉瓦斯的性质和瓦斯隧道相关制度。
(9) 掌握瓦斯隧道施工要点。
(10) 熟悉岩爆特点和岩爆的产生条件。
(11) 掌握岩爆防治措施。
(12) 了解高地温热源和高地温施工措施。
(13) 熟悉塌方产生的原因和塌方预防措施。
(14) 掌握塌方地段隧道施工原则。

2. 能力目标
(1) 学会提出处理膨胀性围岩的措施。
(2) 学会提出黄土隧道施工方案和组织现场施工。
(3) 读懂溶洞隧道施工技术方案和组织现场施工。
(4) 读懂风积沙隧道施工技术方案和组织现场施工。
(5) 学会检测隧道瓦斯的浓度和组织瓦斯隧道现场施工。
(6) 学会提出岩爆隧道的处置方案。
(7) 读懂高地温施工技术措施。
(8) 学会提出塌方处置措施。

3. 素质目标
(1) 培养学生的实际应用能力。
(2) 培养学生踏实、细致、认真的工作态度和作风。

学习重点

膨胀性围岩特点及施工方法;黄土危害及黄土隧道的施工方法;溶洞地区隧道的施工方法;风积沙对隧道的危害及风积沙地层隧道的施工方法;瓦斯的性质及瓦斯隧道施工要点;岩爆的产生条件及岩爆防治措施;高地温施工措施;塌方产生的原因及塌方预防措施。

学习难点

处理膨胀性围岩的措施;黄土隧道施工方案;溶洞隧道施工技术方案;风积沙隧道施工技术方案;瓦斯隧道现场施工;岩爆隧道的处置方案;高地温施工技术措施;塌方处置措施。

特殊地层包含膨胀性围岩、黄土、溶洞、断层、瓦斯地层等。特殊地层施工原则:先治水、管超前、短进尺、弱爆破、早支护、快封闭、勤量测。

特殊地层施工注意要点:

(1)特殊地质和不良地质地段隧道施工时,施工前必须根据设计提供的工程及水文地质资料,结合现场实际情况,进行分析研究,制订完整的施工技术方案。

(2)特殊地质和不良地质地段隧道施工时,必须加强量测工作,并及时反馈量测结果,发现问题,及时处理。

(3)特殊地质和不良地质地段隧道施工前,应采用超前地质预报,加强施工地质预报工作。施工中应力求稳步前进,严防塌方。

任务一　膨胀性围岩

一、膨胀性围岩的特性

1. 定义

土中黏土矿物成分主要由亲水性矿物组成,同时具有吸水膨胀和失水收缩的特性,主要分布在我国西部云贵川等地。

2. 膨胀岩特性

(1)超固结特性,土中储存较高初始应力。

(2)具有多裂隙特性。

(3)吸水膨胀,失水收缩,土体中干湿循环,产生胀缩效应。

二、膨胀岩危害

1. 围岩裂缝

隧道开挖后,由于开挖面上土体原始应力释放产生胀裂;另外,由于表层土体风干而脱水,产生收缩裂缝。

2. 坑道下沉

由于坑道下部膨胀性围岩的承载力较低,加之上部围岩压力过大,产生坑道下沉变形。

3. 围岩膨胀突出和坍塌

膨胀性围岩开挖过程中或开挖后,围岩产生膨胀变形,周边岩体向洞内膨胀突出,开挖断面缩小。

4. 底鼓

隧道底部开挖后,洞底围岩的上部压力解除,在无支护体约束的条件下,由于应力释放,洞底围岩产生卸荷膨胀;若坑道积水,则洞底围岩产生浸水膨胀。

5. 衬砌变形和破坏

由于围岩和膨胀压力,常常产生拱脚内移,同时发生不均匀下沉,拱脚支撑受力大,发生扭曲、变形或折断。拱顶受挤压下沉,也有向上凸起。

三、膨胀性围岩施工要点

1. 施工原则

坚持"加固围岩,先柔后刚,先放后抗,变形留够,底部加强"的原则。

2. 开挖方法

以尽量减少对围岩产生扰动和防止水的浸湿为原则。采用爆破法开挖时,应短进尺,多循环。开挖断面应圆顺,隧道周边宜采用风镐开挖,中间部分采用钻爆法开挖;不分部或少分部开挖。单线多采用超短台阶法(正台阶法)开挖;双线采用侧壁导坑法开挖。

3. 支护

初期支护应做到"先放后抗、先柔后刚",初期支护可分层施作,逐层加强,并尽早初喷混凝土封闭岩面;初期支护的施作原则是"宁加勿拆",在支护上加支护,尽量控制变形的发展;衬砌结构及早闭合,支护体系应及时封闭成环,逐步限制变形。

4. 防止围岩湿度变化

隧道开挖后及时喷射混凝土,封闭和支护围岩。有地下水渗流的隧道,应采取切断水源,加强洞壁与坑道防、排水措施,防止施工积水导致围岩浸湿等。可采用注浆堵水阻止地下水进入坑道或浸湿围岩。

任务二 黄 土

一、黄土的分类

1. 定义

黄土是在干燥气候条件下形成的一种呈褐黄、灰黄等颜色,并且具有针状大孔、垂直节理发育的特殊土。

2.黄土分类

按其形成的年代可分为新、老黄土。Q_1和Q_2的离石黄土,称之为老黄土;Q_3和Q_4的次生黄土,称之为新黄土。

3.黄土对施工的影响

(1)黄土节理(图10-1)易引起坍塌。

(2)冲沟地段易产生滑坡、坍塌。

(3)溶洞、陷穴、基础下沉、塌方冒顶、偏压。

(4)遇水会湿陷,产生下沉、坍塌等。

图10-1 黄土节理

二、黄土隧道施工方法

黄土隧道施工,应做好黄土中构造节理的产状与分布状况的调查工作。施工原则为:管超前、短进尺、强支护、早封闭、勤量测。

1.开挖方法

根据隧道断面大小、围岩级别、埋深程度采用不同的开挖方法。

单线Ⅳ:多采用超短台阶法(正台阶法)。双线Ⅳ:弧形导坑法,预留核心土(图10-2)。单线Ⅴ:弧形导坑法,预留核心土。双线Ⅴ:双侧壁导坑法(图10-3)。

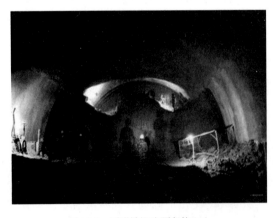

图10-2 弧形导坑法预留核心土

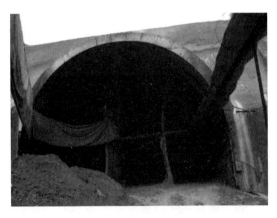

图10-3 双侧壁导坑法

2. 黄土隧道支护

喷锚网与钢拱架形成强力支护,复合二次衬砌结构作为永久支护,必要时可采用超前锚杆、管棚支撑加固围岩。在初期支护基本稳定后,进行永久支护衬砌。衬砌背后回填要密实,尤其是拱顶回填。

3. 施工防排水

严格按设计做好洞顶、洞门及洞口的防排水系统工程,排水沟应进行铺砌,防止地表水下渗。

三、黄土隧道施工注意事项

(1)施工中如发现工作面有失稳现象,应及时用喷射混凝土封闭、加设锚杆、架立钢支撑等加强支护。

(2)施工时特别注意拱脚与墙脚处断面,如超挖过大,应采用浆砌片石回填。如发现该处土体承载力不够,应立即采取相应措施进行加固。

(3)黄土隧道施工,宜先施作仰拱,并应一次灌注成型,仰拱距离掌子面宜控制在30m以内。拱墙衬砌应整体灌注,并应及早施作。

(4)施工中如发现不安全因素时,应暂停开挖,加强临时支护,以便安排适应性工序。

任务三 溶 洞

一、溶洞概念与成因

1. 定义

溶洞是以岩溶水的溶蚀作用为主的一种岩溶现象。

2. 溶洞的成因

溶洞是石灰岩地区地下水长期溶蚀的结果。石灰岩里不溶性的碳酸钙受水和二氧化碳的作用能转化为微溶性的碳酸氢钙,由于侵蚀的程度不同,逐渐被溶解分割成互不相依、陡峭秀丽的山峰和奇异景观的溶洞,由此形成的地貌一般称为岩溶地貌,又称为喀斯特地貌。

二、溶洞对施工的影响

隧道施工遇到溶洞时,常产生塌方、不均匀沉陷及涌水等。有填充物时,可能大量坍塌,造成塌方。隧道旁穿溶洞,易造成不均匀下沉而毁坏衬砌。溶洞地区一般地下水发育,极易发生突然涌水。

三、溶洞施工

溶洞施工多采用以疏为主、堵排结合、因地制宜、综合治理的原则。

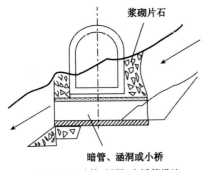

图 10-4　暗管、涵洞、小桥等设施

1. 疏导

遇到暗河或溶洞有水流时,宜排不宜堵。应在查明水源流向及其与隧道位置关系后,用暗管、涵洞、小桥等设施宣泄水流或开凿引水洞,将水排出洞外(图 10-4)。当岩溶水流位置在隧道顶部或高于隧道顶部时,应在适当距离处,开凿引水斜洞(或引水槽),将水位降低到隧底高程以下,再进行引排。当隧道设有平行导坑时,可将水引入平行导坑排出。

2. 宣泄

当岩溶水较大时,应采用泄水洞宣泄岩溶水(图 10-5),降低地下水位,保持隧道干燥。泄水洞应位于地下水来源一侧。

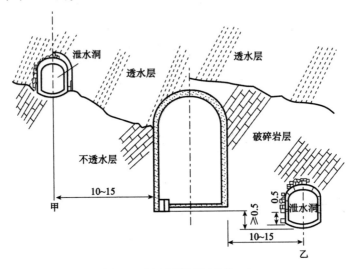

图 10-5　泄水洞等(尺寸单位:m)

3. 回填

对已停止发育、跨径较小、无水的溶洞,可根据其与隧道相交的位置及其充填情况,采用混凝土、浆砌片石或干砌片石予以回填封闭(图 10-6);或加深边墙基础,加固隧道底部。当隧道拱顶部有空溶洞时,可视溶洞的岩石破碎程度,在溶洞顶部采用锚杆或钢筋网加固。必要时可考虑注浆加固,并加设隧道护拱及拱顶回填进行处理。

4. 跨越

当隧道一侧遇到狭长而较深的溶洞,可加深该侧的边墙基础以通过。隧道底部遇到较大溶洞并有水流时,可在隧道底部以下砌筑圬工支墙,支承隧道结构,并在支墙内套设涵管引排溶洞水。隧道边墙部位遇到较大、较深的溶洞,不宜加深边墙基础时,可在边墙部位或隧底以下筑拱跨过。当隧道中部及底部遇有深狭的溶洞时,可加强两边边墙基础,并根据情况设置桥台架梁通过。隧道跨越如图 10-7 所示。

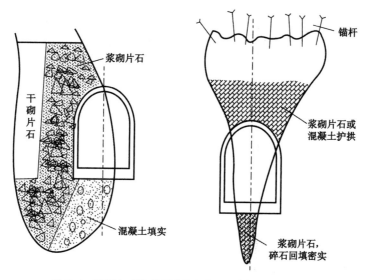

图 10-6 混凝土、浆砌片石或干砌片石回填封闭及锚杆加固

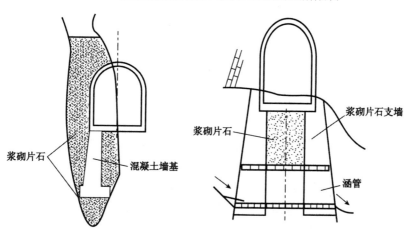

图 10-7 隧道跨越

5. 绕避

在溶洞地区施工,个别溶洞处理耗时且困难时,可采取迂回导坑绕过溶洞,继续进行隧道前方施工,同时处理溶洞,以节省时间,加快施工进度。绕行开挖时,应防止洞壁失稳。

四、溶洞施工注意事项

(1)当施工达到溶洞边缘,各工序应紧密衔接,支护和衬砌超前。
(2)施工中注意检查溶洞顶部,及时处理危石。
(3)在溶蚀地段的爆破作业应尽量做到多打眼、少装药,并控制爆破药量,减少对围岩的扰动。
(4)在溶洞充填体中掘进,如充填物松软,可采用超前支护施工。
(5)未做出溶洞处理方案前,不要将弃渣随意倾填于溶洞中。

任务四　风　积　沙

一、概述

1. 定义

风积沙是指粉黏粒含量很少的沙,其表面活性很低,松散、无聚性、无黏结性。

2. 危害

围岩失稳坍塌,支护结构变形,甚至倒塌破坏。

3. 施工原则

开挖应遵循"先开挖、后支护"的原则。含水隧道应遵循"先治水、后开挖"的原则。

二、风积沙施工

1. 加强调查,制订方案

施工中应调查风积沙特性、规模,了解地质构成、贯入度、相对密度、粒径分布、塑性指数、地层承载力、滞水层分布、地下水压力和透水系数等,并制订切实可行的治理方案。

2. 因地制宜,综合治水

隧道通过风积沙地段,处理地下水,是解决隧道流沙、流泥施工难题的关键。施工时,应因地制宜,采取"防、截、排、堵"的治理方法。

防——建立地表沟槽倒排系统及仰坡地表局部防渗处理,防止降雨和地表水下渗。

截——在正洞之外水源一侧,采用深井降水,将储藏丰富的构造裂隙水,通过深井抽水排走,减少正洞的静水压力和动水压力,对地下水起到拦截作用。

排——有条件的隧道在正洞水源下游一侧开挖一条洞底低于正洞仰拱的泄水洞,用以降排正洞的地下水,或采用水平超前钻孔真空负压抽水的办法,排除正洞的地下水。

堵——采用注浆方法充填裂隙,形成止水帷幕,减少或堵塞渗水通道。

3. 先护后挖,加强支护

开挖时根据隧道断面大小,宜采用交叉中隔壁法、中隔壁法或者仰拱台阶开挖,先护后挖,紧密支撑,边挖边封闭,遇缝必堵,严防砂粒从支撑缝隙中排出。也可采用超前注浆,以改善围岩结构,用水泥浆或水泥-水玻璃为主的注浆材料注入围岩或用化学药液注浆加固地层,然后开挖。

4. 尽快衬砌,封闭成环

流沙地段,拱部和边墙衬砌混凝土的灌注应尽量缩短时间,尽快与仰拱形成封闭环。

任务五 瓦 斯

一、瓦斯物理化学性质

1. 定义

瓦斯是地下坑道内有害气体的总称,其成分以沼气(甲烷 CH_4)为主,有时单独指甲烷。瓦斯的燃烧、爆炸是隧道主要灾害。

2. 瓦斯性质

瓦斯是无色、无味、无臭的气体;瓦斯对空气的相对密度是0.554,在标准状态下瓦斯的密度为 $0.716kg/m^3$;瓦斯的渗透能力是空气的1.6倍,难溶于水,不助燃,也不能用以维持呼吸,达到一定浓度时,能使人因缺氧而窒息,并能发生燃烧或爆炸。

二、瓦斯爆炸和燃烧

瓦斯爆炸有三个必备条件:①一定浓度的瓦斯(浓度5%~16%);②一定温度的引火源(温度650℃~750℃);③充足的氧气(浓度大于12%)等。

瓦斯浓度爆炸界限见表10-1。

瓦斯浓度爆炸界限   表10-1

瓦斯浓度(%)	爆炸界限
5~6	瓦斯爆炸下界限
14~16	瓦斯爆炸上界限
9.5	爆炸最强烈
8.0	最易点燃
低于5或大于16	不爆炸,与火焰接触部分燃烧

三、瓦斯放出的类型

(1)瓦斯的渗出。缓慢、均匀、持续地从煤层或岩层的暴露面空隙中渗出,延续时间很久,有时带有一种嘶声。

(2)瓦斯的喷出。比瓦斯渗出强烈,从煤层或岩层裂缝或孔洞中喷出,喷出的时间有长有短,通常有较大的响声和压力。

(3)瓦斯的突出。在短时间内,从煤层或岩层中,突然猛烈地喷出大量瓦斯,喷出的时间,可能从几分钟到几小时,喷出时常有巨大轰响,并夹有煤块或岩石。

以上三种瓦斯放出形式,以第一种放出的瓦斯量最大。

四、防止瓦斯事故的措施

(1)隧道穿过瓦斯溢出地段,应预先确定瓦斯探测方法,并制定瓦斯稀释措施、防爆措施和紧急救援措施等。

(2)隧道通过瓦斯地区的施工方法,宜采用全断面开挖法,以利于排除瓦斯。

(3)加强通风是防止瓦斯事故最有效的办法。把空气中的瓦斯浓度吹淡到爆炸浓度限值的 1/10～1/5,将其排出洞外。有瓦斯的坑道,决不允许用自然通风,必须采用机械通风。

(4)隧道内瓦斯浓度限制值,符合表 10-2 规定。

隧道内瓦斯浓度限制值　　　　　　表 10-2

序号	地　点	限值(%)	超限处理措施
1	低瓦斯工区任意处	0.5	超限处 20m 范围内立即停工,查明原因,加强通风监测
2	局部瓦斯积聚(体积大于 $0.5m^3$)	2.0	附近 20m 停工,人员撤离,断电,进行处理,加强通风
3	开挖工作面风流中	1.0	停止电钻钻孔
4	煤层爆破后工作面风流	1.0	超限时继续通风,不得进入
5	局部通风机及电气开关 20m 范围内	0.5	超限时应停机并不得启动
6	钻孔排放瓦斯时回风流中	1.5	超限时人员撤离,停电,调整风量
7	竣工后洞内任一处	0.5	超限时查明渗漏点,并向设计单位反映,增加运营通风设备

(5)瓦斯隧道必须加强通风,防止瓦斯积聚。

(6)如开挖进入煤层,瓦斯排放量较大,使用一般的通风手段难以将瓦斯稀释到安全标准时,可使用超前周边全封闭预注浆方法。

(7)采用防爆设施:

①遵守电气设备及其他设备的安全规则,避免发生电气设备火灾;在瓦斯散发区段,使用防爆安全型的电气设备;洞内运转机械必须有防爆性能,避免运转时发生高温火花。

②凿岩时用湿式凿岩机钻岩,防止钻头产生火花;洞内操作时,防止金属与岩石撞击、摩擦产生火花。

③瓦斯工区爆破作业,必须采用电力起爆,必须采用煤矿许用电雷管,严禁使用秒或半秒级电雷管;使用煤矿许用毫秒延期电雷管时,最后一段的延期时间不得超过 130ms。

④洞内只允许使用电缆,不允许使用皮线。使用防爆灯或蓄电池灯照明。

⑤铲装石渣前必须将石渣浇湿,防止金属器械摩擦和撞击产生火花。

五、严格执行有关制度

(1)执行瓦斯检查制度,指定专人、定时、经常进行检查;发现异常情况,应及时报告技术主管负责人,采取措施进行处理。

(2)洞内严禁使用明火。进洞人员必须经过瓦斯知识培训和防止瓦斯爆炸的安全教育;抢救人员未经专门培训不准在瓦斯爆炸后进洞抢救。

(3)瓦斯检查人员必须经过专门培训,考试合格者,方可进行监测工作。

任务六　岩　　爆

埋深较深的隧道工程,在高应力、脆性岩体中,由于施工爆破扰动原岩,岩体受到破坏,使掌子面附近的岩体突然释放潜能,产生脆性破坏,这时围岩表面发出爆裂声,随之有大小不等的片状岩块弹射剥落下来,这种现象称为岩爆。

一、隧道内岩爆的特点

（1）岩爆在未发生前并无明显预兆。
（2）岩爆时，岩块自洞壁围岩母体弹射出来，一般呈中厚边薄的不规则片状。
（3）岩爆发生的地点多在新开挖工作面及其附近，个别也有发生在距新开挖工作面较远处的。岩爆发生的频率随暴露后的时间延长而降低。

二、岩爆产生的主要条件

岩爆产生的主要条件为地层的岩性条件、地应力的大小。岩爆是否能发生及其表现形式，主要取决于岩体中是否储存有足够的能量，是否具备释放能量的条件及能量释放方式等。

三、岩爆的防治措施

1. 强化围岩

喷射混凝土或喷钢纤维混凝土、锚杆加固、锚喷支护、锚喷网联合、钢支撑网喷联合，紧跟混凝土衬砌等。这些措施的出发点是给围岩一定的径向约束，使围岩的应力状态较快地从平面应力状态转向三维应力状态，以达到延缓或抑制岩爆发生的目的。

2. 弱化围岩

弱化围岩的主要措施包括注水、超前预裂爆破、排孔法、切缝法等。注水的目的是改变岩石的物理力学性质，降低岩石的脆性和储存能量的能力。其余三种措施的目的是解除能量，使能量向有利的方向转化和释放。

四、岩爆地段隧道施工的注意事项

（1）平导应超前掘进正洞一定距离，以了解地质。
（2）爆破应选用预先释放部分能量的方法，先期将岩层的原始应力释放一些，以减少岩爆的发生。
（3）考虑缩短爆破循环进尺。初期支护和衬砌要紧跟开挖面，以尽可能减少岩层的暴露面和暴露时间，防止岩爆的发生。
（4）岩爆引起塌方时，应迅速将人员和机械撤到安全地段；充分做好岩爆现象观察记录；采用声波探测预报岩爆。

任务七　高　地　温

一、高地温的热源

高地温的热源来自：
（1）地球的地幔对流。
（2）火山的热源。由火山供给的热能是地下的岩浆集中处的热能产生热水，这种热水（泉水)成为热源,又将热供给周围的岩层。

(3)放射性元素的裂变热源。地壳内岩石中含有放射性物质,其裂变产生地温。对隧道有影响的是火山的热源和放射性元素的裂变热源。

二、高地温地段隧道施工措施

主要措施包括:
(1)隧道内气温不得超过28℃。
(2)施工中一般采取通风、洒水,及通风与洒水相结合的措施。
(3)防止衬砌混凝土出现裂缝。
(4)防止中暑。
(5)合理安排高温作业时间。
(6)加强健康管理。

三、防止高地温衬砌混凝土裂缝措施

主要措施包括:
(1)为了防止高温时的衬砌混凝土强度降低,应选定合适的水灰比,并考虑对温泉水的耐久性,宜采用高炉矿渣水泥。混凝土配合比和掺合剂应做试验加以优选。
(2)在防水板和混凝土衬砌之间设置隔热材料,以隔断从岩体传来的热量,使混凝土内的温度应力降低。
(3)把一般衬砌混凝土的浇筑长度适当缩短。
(4)把防水板和无纺布组合成缓冲材料,由于与喷射混凝土隔离,因此,混凝土衬砌的收缩可不受到约束。
(5)适当设置裂缝诱发缝,一般设置在两拱脚延长方向。

四、中暑症的防治措施

防治措施包括:
(1)热痉挛:其症状发生在作业中和作业后,表现为发作性肌肉痉挛和疼痛。对此症应采取充分摄入水和盐类的措施,以缓解症状。
(2)热虚脱:症状为血压降低、速脉、小脉、头晕、呕吐、皮肤苍白、体温轻度上升。采取的措施是,循环器官有异常的人员严禁参加施工,对有症状者增加补水次数,并在阴凉处静卧休息。
(3)热射症:症状为体温高、兴奋、乏力和皮肤干燥等。采取的措施为高温不适应者应避免在洞内做重体力劳动。在高温施工地段采用冷水喷雾等方法降温,必要时对患者采取医疗急救处置。

任务八 塌 方

一、塌方原因

1. 不良地质及水文地质条件

(1)隧道穿过断层及其破碎带,或处于薄层岩体的小褶曲、错动发育地段;通过各种堆积体;处于软弱结构面发育或泥质充填物过多地段。

(2)隧道穿越地层覆盖过薄地段。沿河傍山、偏压地段、沟谷凹地浅埋和丘陵浅埋地段极易发生塌方。

(3)水是造成塌方的重要原因之一。

2. 隧道设计考虑不周

(1)隧道选定位置时,地质调查不细致,未能做详细分析,或未能查明可能塌方的因素,没有绕开可以绕避的不良地质地段。

(2)缺乏详细的地质及水文地质资料,造成施工指导或施工方案的失误。

3. 施工方法和措施不当

(1)施工方法与地质条件不相适应;地质条件发生变化,没有及时改变施工方法;工序间距安排不当;施工支护不及时,支撑架立不符合要求,或抽换不当、"先拆后支";地层暴露过久,引起围岩松动、风化,导致塌方。

(2)喷锚支护不及时,喷射混凝土的质量、厚度不符合要求。

(3)新奥法施工的隧道,没有按规定进行量测,或信息反馈不及时、决策失误、措施不力。

(4)围岩爆破用药量过多,因震动引起坍塌。

(5)对危石检查不重视、不及时,处理危石措施不当,引起岩层坍塌。

二、预防塌方的施工措施

(1)为预防隧道施工塌方,选择安全合理的施工方法和措施至关重要。应采取"先排水、短开挖、弱爆破、强支护、早衬砌、勤量测"的施工方法。

(2)加强塌方的预测。预测塌方常用的几种方法有观察法、一般量测法、微地震学测量法和声学测量法。

(3)加强初期支护,控制塌方。

三、隧道塌方的处理

(1)隧道发生塌方后,应迅速处理,不得拖延时间。

(2)塌方发生后,应立即加固未塌方地段,防止塌方继续扩大。按照"治塌先治水"的原则制订处理方案,迅速处理塌方。并可按下列方法进行处理:

①地表沉陷和裂缝,应采用注浆填充和加固,或采用不透水土壤夯填紧密,开挖截水坑,防止地表水下渗进入坍体。

②通顶陷穴口的地表四周应挖沟排水,搭设防雨棚遮盖穴顶;洞内衬砌通过塌方后,陷穴应及时回填,回填应高出原地面,并用黏土或浆砌片石封闭穴口,做好排水。

③坍体内有地下水活动时,采用管、槽引至排水沟排出,无法进行引排时可采用注浆堵水。

(3)隧道塌方应按下列要求处理:

①小塌方,纵向延伸不长、坍穴不高,首先加固坍体两端洞身,并抓紧喷射混凝土或采用锚喷联合支护封闭坍穴顶部和侧部,再进行清渣。

②大塌方,坍穴高、坍渣数量人,坍渣体完全堵住洞身时,宜采取"先护后挖"的方法。采

用管棚法和注浆固结法稳固危岩体和渣体,待其基本稳定后,按照先上部后下部的顺序清除渣体,采取短进尺、弱爆破、早封闭的原则挖坍体,并尽快完成衬砌。

③对于塌方冒顶,在清渣前应支护陷穴口,地层极差时,在陷穴口附近地面打设地表锚杆,洞内可采用管棚支护和钢架支撑。

④对于洞口塌方,一般易坍至地表,可采取暗洞明作的方法。

(4)塌方地段的衬砌,应视坍穴大小和地质情况予以加强。

衬砌背后于坍穴洞孔周壁间必须紧密支撑。坍穴较小时,可用浆砌片石或干砌片石将坍穴填满;坍穴较大时,可先用浆砌片石回填一定厚度,其以上空间应采用钢支撑等顶住稳定围岩;特大坍穴应做特殊处理。

(5)采用新奥法施工的隧道或有条件的隧道,塌方后要加设量测点,增大量测频率,根据量测信息及时研究对策。浅埋隧道要进行地表下沉量测。

学习任务单

项目十 特殊地质地段隧道施工	姓名:	
	班级:	
	自评	师评
思考与练习	掌握: 未掌握:	合格: 不合格:
1. 简述膨胀性围岩特点。		
2. 简述膨胀性围岩危害。		
3. 简述膨胀性围岩施工方法。		
4. 简述黄土特性和黄土危害。		
5. 简述黄土隧道的施工方法。		
6. 简述岩溶、溶洞的概念。		
7. 简述溶洞地区隧道的施工方法。		
8. 简述风积沙的概念。		
9. 简述风积沙对隧道的危害。		
10. 简述风积沙地层隧道的施工方法。		
11. 简述瓦斯的性质和瓦斯隧道相关制度。		
12. 简述瓦斯隧道施工要点。		
13. 简述岩爆特点和岩爆的产生条件。		
14. 简述岩爆防治措施。		
15. 简述高地温热源和高地温施工措施。		
16. 简述塌方产生的原因和塌方预防措施。		
17. 简述塌方地段隧道施工原则。		

体;处于软弱结构面发育或泥质充填物过多地段。

(2)隧道穿越地层覆盖过薄地段。沿河傍山、偏压地段、沟谷凹地浅埋和丘陵浅埋地段极易发生塌方。

(3)水是造成塌方的重要原因之一。

2. 隧道设计考虑不周

(1)隧道选定位置时,地质调查不细致,未能做详细分析,或未能查明可能塌方的因素,没有绕开可以绕避的不良地质地段。

(2)缺乏详细的地质及水文地质资料,造成施工指导或施工方案的失误。

3. 施工方法和措施不当

(1)施工方法与地质条件不相适应;地质条件发生变化,没有及时改变施工方法;工序间距安排不当;施工支护不及时,支撑架立不符合要求,或抽换不当、"先拆后支";地层暴露过久,引起围岩松动、风化,导致塌方。

(2)喷锚支护不及时,喷射混凝土的质量、厚度不符合要求。

(3)新奥法施工的隧道,没有按规定进行量测,或信息反馈不及时、决策失误、措施不力。

(4)围岩爆破用药量过多,因震动引起坍塌。

(5)对危石检查不重视、不及时,处理危石措施不当,引起岩层坍塌。

二、预防塌方的施工措施

(1)为预防隧道施工塌方,选择安全合理的施工方法和措施至关重要。应采取"先排水、短开挖、弱爆破、强支护、早衬砌、勤量测"的施工方法。

(2)加强塌方的预测。预测塌方常用的几种方法有观察法、一般量测法、微地震学测量法和声学测量法。

(3)加强初期支护,控制塌方。

三、隧道塌方的处理

(1)隧道发生塌方后,应迅速处理,不得拖延时间。

(2)塌方发生后,应立即加固未塌方地段,防止塌方继续扩大。按照"治塌先治水"的原则制订处理方案,迅速处理塌方。并可按下列方法进行处理:

①地表沉陷和裂缝,应采用注浆填充和加固,或采用不透水土壤夯填紧密,开挖截水坑,防止地表水下渗进入坍体。

②通顶陷穴口的地表四周应挖沟排水,搭设防雨棚遮盖穴顶;洞内衬砌通过塌方后,陷穴应及时回填,回填应高出原地面,并用黏土或浆砌片石封闭穴口,做好排水。

③坍体内有地下水活动时,采用管、槽引至排水沟排出,无法进行引排时可采用注浆堵水。

(3)隧道塌方应按下列要求处理:

①小塌方,纵向延伸不长、坍穴不高,首先加固坍体两端洞身,并抓紧喷射混凝土或采用锚喷联合支护封闭坍穴顶部和侧部,再进行清渣。

②大塌方,坍穴高、坍渣数量大,坍渣体完全堵住洞身时,宜采取"先护后挖"的方法。采

用管棚法和注浆固结法稳固危岩体和渣体,待其基本稳定后,按照先上部后下部的顺序清除渣体,采取短进尺、弱爆破、早封闭的原则挖坍体,并尽快完成衬砌。

③对于塌方冒顶,在清渣前应支护陷穴口,地层极差时,在陷穴口附近地面打设地表锚杆,洞内可采用管棚支护和钢架支撑。

④对于洞口塌方,一般易坍至地表,可采取暗洞明作的方法。

(4)塌方地段的衬砌,应视坍穴大小和地质情况予以加强。

衬砌背后于坍穴洞孔周壁间必须紧密支撑。坍穴较小时,可用浆砌片石或干砌片石将坍穴填满;坍穴较大时,可先用浆砌片石回填一定厚度,其以上空间应采用钢支撑等顶住稳定围岩;特大坍穴应做特殊处理。

(5)采用新奥法施工的隧道或有条件的隧道,塌方后要加设量测点,增大量测频率,根据量测信息及时研究对策。浅埋隧道要进行地表下沉量测。

学习任务单

项目十　特殊地质地段隧道施工	姓名:	
	班级:	
	自评	师评
思考与练习	掌握: 未掌握:	合格: 不合格:
1. 简述膨胀性围岩特点。		
2. 简述膨胀性围岩危害。		
3. 简述膨胀性围岩施工方法。		
4. 简述黄土特性和黄土危害。		
5. 简述黄土隧道的施工方法。		
6. 简述岩溶、溶洞的概念。		
7. 简述溶洞地区隧道的施工方法。		
8. 简述风积沙的概念。		
9. 简述风积沙对隧道的危害。		
10. 简述风积沙地层隧道的施工方法。		
11. 简述瓦斯的性质和瓦斯隧道相关制度。		
12. 简述瓦斯隧道施工要点。		
13. 简述岩爆特点和岩爆的产生条件。		
14. 简述岩爆防治措施。		
15. 简述高地温热源和高地温施工措施。		
16. 简述塌方产生的原因和塌方预防措施。		
17. 简述塌方地段隧道施工原则。		

项目十一

隧道施工案例

一、工程简介

小清岭隧道区为构造剥蚀中低山丘陵地貌。隧道为微、弱、强风化凝灰岩,围岩类别为Ⅱ~Ⅴ类。水量贫乏,水文地质条件简单。该区地震震级小、强度弱、频度低。主要技术标准:几何线形按设计速度80km/h设计,照明按设计速度60km/h设计,隧道左洞为单向行车双车道隧道,右洞为单向行车三车道隧道。

隧道结构按新奥法原理进行设计,采用复合式衬砌,以大管棚、小导管预注浆等为超前支护,以锚杆、喷混凝土等为初期支护,并辅以格栅钢架等支护措施,充分利用围岩的自承能力,在监控量测信息的指导下施工初期支护和二次模筑衬砌。二次衬砌采用C25防水混凝土,防水等级≥S10,采用低碱性膨胀水泥混凝土。初期支护与二次衬砌之间铺设1.2mm厚隧道专用防水卷材加土工布,防水板铺设之前安装好塑料盲沟排水系统。沉降缝处采用E5型桥式橡胶止水带防水,施工缝处采用BF遇水膨胀橡胶止水条防水。

二、施工总体方案

隧道进洞施工顺序如下:洞口土石方开挖及坡面防护→套拱施工→管棚施工→洞身开挖→初期支护。

以新奥法的基本原理为依据,以"管超前、严注浆、短开挖、强支护、勤量测、早封闭"的原则为指导进行软弱围岩施工。根据地形、地质情况以及总体工期要求,在隧道东部端洞口布置施工场地,采用独头掘进的方法完成隧道施工。两车道隧道局部Ⅱ类围岩采用预留核心土环形开挖法施工;局部Ⅲ类围岩采用上下台阶法施工;Ⅳ、Ⅴ类围岩采用全断面开挖法施工。全断面开挖法以及上下台阶法下台阶采用钻孔台车钻眼。三车道隧道局部Ⅱ类围岩采用双侧壁导坑开挖法施工;局部Ⅲ类围岩采用左右导洞施工;Ⅳ、Ⅴ类围岩采用上下断面开挖法施工。出渣采用侧卸式装载机装渣,自卸汽车出渣。二次衬砌采用衬砌台车,混凝土由拌合站拌和,搅拌站设在隧道洞口,混凝土输送泵泵送入模灌筑,全断面一次施作。施工排水:反坡采用两侧水沟逐级抽水排出洞外。施工通风采用管路压入式通风,每个隧道进口处各配置一台轴流通风机。西部端洞口段施工在洞身开挖至500m左右时,省道改建工程已完工,先卸载洞口滑坡体,再进行洞口土石方开挖及管棚施工。洞内混凝土路面采用摊铺机摊铺。

隧道钻爆法施工工艺流程见图11-1。

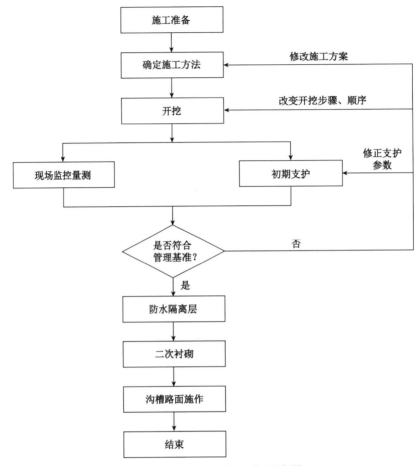

图 11-1 隧道钻爆法施工工艺流程框图

三、主要施工方法与施工工艺

(一)洞口施工

洞口施工包括洞口土石方开挖、洞口截排水系统的施工、洞口边仰坡的防护等。

(1)截水沟施工。边坡、仰坡外的截、排水沟于洞口土石方开挖前完成,其上游进水口与原地面衔接紧密或略低于原地面,下游出水口引入排水系统。

(2)洞口土石方的施工。采用明挖法开挖,先墙后拱法衬砌。人工自上而下分层开挖土方,风动凿岩机钻孔,浅孔控制爆破开挖岩石,反铲挖掘机配合自卸汽车装、运渣。

(3)洞口边仰坡的防护。在土方开挖进行到下一台阶时,立即进行上一台阶的坡面防护的施工,施工采用挤浆法砌筑,砂浆用砂浆搅拌机搅拌。

(二)明洞施工

(1)明洞施工按先墙后拱法浇筑。首先做好排水工作,然后进行明洞土石方开挖,再进行基底平整夯实,接着施工边墙基础。边墙基础施工完毕后,架立支架,立模,绑扎明洞钢筋,灌注混凝土。支架采用工字钢作支柱,横向连接均采用角钢,各连接头均采用螺栓连接。

内模采用定型钢模板,外模采用定制的木模加钉铁皮,挡头板内、外侧弧线在施工现场按实际比例放样后,精确加工,挡头板模板也采用木模加铁皮或宝力板。

衬砌钢筋采用现场绑扎,混凝土在拌合站集中生产,拌合料采用搅拌运输车运到施工现场,采用混凝土泵送入模。

(2)防水与排水。

防水层采用 SBS(即苯乙烯-丁二烯-苯乙烯嵌段共聚物)改性沥青防水卷材,回填处夯填 0.5m 以上的黏土隔水层。明洞排水采用干砌层排水,另设有透水管排水。

(3)回填及拱架拆除。

拱圈混凝土达到设计强度、拱墙背防排水设施完成后,按图纸要求回填拱背片石和碎石土。回填土应分层、对称进行,每层厚度不大于 30cm;回填片石每层厚度不大于 50cm。回填至拱顶后则合并统一分层填筑。夯实采用小型电动冲击夯,压实度不小于 95%。在拱顶中心回填高度达到 70cm 以上时方可拆除拱架。

(三)洞身开挖

1. 开挖方法

(1)Ⅱ类围岩开挖方法

①两车道Ⅱ类围岩施工方法

Ⅱ类围岩地段采用短台阶预留核心土法、全断面整体衬砌组织施工。在超前小导管和砂浆锚杆预支护下,按"上半断面环形土的开挖→拱部环形锚杆的打设→挂网喷射混凝土→支立钢筋格栅拱架→拱部喷射混凝土→核心土的开挖→下半断面开挖及初期支护→仰拱施作→防水隔离层铺设→全断面整体浇筑"的施工顺序施工。

掘进采用人工配合风镐进行开挖,上半断面的土石方采用人工手推车翻至下半断面,再采用侧卸式装载机装渣,自卸汽车运输;下半断面的开挖直接用侧卸式装载机装渣,自卸汽车运输。

②三车道Ⅱ类围岩施工方法

Ⅱ类围岩地段采用左右双侧壁导坑法、全断面整体衬砌组织施工。在超前大管棚的预支护下,按"左右侧壁导坑的开挖→侧墙与侧壁导坑支护施作→主洞上半断面开挖→拱部初期支护施作→正洞下断面开挖→仰拱施作→防水隔离层铺设→全断面整体浇筑"的施工顺序施工。

掘进采用人工配合风镐进行开挖,上半断面的土石方采用人工手推车翻至下半断面,再采用侧卸式装载机装渣,自卸汽车运输;下半断面的开挖直接用侧卸式装载机装渣,自卸汽车运输。

(2)Ⅲ类围岩开挖方法

①两车道Ⅲ类围岩施工方法

由于Ⅲ类围岩较稳定,Ⅲ类围岩开挖采用台阶法施工,台阶长度根据情况控制在 15~20m,每次开挖进尺控制在 2.5~3m,在超前小导管或砂浆锚杆预支护下,采取预裂控制爆破,上半断面采用钻孔台架人工风枪钻孔,爆破落渣采用人工手推车翻至下半断面,再采用侧卸式装载机装渣,自卸汽车运输;下半断面直接采用风动凿岩机钻孔,爆破落渣采用侧卸式装载机装渣,自卸汽车运输至洞外。仰拱先施作,全断面整体浇筑。

②三车道Ⅲ类围岩施工方法

三车道Ⅲ类围岩开挖按左右导洞法施工,按"左导洞上部开挖→左导洞上部初期支护及中壁施作→左导洞下部开挖→左导洞下部初期支护→右导洞上部开挖→右导洞上部初期支护→右导洞下部开挖→右导洞下部初期支护→仰拱施作→防水隔离层铺设→全断面整体浇筑"的施工顺序施工。

每次开挖进尺控制在3m左右,在超前小导管或砂浆锚杆预支护下,采取预裂控制爆破,上半断面采用钻孔台架人工风枪钻孔,爆破落渣用挖掘机翻至下半断面,再采用侧卸式装载机装渣,自卸汽车运输;下半断面直接采用风动凿岩机钻孔,爆破落渣采用侧卸式装载机装渣,自卸汽车运输至洞外。

(3)Ⅳ、Ⅴ类围岩开挖方法

①两车道类围岩施工方法

Ⅳ、Ⅴ类围岩采用钻孔台车钻孔,进行光面爆破开挖(图11-2)。为提高光面爆破效果,控制好开挖断面轮廓,整个隧道断面一次性打眼爆破。爆破落渣采用侧卸式装载机装渣,自卸汽车运输至洞外。

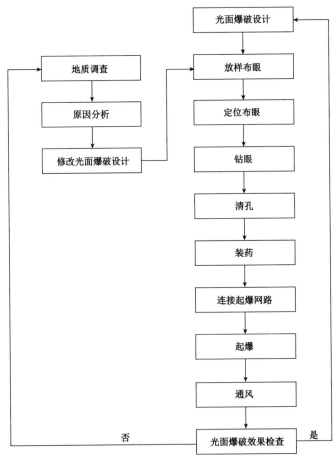

图11-2 隧道光面爆破施工工艺框图

②三车道Ⅳ、Ⅴ类围岩施工方法

Ⅳ、Ⅴ类围岩按上下断面开挖,采用钻孔台车钻孔,进行光面爆破开挖。爆破落渣采用侧卸式装载机装渣,自卸汽车运输至洞外。

2. 钻爆设计

爆破方案采用塑料导爆管非电起爆,微震光面爆破技术。采用垂直中空直眼掏槽形式,中空眼使用 $\phi102$ 钻头钻成。采用非电毫秒雷管(1~20段),炸药采用2号岩石硝铵炸药,规格分别为 $\phi32 \times 20cm$ 和 $\phi25 \times 20cm$ 药卷。周边眼用 $\phi25 \times 20cm$ 药卷,间隔装药,其他眼均用 $\phi32 \times 20cm$ 药卷,连续装药。起爆系统采用导爆管传爆,以集束为主的混合连接引爆网络。

3. 钻爆作业

在实际施工中应根据现场地质情况、使用材料的性能在现场做爆破试验,以确定适合本隧道围岩情况的周边眼间距、装药量、最小抵抗线等爆破参数。

根据爆破设计图标出炮眼位置,符合设计要求后进行钻孔;再按炮眼布置图进行检查,合格后装药连线爆破。

4. 出渣与运输

(1)装渣采用侧卸式装载机进行,自卸汽车运输。

(2)洞内道路平坦,坑洼不平地段可铺设碎石进行修整,洞内施工机具、材料摆放整齐妥当,不得影响运输车辆的通行。

(四)初期支护与超前支护

1. 初期支护

(1)锚杆施工

采用中空注浆锚杆时,施工工艺:①在岩面上标出锚杆位置;②钻孔;③清除孔内粉尘;④插入锚杆;⑤安装止浆塞、垫板、螺母,垫板尺寸为200mm×200mm×10mm;⑥连接注浆泵注浆,注浆压力控制在0.4~0.6MPa。

锚杆为普通砂浆锚杆时,施工工艺:①在岩面上标出锚杆位置;②钻孔;③清除孔内粉尘;④孔内注浆,注浆压力控制在0.4~0.6MPa;⑤打入锚杆;⑥安设挡头板。

每一道工序必须经监理工程师检查合格后方进行下一道工序施工。

(2)喷射混凝土施工

①材料:水泥拟选用42.5级普硅水泥;速凝剂要求初凝时间不超过5min,终凝时间不超过10min;砂采用中粗砂,干净无污染,适宜用于隧道内喷射混凝土;石料采用质地坚硬的碎石,碎石均采用小型锤击式破碎机生产,其最大粒径不大于15mm。

②为提高喷射混凝土的效果,减少回弹量和粉尘对人体的危害,喷射混凝土全部采用TK961型湿喷机施喷。在喷射混凝土之前,用水或风将受喷面粉尘和杂物清除干净。

③施喷时由下而上、分段进行。台阶法开挖中拱部喷混凝土时,先喷拱脚、后喷拱顶,每段长度不大于4m。如岩面凹凸不平时,先喷凹处找平。喷嘴缓慢呈螺旋形均匀移动,一圈压半圈,行与行之间搭接20~30cm。后一层喷射则在前一层混凝土终凝后进行。

④喷射混凝土采用自动计量拌合机搅拌,施工时将已过筛的砂、碎石、水泥依次加入,然后加入水开始搅拌,待混凝土拌合料搅拌均匀后,由混凝土输送车运至湿喷机;湿喷机在开始喷射混凝土之前,要先开动机器,将高压风送入,然后加入一些水用来润滑管道,同时也可以用来冲洗受喷面;当湿喷机工作正常后,加入混凝土开始喷射混凝土。每一道工序必须经监理工程师检查合格后方进行下一道工序施工。

(3)型钢拱架的加工与安装

①格栅钢架按设计要求在钢筋加工场分段制作。锚杆完成并挂网后喷一层混凝土后,安装型钢及格栅钢架并用高强螺栓牢固连接,与锚杆焊接成整体后按设计要求厚度分层喷射混凝土。

②加工场地表面用混凝土铺筑。加工场地根据设计图纸准确测放出拱架的大样,用油漆绘出其轮廓线,每隔2m安装一个定位装置,定位装置要牢固可靠。

③每榀拱架之间采用纵向连接筋进行连接,以加强支护的整体效果。钢架安装前在其安装位置施工定位钢筋,以便临时固定各单元。钢架安装在围岩面已进行初喷3cm厚混凝土后进行。

④钢架与围岩之间的间隙用喷射混凝土充填密实。间隙过大时,可用混凝土楔块顶紧,其点数单侧不得少于8个。喷射混凝土时要由两侧拱脚向上对称喷射,并将钢架覆盖,保证钢架保护层厚度不小于3cm。

2. 超前支护

(1)小导管注浆

①对于Ⅲ类围岩地段,在围岩较差的情况下,必要时,需对围岩开挖前进行超前注浆小导管支护,以提高围岩的自稳能力,加强围岩的整体性,增加岩石拱的支承能力。

②注浆采用1.8MPa以上的注浆机进行注浆。

③当注浆压力达到0.8MPa时,可停止注浆。

④注浆小导管端部要支撑在钢架上。

⑤注浆结束后方可进行钻爆作业。

⑥超前导管的钻孔方向要严格控制,以确保能够对隧道周边围岩起固结支护作用,切不可出现超前导管伸入隧道洞身断面内的情况。

(2)管棚支架超前支护

对洞口Ⅱ类围岩地段,需采用管棚注浆超前支护。

①管棚制作

管棚采用$\phi 108 \times 6mm$热轧无缝钢管,每节3m、6m长,接头采用厚壁管箍,并用15cm长的扣丝连接,接头在隧道横断面上错开;钢管上按梅花形、间距40cm钻6~8mm的小孔。

②管棚定位

设置C25混凝土施作长管棚导向墙,内设18号工字钢,用2m长的$\phi 127 \times 4mm$孔口管定位,并按设计要求设置仰角。为保证长管棚的施工质量,施工前先试钻2个试验孔,找出岩层特性,同时进行注浆和砂浆填充试验,通过试验调整施工组织。

③钻孔及管棚打设

洞口管棚按与线路纵坡平行方向打设,洞内根据实际情况加大角度;采用钻孔台车钻孔,钻孔时根据地质条件采用不同的钻进速度,以防止坍孔、卡钻、缩孔。钻孔过程中用测斜仪测量钻孔斜度,以保证钢管的正确施工方向。钻孔孔径比钢管直径大20～30mm,钻孔的顺序由高位向低位进行。管棚打设时,适当采用3m长的钢管配合6m钢管施工,以避免管棚接头在同一截面上。

④堵孔注浆

堵孔注浆包括钢管自身封堵和钢管与孔壁之间空隙封堵。

钢管自身封堵:钢管最外端3m范围内不设注浆孔,孔口安装封头,压紧密封圈,压浆管口上安装三通接头进行封堵。

钢管与孔壁之间空隙封堵:采用早强水泥浆塞入孔口密封。

⑤管棚注浆

管棚打设后在钢管中注浆,注浆采用注浆机注浆,注浆初压为0.5～1MPa,终压为2MPa,注浆结束后用10号水泥砂浆充填,以增加钢管的刚度和强度。

(五)洞身防排水系统的施工

本合同段隧道设计在初期支护与二次衬砌之间铺设1.2mm厚隧道专用防水卷材一层,在防水层和喷射混凝土之间设置$400g/m^2$土工布,在防水板外侧每隔一定距离安装环向塑料盲沟一条,以便将防水板与初期支护之间的积水沿隧道环向排下,环向塑料盲沟下端与沿隧道纵向设置的排水管连通,纵向排水管的水通过横向排水管排向侧式排水管,由侧式排水管将水排出洞外。施工缝采用BF遇水膨胀橡胶止水带。在衬砌结构发生变化处设置沉降缝,沉降缝采用E5型桥式橡胶止水带,沉降缝宽2cm,内填止水胶泥条。

(六)二次模筑混凝土的施工

设计有仰拱地段先施作仰拱后进行二次衬砌。二次衬砌施作前,应做好防排水的施工。隧道衬砌施工工艺见图11-3。

(1)钢筋在钢筋加工场加工、衬砌工作面进行绑扎与焊接。

(2)隧道洞身二次衬砌混凝土采用整体式液压钢模衬砌台车立模浇筑,采用混凝土搅拌站拌制混凝土,混凝土运输车运输,混凝土输送泵泵送入模,两侧边墙采用插入式振捣器振捣,拱部混凝土采用模板台车顶部的附着式振动器振捣。一次浇筑段长度为10m,当混凝土面超过拱顶时,泵管出口应埋设在混凝土面以下,保证拱顶所有空间能填满、填实;浇筑顺序从两侧拱脚向拱顶对称和连续进行。

(3)二次衬砌的施工时间。除洞口加强段二次衬砌及时施作外,其余地段根据围岩和支护量测的变化规律,确定仰拱和二次衬砌的施作时间。

(七)洞内路面

本隧道洞内路面设计为C40混凝土面层,厚25cm;面层下为15cm厚的C20素混凝土调平层。隧道进出口各设一条胀缝,胀缝宽2～2.5cm,胀缝下用接缝板填塞,上部4cm范围内采用填缝料进行压注。在临近胀缝的三条横缝埋设传力杆。每日施工结束或浇灌混凝土过程中因故中断浇筑时,设置横向施工缝。

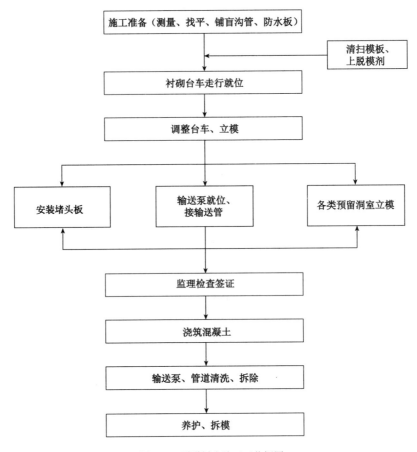

图 11-3　隧道衬砌施工工艺框图

面层采用一次浇筑到设计厚度。混凝土采用集中拌合机搅拌，汽车运输，摊铺机摊铺，插入式振动棒振捣，振动梁整平，专用拉毛设备拉毛。洞内路面分两幅浇筑，两幅路面之间设纵向施工缝，纵缝内设 $\phi16$ 钢筋拉杆。

路面纵缝拉杆设在面板中央，拉杆间距符合设计要求，在临近横缝时拉杆间距可适当调整。

(八) 隧道内施工用水及渗水的排出

施工中采用逐级提升的办法进行排水。在距工作面 10m 处开挖临时排水坑，同时修筑临时排水沟将水排至排水坑，用移动式潜水泵接软管进行移动排水。排水坑的大小、水管的内径及水泵的功率均根据预测整个掘进段隧道水量的大小确定。

当工作面涌水量较大时，先钻孔放水，经水管或水槽引入两侧排水沟内。对岩层破碎、涌水量大地段，采用排堵结合治水的方法，先钻孔放水，再进行小导管注双液浆堵水。

(九) 隧道内排水、边沟、电缆沟施工

水沟、电缆槽在路面施工完毕后进行施工，采用人工立模、绑扎钢筋、人工浇筑混凝土的方

法;沟盖板集中预制,人工安装,安装时铺设平稳,无晃动或吊空,边缘整齐,两端与沟壁的缝隙用砂浆填平。

(十)防火涂料及装饰工程施工

隧道拱部采用喷涂材料作为防火材料,边墙采用外墙面砖饰面,高度2.5m。其施工符合以下要求:

(1)衬砌表面的泥土、油污等必须清除干净。衬砌表面不平顺的地方进行修凿处理。

(2)洞内喷涂混凝土专用漆应严格按图纸要求施工。为保证面层美观,采用高压无空气喷涂机施工,第一次喷涂无色封闭底漆,然后喷涂两次带色面漆,每次喷涂时间间隔8h。

(3)喷涂混凝土专用漆施工工艺流程:基层→处理→质检→喷底漆→喷两次面漆→质检→补喷→质检、验收。

(4)面砖贴面时,隧道所有变形缝均应断开,断缝宽度4cm。

(5)面砖贴面采用无缝式,所用面砖交界处用白色水泥填缝。

四、施工通风及防尘

为切实解决好隧道施工通风防尘工作,采用的方案是:以通风降尘净毒为主,优化管道通风方式;狠抓机械净化,减少污染源;实施水幕降尘,加强综合治理,强化现场通风管理。

(一)通风方案

采用管路压入式通风方式。洞内三管两线见图11-4。

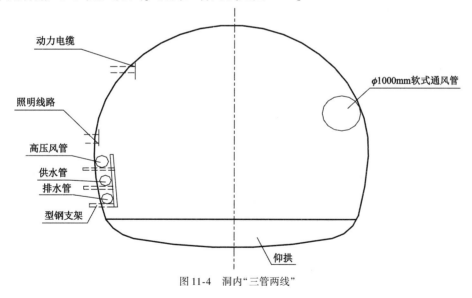

图11-4 洞内"三管两线"

(二)防尘措施

(1)钻孔采用湿式凿岩,严禁干打眼。

(2)爆破后及时喷雾、洒水,出渣前用水将石渣及附近岩面淋湿。

(3) 调整隧道供风风速，以排除粉尘。
(4) 进洞机械安装尾气净化器。
(5) 一切进洞人员必须佩戴防尘口罩。

五、监控量测

根据隧道的实际情况，在施工过程中进行的监控量测项目主要有洞内外观察，以及拱顶下沉、周边收敛、洞口浅埋地段地表下沉量测。

(一) 洞内外观察

观察工作面状态、围岩变形、围岩风化变质情况、节理裂隙、断层分布和形态、地下水情况及喷射混凝土的效果，绘制开挖工作面略图（地质素描），填写工作面状态记录表及围岩类别判定卡。对已施工区段观察喷射混凝土、锚杆、钢架的状况，每天至少进行一次。洞外观察内容包括洞口地表情况、地表沉陷、边坡及仰坡的稳定以及地表水渗透等。

(二) 拱顶下沉及周边收敛量测

在进行洞室开挖施工过程中，进行洞室拱顶下沉及周边收敛量测，拱顶下沉及周边收敛量测在同一断面进行，并采用相同的量测频率，如位移出现异常情况，应加大量测频率。

(三) 地表下沉量测

地表下沉量测为必测项目，其测点布置与拱顶下沉及周边收敛测量的测点在同一断面。在观测前注意仪器校正、观测点及基点的设置工作，在观测过程中注意做好数据的整理和分析工作，为下部洞室施工提供咨询意见。

(四) 数据处理和应用

(1) 及时对现场量测数据绘制时态曲线（或散点图）和空间关系曲线。
(2) 当位移-时间曲线趋于平缓时，进行数据处理或回归分析，以推算最终位移和掌握位移变化规律。
(3) 当位移-时间曲线出现反弯点时，则表明围岩和支护已呈不稳定状态，应密切监视围岩动态，并加强支护或暂停开挖。
(4) 隧道周壁任意点的实测相对位移值或用回归分析推算的总相对位移值均应小于"隧道周边允许相对位移值"。当位移速率无明显下降，而此时实测位移值已接近允许值，或者喷层表面出现明显裂缝时，立即采取补强措施，并调整原支护设计参数或开挖方法。
(5) 埋设量测元件情况和量测资料，均应整理清楚，报监理工程师核查，并作为竣工交验资料的一部分。

六、设备的安装

本工程需要安装隧道照明、隧道消防、隧道机械通风等设备。根据工程特点，拟组织专业队上场施工。严格执行国家和行业现行的设计、施工、验收规范、规则和标准以及本高速公路隧道照明、隧道通风项目的招标文件、技术规范的要求,施工所采用的工艺、方法满足设计规范和技术标准要求。

隧道风机安装施工工艺流程:基础复核定位→风机吊支架安装→风机检查→风机吊装→风机接线→调试。

隧道照明灯具安装施工工艺流程:定位测量→打孔→到货检查→底座安装→灯具安装→穿管穿线→接线调整→光调试。

七、超前地质预报

施工图地质勘察不可能完全准确反映实际情况,一些特殊的地质现象随时会出现,为了安全作业,并有效指导施工,对一些重点不良地质地段采取超前地质预报。

TSP202 隧道地震波超前地质预报系统,是专门为隧道及地下工程施工超前地质预报研制开发的,它是目前世界上在这个领域最先进的科技成果,其工作原理是利用地震波在不均匀地质体中产生的反射波特性来预报隧道掘进面前方及周围邻近区域地质状况。

利用 TSP202 隧道地震波超前地质预报系统进行超前地质预报,根据分析计算出的断层或不良地质的详细情况,提前采取应对措施,并进一步完善支护设计参数。

附录

课程设计指导书

课程设计指导书

设计内容：_____隧道设计、施工_____
编制人：_____
指导教师：_____
使用班级：_____
学生姓名及学号：_____
指导时间：_____

_____年_____月

一、课程设计的目的

隧道工程施工课程设计是《隧道工程》教学的一个重要环节,是学生将所学的基础理论和专业知识理论联系实际的重要过程。

学生通过绘制隧道建筑限界图、内轮廓断面图、复合支护结构图等,能基本掌握隧道支护设计的基本原理,并通过学习确定隧道各级围岩的开挖方案,了解新奥法的基本施工过程。通过上述课程设计,学会分析问题和解决问题的方法,进一步巩固已学内容,并通过查阅资料,熟悉和理解工程技术标准,正确地应用隧道设计规范和参考设计图纸(或标准图)。

二、课程设计的任务及时间安排

(1)任务:学生根据教师下达的课程设计任务书及教师提供的相关资料,在规定时间内完成该课程设计并提交。

(2)时间安排:本课程设计时间为1周,实训天数计5天。时间初步安排如下:

实训(天)	课程设计内容	实践地点
1	现场参观土木工程学院实训馆智能实训中心模拟隧道,测量隧道的横向、纵向几何设计尺寸,明确隧道施工方法、围岩等级、衬砌类型等。 接受实训任务,熟悉实训工程项目的设计参数、图纸等资料内容及实训要求等,并在课本上、图书馆、网络、书店搜寻相关资料	教室、图书馆
2	明确隧道建筑限界图、隧道净空断面图(参考隧道规范确定)	教室、图书馆
3	明确围岩支护设计图(参考设计文件)	教室、图书馆
4	确定隧道各级围岩的开挖方案,详述各方案的特点并附以简图	教室、图书馆
5	资料整理、汇总	教室、图书馆

三、课程设计的步骤和要求

(一)课程设计步骤

(1)某隧道围岩级别为Ⅱ~Ⅴ级,采用新奥法设计施工,分一、二、三、四组。

一组:高速公路,两车道,设计速度120km/h。

二组:高速公路,两车道,设计速度100km/h。

三组:高速公路,两车道,设计速度80km/h。

四组:高速公路,两车道,设计速度60km/h。

(2)明确课程设计的目的要求,学生熟悉各种参考资料:《隧道设计规范》、分离式两车道单洞隧道复合式衬砌设计参数参考表、隧道设计图纸。

(3)根据《隧道设计规范》的建筑限界尺寸表,手工绘制建筑限界图。

(4)根据隧道断面确定的原则,手工绘制主洞净空断面图。

(5)根据分离式两车道单洞隧道复合式衬砌设计参数参考表、参考隧道设计图纸,一、二、三、四组分别手工绘制Ⅱ、Ⅲ、Ⅳ、Ⅴ级围岩支护设计图。

(6)确定隧道各级围岩的开挖方案,详述各方案的特点并附以简图。

(7)编写封面及目录。
(8)汇总整理课程设计成果资料,装订成册,上交。

(二)课程设计要求

(1)参加课程设计的学生应充分认识课程设计的重要性,高质量地完成课程设计任务,以达到教学要求。

(2)必须独立完成课程设计,不得弄虚作假,不得抄袭或代作,否则设计成绩按不及格处理。

(3)设计计算说明书及设计图纸必须用手写/手绘,表格数据、应清晰整洁。封面、目录采用手写或打印。

(4)小组成员应服从组长的任务安排,共同完成实训任务。

(5)必须在任课教师指定时间内完成课程设计。

四、课程设计应完成成果

(一)课程设计成果

每个学生应提交一份课程设计成果,课程设计成果至少应包含以下内容:
(1)封面与目录;
(2)隧道相关设计图纸及相关说明;
(3)隧道各级围岩的开挖方案说明(可附简图)。

(二)装订顺序

按如下顺序将作业成果装订成册,形成小组成果:封面、目录、说明、图纸、开挖方案。

五、成绩评定和组织管理

(一)本课程设计考核与评价实施办法及成绩构成

(1)本课程总评成绩按五级计分制:优秀(≥90分)、良好(80~90分)、中等(70~80分)、及格(60~70分)、不及格(<60分)。

(2)课程成绩由过程性考核成绩(40%)和结果性考核成绩(60%)两部分组成。

(3)结果性考核成绩(60%)根据课程设计成果,由教师评价;过程性考核成绩(40%)由学生学习态度及出勤情况(20%)、专业知识应用能力及解决问题能力(10%)、团队合作(10%)三部分成绩组成。

(4)有下列情形之一者,课程学期成绩按零分计:缺课超过该门课程总学时1/3及以上者,缺交或不按期交设计成果超过1/3者。

(二)组织管理

(1)课程设计期间,学生必须按时在指定地点独立完成课程设计任务,遵守学校各项规章制度。指导老师可随时检查每位学生的进度情况。

(2)应注意有序进入、离开教室及图书馆,不得影响其他学生正常上课或自习。

(3)教室及图书馆内禁止饮食、嬉闹。

(4)在校内实训场所应遵守安全制度和操作规程。

参考文献

[1] 中华人民共和国住房和城乡建设部.盾构法隧道施工及验收规范:GB 50446—2017[S].北京:中国建筑工业出版社,2017.

[2] 中华人民共和国住房和城乡建设部.地铁设计规范:GB 50157—2013[S].北京:中国建筑工业出版社,2014.

[3] 国家铁路局.铁路隧道设计规范:TB 10003—2016[S].北京:中国铁道出版社,2017.

[4] 中华人民共和国住房和城乡建设部.工程岩体分级标准:GB/T 50218—2014[S].北京:中国计划出版社,2014.

[5] 中华人民共和国交通运输部.公路隧道设计规范 第一册 土建工程:JTG 3370.1—2018[S].北京:人民交通出版社股份有限公司,2018.

[6] 中华人民共和国交通运输部.公路隧道施工技术规范:JTG/T 3660—2020[S].北京:人民交通出版社股份有限公司,2020.

[7] 中华人民共和国交通运输部.公路工程质量检验评定标准 第一册 土建工程:JTG F80/1—2017[S].北京:人民交通出版社股份有限公司,2017.

[8] 中华人民共和国住房和城乡建设部.混凝土结构工程施工质量验收规范:GB 50204—2015[S].北京:中国建筑工业出版社,2015.

[9] 中华人民共和国交通运输部.公路隧道照明设计细则:JTG/T D70/2-01—2014[S].北京:人民交通出版社股份有限公司,2014.

[10] 中国国家铁路集团有限公司.铁路隧道衬砌施工技术规程:Q/CR 9250—2020[S].北京:中国铁道出版社有限公司,2021.

[11] 张丽,和秀岭,晏杉.隧道工程[M].3版.北京:人民交通出版社股份有限公司,2015.

[12] 王运周,曲劲松.隧道及地下工程技术[M].北京:人民交通出版社,2013.

[13] 宋秀清.隧道施工[M].3版.北京:人民交通出版社股份有限公司,2020.

[14] 王毅才.隧道工程[M].北京:人民交通出版社,2000.

[15] 易萍丽.现代隧道设计与施工[M].北京:中国铁道出版社,1997.

[16] 周爱国.隧道工程现场施工技术[M].北京:人民交通出版社,2004.

[17] 冯卫星.铁路隧道设计[M].成都:西南交通大学出版社,1998.

[18] 刘建航.盾构法隧道[M].北京:中国铁道出版社,1997.

人民交通出版社股份有限公司 轨道与航空出版中心
高职交通运输与土建类专业系列教材

一、公共基础课
土木工程实用应用文写作(第3版)(朱 旭)……………………………………………… 39.8元

二、专业基础课
1. 工程力学(上)(王建中)………………… 34元
2. 工程力学(下)(王建中)………………… 24元
3. 土木工程实用力学(第3版)(马悦茵)…… 49元
4. 工程制图与识图(牟 明)………………… 28元
5. 工程制图与识图习题集(牟 明)………… 20元
6. 工程地质(任宝玲)………………………… 29元
7. 工程地质(彩色)(沈 艳)………………… 39元
8. 工程测量(第3版)(冯建亚)……………… 48元
9. 土木工程材料(第3版)(活页式教材)
   (赵丽萍 何文敏)………………………… 89元
10. 混凝土结构(李连生)…………………… 35元
11. 钢筋混凝土结构(胡 娟)……………… 39元
12. 土力学与地基基础(第3版)(靳晓燕)… 49元
13. 施工临时结构检算(第2版)(李连生)… 32元
14. 工程材料(盛海洋)……………………… 53元

三、专业课
(一)铁道工程/高速铁道工程技术专业
1. 铁道概论(第2版)(张 立)……………… 35元
2. 铁路线路施工与维护(第二版)(方 筠)… 46元
3. 高速铁路路基施工与维护(第2版)
   (安 宁)…………………………………… 65元
4. 高速铁路轨道施工与维护(第2版)
   (方 筠)…………………………………… 55元
5. 隧道施工(第3版)(宋秀清)……………… 55元
6. 桥梁工程(付迎春)………………………… 46元
7. 铁路工程施工组织(吴安保)……………… 27元
8. 铁路工程概预算(吴安保)………………… 25元
9. 铁路工程概预算(第二版)(樊子原)……… 42元
10. 施工内业资料整理(徐 燕)…………… 29元
11. 无砟轨道施工测量与检测技术(赵景民)… 29元
12. 工程材料试验与检测(夏 芳)………… 38元
13. 铁路机械化养路(汪 奕)……………… 38元
14. 道路与铁道工程试验检测技术(第二版)
    (白福祥 韩仁海)………………………… 45元
15. 混凝土(钢)结构检算(第2版)(丁广炜)… 38元
16. 施工企业财务管理(孔艳华)…………… 44元

(二)城市轨道交通工程/地下与隧道工程技术专业
1. 城市轨道交通工程概论(张 立)………… 32元
2. 城市轨道交通工程(安 宁)……………… 38元
3. 地下铁道(毛红梅)………………………… 35元
4. 地铁盾构施工(张 冰)…………………… 29元
5. 隧道施工(第3版)(宋秀清)……………… 55元
6. 盾构构造与操作维护(毛红梅)…………… 45元
7. 地铁车站施工(战启芳)…………………… 30元
8. 高架结构(刘 杰)………………………… 34元
9. 工程材料试验与检测(夏 芳)…………… 38元
10. 城市轨道交通工程施工组织与概预算
    (王立勇)………………………………… 86元
11. 城市轨道交通工程测量(钱治国)……… 39元
12. 施工内业资料整理(徐 燕)…………… 29元
13. 地下工程监控量测(第2版)(毛红梅)… 45元
14. 隧道施工质量检测与验收(第2版)(毛红梅)
    ……………………………………………… 52元
15. 工程机械(第2版)(卜昭海)…………… 45元
16. 混凝土(钢)结构检算(第2版)(丁广炜)… 38元
17. 盾构法施工(陈 馈 焦胜军 冯欢欢)… 49元
18. 隧道工程(盛海洋)……………………… 53元

(三)道路与桥梁工程技术专业
1. 路基路面施工(叶 超 赵 东)………… 49元
2. 路基路面施工技术(梁世栋)……………… 42元
3. 桥梁工程(付迎春)………………………… 46元
4. 公路工程施工组织与概预算(第二版)
   (梁世栋)…………………………………… 41元
5. 路基路面试验与检测(张小利)…………… 34元
6. 工程材料试验与检测(夏 芳)…………… 38元
7. 施工内业资料整理(徐 燕)……………… 29元
8. AutoCAD2016道桥制图(张立明)………… 48元
9. 公路工程预算(罗建华)…………………… 33元
10. 建设法规实务(夏 芳 齐红军)………… 32元

(四)城市轨道交通运营管理/铁道运营管理专业
1. 城市轨道交通概论(叶华平)……………… 35元
2. 城市轨道交通概论(翁 瑶 朱 鸣)…… 45元
3. 城市轨道交通行车组织(费安萍)………… 39元
4. 城市轨道交通安全管理(第3版)(李慧玲)… 48元
5. 城市轨道交通应急处理(第3版)(李宇辉)… 49元
6. 铁路客运组织(李 亚)…………………… 39元

了解教材信息及订购教材,可查询:天猫"人民交通出版社旗舰店"